英語学モノグラフシリーズ 14

原口庄輔／中島平三／中村　捷／河上誓作　編

アクセントとリズム

田中　伸一　著

研究社

まえがき

　アクセントとリズムは，英語や日本語をはじめとする多くの言語の音韻研究における中心課題である．本書の目的は，アクセントやリズムをめぐって，音韻論がどのような問題意識を持ち，どのような方法論を採るかを展望することにある．扱う現象は，アクセントとリズムが中心であることはもちろんであるが，それと関わる音韻現象または音声現象などにも及んでいる．

　音韻論の良質の専門書や解説書は，日本語で書かれたものは少ない．ここで言う音韻論とは，伝統的な国語学で見られる歴史的音韻論や，日本的な一般言語学で志向される記述主義的音韻論ではない．言語類型や言語獲得などの視点を含んだ理論的な枠組みとしての音韻論である．おおまかに言えば，従来の音韻論は言語の多様性に注目するが，ここで言う音韻論は「科学としての言語研究」を目指しているので，言語の普遍性や共通性に注目するところに特徴がある．そのような枠組みは，生成音韻論とも呼ばれている．

　生成音韻論の歴史的背景を振り返ってみれば，各時代のランドマークとなるような主要な新しい理論は，アクセント論を中心に生まれ，発展してきたことがよくわかる．1970年代後半から80年代にかけて，原理とパラメータのアプローチを先導したのは韻律強勢理論や自律分節理論を内蔵する非線状音韻理論であるし，90年代に生まれた最適性理論（Optimality Theory: OT）も，音節やアクセントを含む韻律範疇に関わる現象を中心に開発されたものである．

　音韻論はアクセント論に加えて，分節音韻論に関しても語彙音韻論・不完全指定理論・素性階層理論など，いくつもの重要な理論が開発されてきた．音韻論の研究書にとっては，アクセント論を中心とした理論的発展と

新しい理論における取り扱いを組み込むものが不可欠である．また，アクセントに関する論文や研究書は，生成音韻論だけでなく，伝統的な国語学や日本的な一般言語学でいう音韻論も含めれば，膨大な数にのぼる．したがって，アクセントに関する最新の論考を含んだ研究書・解説書は，日本でも大いにニーズがある．

　このような背景のもとで公刊された本書は，「入門書・解説書・研究書」の三役を兼ねたものであり，特に「理論の意味を考える」または「いろいろな説を解きほぐす」ための側面が強調されている．本書では網羅的なやり方を採用せず，語レベルや句レベルのアクセント・リズム現象に話がしぼられている（英語の文アクセントについては，本シリーズ第18巻『文法におけるインターフェイス』を参照）．本書では，英語を含めてさまざまな言語のアクセントをめぐって，基本的な考え方や目標を明快にわかりやすく解説するとともに，最新の理論に基づいて筆者の知見を具体的かつコンパクトにまとめている．本書の特徴をひとことで言うと，"informative"であるよりは，"instructive" かつ "insightful" であろうとしている．

　本書の構成は3つの章から成っている．第1章では，アクセントとリズムの生理・物理・心理面など周辺分野との関連を話題にしつつ，それらが文法といかに関わっているかを解き明かしている．第2章では，アクセントが音韻論の中でいかに扱われてきたかを振り返り，80年代までの派生理論がどのようなもので，どのような限界があったかをつまびらかにしている．最後の第3章では，90年代以来急激に発展した最適性理論の枠組みが，どのような特徴や仮説を持つ理論かを詳述したうえで，この理論の持つさまざまな利点が，従来の派生理論の限界をいかに乗り越えたかを示し，最適性理論に基づく英語や日本語のアクセント体系に関する事例研究を展開し，OT の面白さと可能性を明らかにしている．

　本書をひもといて熟読することによって，音韻論の魅惑的世界の扉を開くことができれば，本書の目的は十二分に達成されたと言えよう．

　　　2005年4月

　　　　　　　　　　　　　　　　　　　　　　　　編　者

目　　次

まえがき　iii

第1章　アクセント・リズムの仕組みと音韻論── 1
　1.1　ハートとハートビート　1
　1.2　アクセントとリズムの生理・物理・心理　2
　　1.2.1　アクセントとリズムの生理・物理　3
　　1.2.2　言語現象における生理的・物理的制約　12
　　1.2.3　アクセントとリズムの心理: 生理・物理からの自由　16
　1.3　アクセントとリズムの抽象性・記号性:「理想的」な心理　21
　　1.3.1　韻律構造と音調メロディ: 韻律の類型論　22
　　1.3.2　アクセントの構造と機能　26
　1.4　アクセントとリズムの関係　28
　1.5　アクセントと音調の関係　36
　1.6　声の大きさと高さ・長さ・音質・リズムの連動性: 統合原理としての韻律構造　45
　　1.6.1　声の大きさと高さの連動　47
　　1.6.2　声の大きさと長さの連動　48
　　1.6.3　声の大きさと音質の連動　54
　　1.6.4　声の大きさとリズムの連動　57

第2章　派生理論の歴史と限界 —————— 65

2.1　記号と表示: 内部構造と変化の表現　65
2.2　表示開発の歴史　67
2.3　弁別素性から韻律階層へ　69
  2.3.1　韻律特徴の自律性(1970年代)　70
  2.3.2　韻律構造の表示論争(1980年代)　74
2.4　最盛期の派生理論とその基本精神　81
  2.4.1　Halle & Vergnaud (1987) と Haraguchi (1991)　83
  2.4.2　Hayes (1995)　96
2.5　派生理論が残した諸問題　104
2.6　まとめ: アクセント・リズムの理論が目指すもの　110

第3章　最適性理論の展開 —————— 115

3.1　段階の廃止と自由化と評価　115
3.2　構造論から関係論へ: 制約に基づいたモデル　117
  3.2.1　基本的枠組み　118
  3.2.2　制約の再序列化: 類型と変化と獲得　123
  3.2.3　派生理論を越えた3つの特徴　129
3.3　2つのタイプの制約　134
  3.3.1　忠実性制約の働き: 対応関係と文法の諸相　136
  3.3.2　有標性制約の働き: 有標性と普遍性との関係　139
  3.3.3　2項リズムの類型とランキング・スキーマ　145
3.4　重要な仮説　149
  3.4.1　なぜ最適性理論は科学たりうるのか: 演繹と帰納　150
  3.4.2　なぜ派生がないと言えるのか: G$_{\text{EN}}$ の包括性　152
  3.4.3　パラメータ値とランキングはどこが違うのか　153
  3.4.4　無限の候補を有限時間で評価できるのか　155

3.4.5　コネクショニズムとの違いは何か　156
　　3.4.6　無数のランキングは恣意的なのか　157
　　3.4.7　入力形は恣意的なのか　161
　3.5　アクセント・リズムに関する制約群とその相互作用　164
　　3.5.1　過剰な力と曖昧な分析の排除　167
　　3.5.2　不完全フットと韻律外性をめぐる問題　170
　　3.5.3　3項フットの解体　171
　　3.5.4　両方向システムの一元性　175
　　3.5.5　非制限フット・システムの類型論　177
　3.6　英語のアクセントとリズム　182
　3.7　日本語のアクセント体系　189
　　3.7.1　日本語アクセントから見た派生理論の限界　189
　　3.7.2　日本語の下位文法とゆれ　193
　3.8　最適性理論の課題と論争　198

おわりに————————————————————203

参考文献　205
索　　引　215

第1章
アクセント・リズムの仕組みと音韻論

1.1 ハートとハートビート

　アクセントとは，語の「いのち」であり，語の「らしさ」を作る生命エネルギーのようなものである．人間で言えばハートに相当し，それがなくなると抜けがらになってしまう．たとえば，英語の冠詞の the と a はアクセントを持たずに [ðə], [ə] と発音され，単に名詞の定性・不定性という文法的意味を表す機能語にすぎない．それ自体は内容を持たず，あくまで名詞という別の品詞の文法的意味を規定しているだけである．ところが，これら冠詞にアクセントが与えられ [ðíː], [éi] と発音されて，はじめて「唯一の，まさにその」，「個数が1つの，ある1つの」という固有の意味内容を持つようになる．

　よく言われるように，アクセントに弁別機能 (distinctive function) がないわけではない (⇒ 1.3.2 節)．ハートもアクセントも，1人 (1語) につき1つしかないからである．2つ持つことは許されない．しかし，人を見分けるのにその人らしさや心は関係あるが，主に顔や体格など見かけによってなされるように，通常は語の弁別は，分節音 (1つ1つの単音) の種類や配列具合によってなされる．そして，双児や複製ロボットのように顔や体格では判別し難いときのみ，その人らしさや心が関係してくるように，語の意味の判別でも「箸/橋/端」などのミニマルペアのときのみ，アクセントが問題になる程度である．

　このように，アクセントが語の「いのち」や「らしさ」を規定する生命

エネルギーのようなものであるかぎり，どちらかと言えば，それは頂点表示機能（culminative function）に関係している（⇒ 1.3.2 節）．だからこそ，ハートがハートビートを脈打つように，アクセントもリズムを奏でる．鼓動ないしは律動して，はじめて生命エネルギーを維持できる．また，恋人を選ぶときは見かけも重要だが，最後にはやはりハートやその人らしさを見るように，語の本質を探るためには，分節音の種類や配列だけでなく，アクセントの究明は避けて通れない．

このような立場から，この章ではアクセントとリズムの性質について考察し，その構造や機能の観点から本質に迫ってみたい．

1.2　アクセントとリズムの生理・物理・心理

まず断っておきたいのは，ここで言うアクセントとは，いわゆる「訛（なま）り」のことではない．訛りとは，地域や年齢・性別・階級などで変わってくる発音の特徴のことで，「あの人が話す言葉は，東北アクセントが入っている」などと言う場合のそれである．このような意味でのアクセントは社会言語学で用いられ，分節音レベルと韻律レベルの両方における音声的特徴を包含した，広い概念である．ロンドン大学教授の John C. Wells が書いた有名な *Accents of English* という本で言われているアクセントの意味も，これに相当する．

しかし，ここで言うアクセントは，韻律レベルのみの音声的特徴に関するもので，「語内部における卓立した位置」と定義されるものである．日本語の場合はアクセント核と呼んでもよいが，国語学のように単に高低のパターンなどの韻律的特徴（音調型）を指して，漠然とアクセントと呼ぶものとは異なる．そして，厳密な意味でのアクセントは，プラーグ学派の伝統に従って，高さアクセント（ピッチアクセント：pitch accent）と強勢アクセント（ストレスアクセント：stress accent）の2つのタイプに分けられる（⇒ 1.3.1 節）．それぞれ略して，単にアクセントと強勢と呼ばれることもあるが，いずれにしろ場所に関するもので，その位置は通例「´」という記号で表される．(1) は，高さアクセント言語の日本語と，強勢アクセント言語の英語の，アクセントの位置を示している．

（1） 日本語と英語のアクセント
    a. támasii（魂）   habúrasi（歯ブラシ）
    b. fámily   demócracy

日本語では，直後が低いのでそこが高く感じられ，英語ではそれ自体が強く感じられることで，語の卓立性を実現している．ただし，1.2.1 節に見るように，英語でも高さが重要であることがわかっている．

以下の下位節では，このような「抽象的な」位置標示としてのアクセントというものが，どのような音声的性質を持つのかを探ってみる．音声学に，生理（調音）音声学・音響音声学・知覚音声学などがあるように，アクセントも，生理・物理・心理などの側面にその顔をのぞかせる．生理とは声の生成のメカニズム，物理はそれが空気中を伝わる際の性質，心理は，それを耳で受け取って認識する知覚様式のことである．それぞれの観点から，アクセントとリズムを成り立たせている要因について考えてみよう．

1.2.1 アクセントとリズムの生理・物理

アクセントの具体的な音声上の表れとしては，一般に声の「強さ」，「長さ」，「高さ」などが相互に関わっており，それらによって卓立性が実現されると言われることが多い．それはそのとおりなのだが，あまり正確な言い方ではない．その言い方では，「強さ」という，音それ自体に客観的に備わっている物理的・音響的特性と，「長さ」，「高さ」という，人間にとってどのように知覚されるかという主観的な聴覚印象としての心理的実体とが，同じ土俵で語られているからである．正しくは，声の「大きさ」（loudness）・「長さ」（length）・「高さ」（pitch）が関わっている，と言うべきであろう．

生理的観点から言えば，「大きさ」は肺からの空気の量または圧力，「長さ」は同じ調音状態の維持，「高さ」は声帯振動の激しさによって，それぞれ調節されるものである．物理的に言い換えると，「大きさ」とはエネルギー量としての強さ（intensity），「長さ」とは持続時間（duration），「高さ」とは基本周波数（fundamental frequency）のことである．エネル

ギー量としての強さは，電話の発明で有名な Alexander Graham Bell にちなんだ dB（デシベル）という単位で表され，ささやき声で約 20 dB，普通の会話で約 60 dB，非常に混雑した交通路の騒音で 80～100 dB である．また，後の議論との関連で言えば，強さは，音声波形のゆれの大きさとしての振幅（amplitude）とも無関係ではない．テレビのボリュームやコンサートで用いるアンプなどは，基本的には「増幅」装置と言える．なお，持続時間は sec（秒）をミリ単位まで測り，基本周波数は単位時間あたりの声帯振動数 Hz（ヘルツ）を用いて測るが，これらについては後に詳しく述べる．

今までのところを整理すると次のようになるが，特に用語の英訳にも注意しながら，意味するところを考えてみたい．

（2） 卓立の音声的要因

心理	大きさ（loudness）	長さ（length）	高さ/ピッチ（pitch）
生理	肺気量（圧）	持続状態	声帯振動
物理	強さ：dB	持続時間：sec	基本周波数：Hz
	intensity	duration	fundamental frequency

このように，卓立という音声的複合体は，この 3 つの要因から成り立っている．叫び声など，大声で自分の存在を最大限にアピールして卓立を示さなければならないときは，これら 3 つの値が普段よりも大きくなることは言うまでもない．厳密に言うと，これら 3 つは連動することが多く，肺からの空気量が多いと，声を出す持続時間も長くできるし，声帯振動が激しくなって声が高くなる傾向がある（⇒ 1.6 節）．

一般的には連動しやすいものの，日本語は高さアクセント言語であるから，とりわけ高さが重要なのは言うまでもない．では，強勢アクセント言語である英語ではどうなのだろうか．ここに，Fry (1955; 1958) による有名な実験がある．彼は (3) のように，上の 3 つの要因（パラメータ）のうち 1 つを変化させた合成音声を作り，被験者に聞かせて，名詞 *pérmit* と動詞 *permít* のどちらだと判断するかの効率を調べることにより，英語の

強勢アクセントにおける主な音声的手がかりをつきとめようとした．(4a)がその結果である．

(3) 3要因の識別
 a. 大きさ: PERmit perMIT
 b. 長さ: peeermit permiiit
 c. 高さ: permit   permit

(4) 3要因の知覚上の重要さ
 a. 高さ ＞ 長さ ＞ 大きさ
 b. 長さ ＋ 大きさ ＞ 高さ

つまり，期待されたはずの大きさの変化はそれほど効果がなく，高さの変化が最も重要な手がかりであった．その後，Beckman and Pierrehumbert (1986) により，(4b) のように2番手と3番手を協力させれば，1番手よりやや勝る効率が得られることがわかったが，それは長さの重要性を証明するものであった．

　では，英語アクセントにとって，大きさ(強さ)はほとんど重要ではないのかというと，そうではなく，あくまでこれは，高さや長さとの相対的な関係で言えることであり，日本語アクセントの3要因における強さの占める位置と比べれば，はるかにその重要度は大きいであろう．われわれ日本人にとって，英語アクセントが強く聞こえるのはそのためである．しかも，上の実験は物理的要因をパラメータとして抽出したものではあるが，知覚実験であるから，あくまで心理面では高さが知覚上の手がかりとして重要だったということにすぎない．つまり，実際の発話において，英語アクセントは物理量が「高さ＞長さ＞大きさ」の割合で生成されるということではない．心理と物理は，まったく別ものだからである (⇒ 1.2.3, 1.6節)．その意味では，高さアクセントと強勢アクセントという類型は，あながち無意味ではないと思われる．しかし，声の高さが重要であるということには変わりないので，以下ではその生理面と物理面について，もう少し詳しく見ていくことにする．

　まず生理的に見れば，声帯振動はどのように発生し，調節されるのであ

ろうか．声帯とは，喉頭(のどぼとけの奥の部分)に含まれる2対のつながった筋肉質の粘膜ひだが形成している弁のことで，そこを空気が通って振動することによって声を出すことを可能にする，いわば「のど唇」とも呼べる器官である．呼吸するときには広く開いているが，声を出すときには収縮して閉じるので，そこを空気が断続的に流れて振動を発生するのである．「ブブブブブ」と唇を震わせたときに生ずる振動のメカニズムと，基本的には同じである．言語におけるこの声帯の働きについては，実は，声の高さの調節とともに，子音の有声・無声の区別にとっても重要である．振動のあるなしで有声・無声を，ある場合には振動の激しさで高さを，それぞれ調節していることになる．念のため，(5)にまとめておこう．

(5) 言語における声帯の働き
    a. 有声と無声の区別（振動のあるなし）
    b. 声の高さの調節（振動の激しさ）

(5a)に関しては，*pat / bat*, *tip / dip*, *cut / gut*, *sip / zip*, *cheap / jeep*, *thigh / thy* などの意味区別が，すべて最初の子音が無声か有声かにゆだねられていることがわかるだろう．のどぼとけを触りながら [p/b], [t/d], [k/g], [s/z], [tʃ/dʒ], [θ/ð] を発音してみると，後者の有声子音のみ，振動を感じるであろう．ただし，[pu/bu], [tu/du] などと母音を入れないよう，気をつけなければならない．母音は基本的には，すべて有声だからである．

(5b)に話を戻そう．声の高さのことを英語にちなんでピッチとも言うが，日常語でも，マラソンや仕事などで足や手の動きを速めることを「ピッチを上げる」と言う．声帯の場合だと，動きを速めるということは声が高くなるということである．それゆえに，音韻論でピッチと言えば，声の高さを示すことになる．ピッチを上げることには，次のように，声帯の動きを速めるためのエネルギー・状態・大きさなどが関係している．

(6) 声の高さの生理的要因
    a. 肺気量（圧）
    b. 声帯の緊張状態と，喉頭の動き

第 1 章　アクセント・リズムの仕組みと音韻論　7

c.　声帯の厚さや大きさと，振動空間の広さ

(6a)については，一般に叫び声は肺からの空気圧が大きいので，声が高くなることは先に述べた．(6b)については，のどぼとけを触りながら調べると，高い声を出すときには喉頭が上がり，低い声を出すときにはそれが下がるのがわかるだろう．喉頭が上がれば，声道を含めた振動空間が小さくなるのでそれだけ高い声が出るが，これはちょうど，木琴や鉄琴でも小さな板のほうが高い音が出るのと同じである．喉頭を含む気管のことを「のど笛」(windpipe)と呼んで楽器になぞらえるのは，偶然ではないのである．あるいは緊張状態で言うなら，ギターの場合も，同じような太さの弦でも，ピンと張ったもののほうがだらりと伸びたものより高い音が出る．なお，意識的にピッチを上げる場合以外にも，無意識の声帯の緊張によって声が高くなることもある．電話での会話や，初対面の偉い人と話す場合などがそうである．緊張すると早口になる傾向が一般にあるが，声帯の動きも速くなるのである．この場合は，心の緊張感が筋肉の委縮を伴うわけだが，心理が生理（そして物理）に影響を与える例として捉えられるであろう．

　さて，今度は，声の高さの物理面に目を向けてみよう．生理的に起こる声帯の振動は，物理的にはそのまま空気の振動となって放射され，最終的にはそれが耳の鼓膜の振動となって，声として知覚される．一般に，空気中を伝わる光も電気（磁気）も音も，振動を繰り返しながら伝わっている．それ自体が振動するから，空気もそれに巻き込まれて振動するわけである．振動は波を形作るので，空気中を伝わる光と電気は電磁波（電波），音は音波などと呼ばれている（音の中でも，物体が出す音と違って，声帯を通して出される音は「声」と呼ばれる）．このような波の性質を測る尺度の１つが周波数で，X線・紫外線・可視光線・赤外線などの光も，短波・中波・長波などの電気信号も，コウモリやイルカの発する超音波や人間の出す声も，すべてこの尺度で測ることができる．周波数とは，文字どおり「１秒間に繰り返される波のサイクル（周波）の数」のことであり，1888年に空気中の電波の移動を証明したユダヤ系ドイツ人 Heinrich Rudolf Hertz

の名前にちなんで，Hz という単位で表される．英語で "frequency" と呼ばれるのも，単位時間あたりに現れるサイクルの「頻度」を問題にする点で，うなずける．一方，サイクル(周波)とは，下図のように波の山と谷のペアのことである．点線部分を1秒区切っているものだとすると，(7a) は 2 Hz，(7b) は 1 Hz ということになる．値が大きいほど，高く聞こえる．

(7) 周波数(声帯波)
 a. 高い音

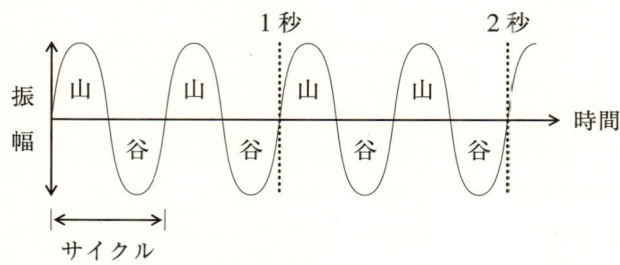

 b. 低い音

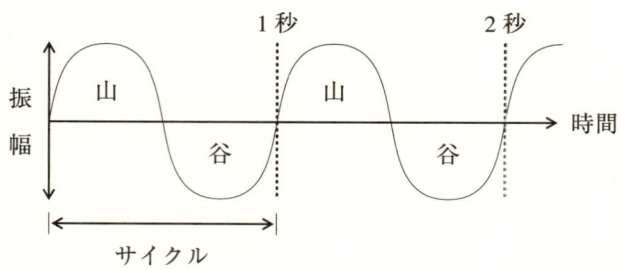

カセットテープなどを再生しながら早送りすると声が高く変わるのは，振幅とサイクルの数が一定のままで，所用時間だけ少なくするからである．たとえば，(7b)の音を再生するのに2秒かかるところを1秒でやってしまうと，(7a)の音になるのと同じである．

 一般に，人間の可聴範囲は，20～2万 Hz くらいだと言われている．コウモリやイルカの発する超音波はそれよりも高くて，聞こえない．人間の

発声について言えば，日本人の平均は通常の状態で，男性は100〜150 Hz，女性は250〜300 Hzだとされる．子供はその中間あたりとされるが，男女差に加えて幼児から成長期までの年齢層で変わってくるので，かなり幅広い領域を持つ．いずれにしろ，このような男女差や年齢差は，(6)の生理のところで述べたように，声帯そのものの大きさや厚さ，付近の器官を含めた振動部分の大きさと関係がある．のどぼとけの大きさからも想像できるように，女性の声帯のほうが男性よりも薄くてやや小さく，のど笛も細い．それによって，声も高くなるのであろう．同様に，同じ性別なら，大人よりも子供のほうが声が高い．ギターの弦も太いのより細いほうが，木琴の板も大きいのより小さいほうが，高い音が出るのと同じである．

なお，波の性質を測る別の尺度として，1つのサイクルの初めから終わりまでの長さを示す波長（wavelength）という単位もある．(7)の図で言えば，(7b)は(7a)の2倍の波長を持つことになり，周波数とは反比例の関係にある．実際にこの長さを測る場合には，1つのサイクルが次のサイクルに至るまでに空気中を伝達する距離に換算され，それをメートル法で表すのが一般的である．ちょうど，海岸に押し寄せる1つの波から次の波に至るまでに，ほぼ一定の距離があるのと同じである．たとえば，光は$10\,\mu m$以下，電子レンジのマイクロ波は10 cmくらい，テレビ電波は1 m〜10 m，ラジオの短波・中波・長波は10 m〜10 km，音は10 km〜10万kmなどとされるが，光や電波を含めた電磁波一般を巨視的に捉えるには適しているが，光や電波や音声など特定の領域のみが関心事であるなら，微細な数値が問題となるので，普通は周波数が用いられる．また下に述べるように，音声の分析に関しても周波数のほうが応用範囲が広い．

さて，このようにして作られた声帯振動は，必ずしもそのままの形で口から音声として発せられるわけではない．声道と呼ばれる空気の通路を通る過程で，声帯を通った後も，口だけを通るのか鼻にも抜けるのかとか，口の中では舌や歯や唇を使ってどのくらい空気がせき止められるのかによって，たとえば(8)のように，さまざまな加工を受けることになる．

（8） 周波数(音声波)

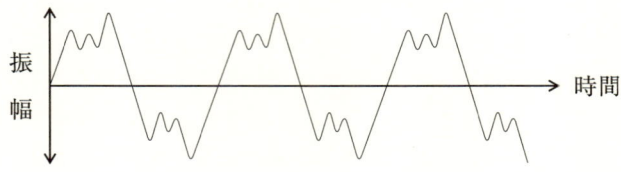

　声帯から出たばかりの声帯波は，（7）のようにサイクルも均一で理想的な，いわばブザーの音のように聞こえるものだが，このような加工を経た音声波は振幅も周波数も変わり，音の個性を作る．言い換えれば，純音から複合音へと変化し，その波の形(波形)によって音色(音質)が決まるということである．したがって，音声の分析の際にもこの声帯波と音声波を区別し，前者は基本周波数 (F_0) で，後者はフォルマント周波数 (F_1, F_2, F_3) で，それぞれ測られる．そして，基本周波数は，長い時間区分でどのように F_0 が変化するかを見ることで，声の高さの変化を示すピッチ曲線を抽出するのに役立つ．語レベルでは(ピッチ)アクセント，文レベルではイントネーションの変化を知ることができるのである．一方，フォルマント周波数は，短い時間区分でどのような周波数域に F_1, F_2, F_3 の振幅エネルギーが集中しているかを見ることで，音の個性を示すスペクトルを抽出するのに役立つ．つまり，分節音レベルで，個々の母音や子音の特徴がわかるのである．具体的には，F_1 は母音の [±high]，F_2 は母音の [±back] と [±round] が反映されるとされ，F_3 は子音の調音特徴を示す．

　音のスペクトルとは，いわば声紋のことで，警察が犯人特定のために用いる声紋分析器で問題とするのは，個々の特徴(しかも同一の分節音の人による違い)が知りたいのであるから，当然フォルマント周波数のほうである．太陽光の場合も，紫外線と赤外線とでは周波数(波長)が異なるので，虹のような1つのスペクトルの中で，それぞれが異なる位置に現れるのは周知のとおりであろう．ただ，太陽光の屈折具合によって空に現れる虹にもいろいろあり，直接の太陽光と反射を繰り返した光をプリズムを通して見た場合にも，どのような周波数成分(波長成分)を含んでいるかでスペク

トルの模様が違ってくるように，声も口の中の構えによって反響具合や周波数成分などが異なってくるので，個々の音で F_1, F_2, F_3 が織りなす縞模様も変わってくるのである．スペクトログラフなどの音声分析器は，そうした音の縞模様を抽出するプリズムのようなものである．なお，スペクトログラムは，スペクトログラフによって音のスペクトルを写し出した図のことである．

以上の議論から明らかになった基本周波数とフォルマント周波数との違いを，(9) にまとめておこう．

(9) 2タイプの周波数の違い

種類	基本周波数	フォルマント周波数
記号	F_0	F_1, F_2, F_3
出所	声帯の振動具合	調音器官のせばめ具合
現れ方	声の高さ（ピッチ曲線）	音質（スペクトル）
言語単位	アクセント・イントネーション	母音・子音など分節音

ただ注意すべきは，子音は持続時間がごく短いことに加えて，その時間的な変化が激しいので，母音ほど明確な特徴を示さないことである．特に無声子音の場合は，そもそも声帯振動がなく，調音器官のせばめによってできる乱気流の雑音も，振幅エネルギーが小さいので捉えにくい．

ちなみに，アクセントや音調などの韻律素性 (prosodic feature) のことを，「かぶせ音素」または「超分節素」(suprasegmentals) などとかつて呼んだことがあったが，基本となる声帯振動の後から，調音器官のせばめによって然るべき音質に加工されるわけだから，生理的・物理的に見れば，かぶさるのは実は分節音に関する素性のほうであることがわかる．

のちのちのために言っておくが，(9) の2つの方法は，あくまで声の高さや音質を物理的に捉えるための1つの手段であって，補助的に使うことはあっても，音韻論でこれらが主要な関心事になることはない．文法の問題は，生理や物理の問題とは別物だからである（⇒ 1.3 節）．たとえば，個々の分節音の特性は，生理の面から言えば「舌や歯や唇などの調音器官

を使って，どの程度せばめられるか」にかかっており，開口度の大きい母音から，調音器官を接近させるだけのわたり音・流音，口のせばめは大きいが鼻からは空気がよく抜ける鼻音，かなりせばめを大きくして摩擦させる摩擦音，いったんは完全に空気をせき止めてから開放する閉鎖音の順に，せばめが大きくなる．しかし，音韻論ではさまざまな言語現象からの証拠から，この「母音＞わたり音＞流音＞鼻音＞摩擦音＞閉鎖音」の階層関係を，聞こえ度（sonority）という概念によって捉えている（⇒ 1.4 節）．せばめが小さければ，つまり開口度が大きければ，それだけ基本となる声帯振動がそのまま伝わるので，聞こえ度が大きくなるのである（実際，強さ・長さ・高さとともに，聞こえ度や有声性も卓立に含まれる場合がある）．そして，個々の母音や子音のさらに細かい分類は，弁別素性（distinctive feature）の組み合わせによってなされる．一方，（ピッチ）アクセントやイントネーションなど声の高さに関するものは，音調メロディという音韻単位によって捉えられる（⇒ 1.3.1, 1.5, 1.6.1 節）．

(10)　物理(生理)と文法の対応
　　　a.　基本周波数(声帯振動)　　　→　音調メロディ
　　　b.　フォルマント周波数(せばめ)　→　聞こえ度・弁別素性

なお，高さや音質に関しては上のとおりだが，長さ(持続時間)や大きさ(強さ)は，文法的にはモーラとフットがそれぞれ対応している（⇒ 1.3.1, 1.6 節）．

　ただ，文法が生理や物理と独立しているからといって，これらからまったく影響を受けないということではけっしてない．独立の話は後の節に譲るとして，まずは実際のアクセントやリズムに関する言語現象が，どのようにこうした側面からの制約を受けるかについて話を進めよう．

1.2.2　言語現象における生理的・物理的制約
　前節で見てきた生理や物理のメカニズムは，アクセント現象に関するいくつかの素朴な疑問に答えてくれる．言い換えれば，アクセントも生理的・物理的制約を受ける側面がある，ということである．

第1章　アクセント・リズムの仕組みと音韻論　13

たとえば、「母音にはアクセントがくるのに、普通は子音にこないのはなぜか」という疑問については、どうだろう。それは、無声子音は声の高さを作るための声帯振動がないし、有声子音も持続時間が充分ではないからである（ただし、大阪方言の *końzyou*（根性），*kińzyo*（近所）など、有声子音にアクセントを置く場合もある）。それに対し、母音は充分な声帯振動時間があるからアクセントを置くことができるし、アクセントのあるなしも明確に区別できる。このことは、「なぜ母音のみが音節核を形成しうるのか」ということとも関係している。音節とは知覚の単位だが、知覚するためには、充分な聞こえ度がないとできないからである。英語では、*bay, cow, battle, lawyer, kitten, rhythm* のように、わたり音・流音・鼻音が音節核を形成することもあるが、それは比較的聞こえ度が高いためである。しかし、アクセントを担えるのは母音の音節核のみである。

そのほかにも、有声性とアクセントの緊密な関係と相互作用についても述べておかねばならない。分節音の有声性も、アクセントのもととなる声の高さも、ともに声帯振動に基づいていることは前節で述べた。それで、日本語の高母音 *i, u* は、無声子音にはさまれたり無声子音とともに語末音節にきた場合には、それ自体が無声化することが知られているが、では、「アクセントを担う母音は無声化するのだろうか」という疑問がわく。次の例を見てもらいたい（以下、無声化された母音をV̥で示す）。

(11)　有声性とアクセントの関係
　　　hu̥sí（節）　　ku̥sí（櫛）
　　　ki̥kú（菊）　　ku̥tú（靴）

ご覧のように、語頭・語末ともに無声化してもよいにもかかわらず、語末母音にはアクセントがあるので無声化されない。アクセントを実現するためには声帯を振動させねばならず、無声母音は生理的にも物理的にも、アクセントを担えないからである。また、いずれの母音も無声化してしまうと、無声ばかりになってしまい知覚できないので、心理的にもまずい。このことはアクセントだけでなく、音調一般にも当てはまる。たとえば、*kikuti hisikiti*（菊池菱吉）という人名は「低高高低高高高」という高低パ

ターンを持つが，すべての母音が無声化されるわけではなく，低音調で実現される姓と名の語頭が，特に無声化しやすいだけであろう．

上の例は，すべての母音を無声化するとまずいという理由で無声化しなかったが，語の内部に有声母音がほかにあれば知覚上問題ないので，アクセントを担う母音が無声化することもある．その場合，(12)のように，アクセントは隣接母音に移動することがある．

(12) 無声化によるアクセント移動
  kísya / kisyá（記者） húka / huká（不可）
  síken / si̥kén（試験） húkin / hu̥kín（付近）
  kísoku̥ / /ki̥sóku（規則） sísetu / si̥sétu（施設）

このアクセント移動（accent shift）と呼ばれる現象も，無声母音は生理的・物理的にアクセントを担えない，という制約に従っていることがわかる．母音の無声化とアクセント移動の理論的な説明については，Tanaka (to appear) で詳しく議論されている．

さて最後に，イントネーションの実現が，生理的・物理的制約を受ける例を見てみよう．日本語は，モーラの繰り返しによりリズムを作り出す言語だが（⇒ 1.4節），同じようなリズムのパターンを示す発話でも，その発話を構成する語がアクセントを持つか否かによって，文全体の声の高さの実現の仕方が違ってくることがある．アクセントを持たない場合とは，語内部のピッチの下降がないので卓立した位置を持たない，いわゆる「無アクセント」の語のことである（⇒ 1.5節）．

(13) 自然下降（アクセントなし）
  a. amerikano zinkouwa igirisuno zinkouno oyoso nibaida（アメリカの人口はイギリスの人口のおよそ2倍だ）
  b. watasino anewa amerikano kariforuniakara mekisikoe denwasita（私の姉はアメリカのカリフォルニアからメキシコへ電話した）

(14) 段階下降（アクセントあり）
  a. tyúugokuno souzínkouwa índono souzínkouno yáku yon-

baidasóuda（中国の総人口はインドの総人口の約4倍だそうだ）
b. káreno ániwa dóituno hurankuhúrutokara kánadamade denwasimásita（彼の兄はドイツのフランクフルトからカナダまで電話しました）

(13) と (14) はそれぞれ，窪薗 (1995) が自然下降 (declination) と段階下降 (downstep) の例としてあげているものである．いずれの場合も，モーラの繰り返しによって一定のリズムを作るのだが，全体として声の高さが低くなっていくのである．ただ，ピッチ曲線で見ると，(13) では，なだらかにゆっくりと下降していくのに対し，(14) では，かなり急激な段階的下降が見られ，最終的には (14) の文末のほうが，(13) よりかなり低くなると言う．イメージとしては，前者ではスーッと下がっていくのに対し，後者ではガクンガクンと下がっていく感じである．しかも，段階下降のケースだけを比べても，アクセントの数が多いほうがピッチの下がり方が激しくなると言う．この違いは，文を構成する語の「アクセントのあるなし」という文法上の相違に求めることができるが，なぜアクセントを持つ場合のほうが下がり方が急激なのかという疑問は残る．また，そもそもなぜ，いずれの場合もピッチの下降が認められるのかということについては，文法からの回答は得られない．

　しかし，今まで見てきた発声の生理的・物理的メカニズムを考えれば，それほど難しい問題ではない．声帯振動の程度が，空気の量と筋肉の動きに依存しているのを思い出してほしい．すなわち，息つぎをしないで発話するとすれば，肺から供給される空気の量は物理的に一定であるから，空気を使うにしたがって声帯振動が弱くなり，いずれの場合もだんだん声が低くなるのは当然なのである．しかも，高低のパターンが単純で，比較的一定のペースで声帯を振動させる場合と，高低パターンを激しく繰り返して声帯を調整しなければならない場合とでは，バテ方が違ってくる．後者のほうが，エネルギーの消耗が激しいからである．マラソンでもまったく同じことが言え，ほぼ同じペースで走るよりは，ダッシュしたりゆっくり走ったり（ピッチを上げたり下げたり）を繰り返したほうが，すぐにバテて

しまうものである．つまり，自然下降と段階下降は，物理的な空気量（の減少）と生理的なエネルギー（の消耗）からの制約を示しているのである．

1.2.3　アクセントとリズムの心理：生理・物理からの自由

　これまで見てきたように，大きさ・長さ・高さは連動する傾向にはあるが，それぞれが独立した要因である．また，それらの物理・生理・心理面も，互いに規定し合ったりはするが，本来は別々の側面である．たとえば，前に述べたように，電話での会話は心理的緊張状態を作り，そのことが生理的に筋肉を萎縮させ，物理的に周波数を高くするのは確かだが，その一方で，ないものが聞こえたり見えたり（幻聴・幻覚など），あるものが聞こえなかったり見えなかったり（不注意・疲労など）する例からもわかるように，外的な物理と人間の内的な心理は，本来，別ものである．英語のアクセントも，心理（知覚）面では高さが重要でも，生成する際の物理量は声の大きさ・長さ・高さが複合して産出されるのは，前に述べたとおりである．

　このことは，コミュニケーション上重要なのは心理的実体としてのアクセントであって，物理的実体としてのそれではないことを示している．つまり，アクセントとは，物理的および生理的要因によって左右はされるものの，心理的には独立したものであり，この心理的な独立性は，場所の標示というアクセントの抽象的性質と表裏の関係にある．

　たとえば，1.2.1節で，性別や年齢で声の周波数が変わってくることを述べた．また，同一人物でも，ボーッとしたときと緊張したとき，寝起きのときと昼間活動しているとき，風邪をひいたときと元気なときとで声の高さが異なってくるのは，日頃われわれが経験しているところである．それにもかかわらず，同一の単語のアクセント位置に関して，ゆれがある場合を除いて同じだと認識できるのは，絶対的な物理量からではなく，相対的な高さ関係からアクセント位置を知覚しているからである．しかも，高さはおろか，声すらほとんど出ていない状態でも，アクセントを知覚することができる．ささやき声による会話である．ささやき声を出す状態では，普通の声が出ているときより声帯が開き気味になるので，声帯が振動しているというよりは，摩擦して擦れているといった感じに近い．そのよ

うに，物理的に声が貧弱な状態にもかかわらずコミュニケーションが可能なのは，われわれの心理がささやき声におけるアクセントを知覚できるからである．

実際の言語現象においても，この物理・生理と心理との乖離は観察される．たとえば，(13)にあげた「私の姉はアメリカのカリフォルニアからメキシコへ電話した」や「アメリカの人口はイギリスの人口のおよそ2倍だ」などの文では，いずれも緩やかな自然下降ではあるものの，物理的には文頭と文末では声の高さにかなり差がある．しかし，生理的な疲労感や呼吸の苦しさを多少感ずることはあっても，このような声の下降はほとんど意識されず，心理的には文全体としてむしろ平坦な印象しか与えない．このことは，文レベルはおろか語レベルでも同様で，たとえば「アメリカ」と「魂」はそれぞれ，「低高高高」，「高低低低」という音調型を持つが，語内部でも自然下降は生ずるので，同じ高高高または低低低という連続においても，物理的には後にいくほどピッチが低くなることは，はるか昔の音響実験でも報告されている（Weitzman 1969）．それにもかかわらず，日本に3冊あるアクセント辞典（NHK放送文化研究所編 1998; 秋永一枝編 2001; 平山輝男編 1960）などでも，高/低の2項対立の記述方式で音調型が捉えられているのは，われわれの心理的な言語直観が，このような同じ音調同士の物理的差異を捨象するからである．もちろん，辞典の記述方式だけでなく，音韻論における捉え方も同様である．

辞典の記述方式といえば，もう1つ，物理と心理の違いを示す典型的な例を見つけることができる．たとえば，NHK放送文化研究所編（1998）の『日本語発音アクセント辞典』では，無声母音もアクセントを担うものとされている．わかりやすく言うと，1.2.2節の(12)で見たような例は，(15)のようにアクセントが移動したもの(スラッシュの右側)のみならず，無声化しても移動しない本来のもの(左側)も並記されているということである．

(15) 無声化母音にアクセントのある例
　　　kísya / kisyá（記者）　　húka / huká（不可）
　　　síken / sikén（試験）　　húkin / hukín（付近）
　　　kísoku / kisóku（規則）　sísetu / sisétu（施設）

各ペアのうち移動しない左側の例では，物理的には語頭母音の声帯振動がほとんどなくなるので，アクセントを担うことはありえないわけだが，心理的なアクセント・パターンとしては立派に成立している．つまりここでも，ささやき声のアクセントと同じことが成り立つのである．

　ここまでは，アクセントにおける心理的独立を論じてきたが，リズムに関してもまったく同じことが当てはまる．Bolton (1894), Woodrow (1909; 1951), Allen (1975) など言語心理学者の実験によれば，被験者に合成音の単調なビートを聞かせると，一定の法則に従ってグルーピングを行ない，さらには自然に，グループごとの最初のビートを強く大きな音だと認識するという．彼らの主張を総合すると，次のようになる．まず，まったく同質のビートを繰り返した場合には，(16a)のように2個ずつか，または(16b)のように4個ずつグルーピングを行なうという結果が含まれ，4個ずつのグルーピングでは，さらに2個ずつの下位グループを作る．この場合，各グループの最初のビートが，ほかの部分より相対的に強いと知覚され(以下，「*」で示す)，いずれのレベルでも強弱のグルーピングを行なうことになる．一方，最初から強さや長さを交互に変えたビートを提示すると，(16c)のように強さが交替する場合は強弱のグルーピングを，(16d)のように長さが交替する場合は弱強のグルーピングを作るというように，それぞれ仕方が異なってくるという．有名な「弱強/強弱の法則」(Iambic / Trochaic Law) である．

(16)　リズムとグルーピング
　　a.　単調な連続 (1)

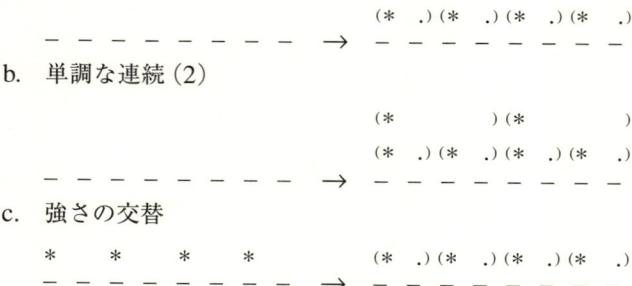

　　b.　単調な連続 (2)

　　c.　強さの交替

d. 長さの交替

このような実験結果は,被験者の母語がどのようなリズム類型を持つ言語かによって左右されるかもしれないが(⇒1.4節),人間の心理に何か,理想的なリズムの鋳型のようなものが存在することを示唆する.そして,知覚実験ではあるものの,その鋳型は少なくとも英語話者の産出過程にも反映され,文法的にもいくつかの理論的意味合いを投げかける.

まず,強さであれグルーピングであれ,物理的に存在しないものを心理的には知覚するということだから,(16)の一連の結果は,音韻論で言うフットという単位の心理的実在性を示すものと思われる(⇒1.3.1節).また,(16c, d)は強さと長さとの関連で,可能なフットをどのようなタイプに制限しうるかという理論的な問題に,外在的証拠を与える(⇒2.4.2節).さらに,実際の産出過程もしくは言語現象に対しても,(16a, b)の結果には興味深い示唆が含まれている.たとえば,この結果は,①何もないところに強弱交替のリズムを作り,②グループごとに左端を強と認識する,という2つの意味を持つが,このことは次の英語の現象にも反映されている.

(17) 英語のリズム
    a. 語の副次アクセント付与

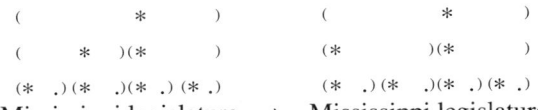

    b. 句のアクセント移動

```
    (        *        )         (        *        )
    (    *  )(*       )         (*       )(*      )
    (* .)(* .)(* .)(* .)        (* .)(* .)(* .)(* .)
    Mississippi legislature  →  Mississippi legislature
```

日本語と同様に英語にもアクセントがあるのは,これまで述べてきたとお

りである．そして，ただ語内部の卓立した位置を示すだけなら，(17a) のように，そこを強くすればよいだけである．しかしながら，これでは単調な音節が連続することになるので，① によって，グルーピングを行なってリズムを作る．最も強い卓立を主要アクセント（primary accent），その他の強い卓立を副次アクセント（subsidiary accent）と言う．(17b) は句のレベルであるので，副次アクセントも 2 段階に分かれているが，問題は，このままでも強弱交替のリズムを成しているのに，前半の語のアクセントが移動するという事実である（リズム規則（Rhythm Rule）の名で知られている）．語のアクセントとしては *Mìssissíppi* と，後ろから 2 番目の音節が強いのだが，これはまさに ② によって，このグループにおけるアクセントが左端になければならないからである．(17a, b) は，引き金（入力条件）としては，それぞれ強勢の間隙（stress lapse）を埋めたり，強勢の衝突（stress clash）を避けたりするために起こるとされているが（⇒ 1.6.4, 3.6 節），いずれのリズム現象も，(16a, b) のような心理的なリズムの鋳型に合わせるという目的（出力条件）のために適用されるとすることで，統合的な説明が可能になる．そして，その鋳型は物理的対応物を持たないものだったわけである．

　一方，(16c, d) の結果は，③ 強弱のグルーピングでは長さの交替がなく，④ 弱強のグルーピングでは長さの交替を伴うことを含意しているが，これらはそれぞれ，強弱格短音化（trochaic shortening）と弱強格長音化（iambic lengthening）という実際の音韻現象に反映されている（Hayes 1995）．(18) に示されるように，フィジー語（Fijian）の *mbúŋgu*（'my grandmother'）の強勢母音は短音化されたもので，チョクトー語（Choctaw）の *salíitiháatók*（'I was dirty'）の強勢母音は長音化されたものだが，同じ強い母音でも，当該言語が強弱か弱強かのいずれのリズムを持つかによって，短くなるか長くなるかが変わってくるのである．

　(18)　フィジー語とチョクトー語のリズム
　　　　a.　強弱格短音化: mbúŋgu ('my grandmother')

　　　　　　　　(*)　　　　　　　　　　　　　　　　(* .)
　　　　　　mbuu ('grandmother') + ŋgu ('my') → mbu ŋgu

b.　弱強格長音化: salíitiháatók ('I was dirty')

$$\text{sa ('I')} + \underset{(.\ *)}{\text{litiiha}} \text{('dirty')} + \text{tok ('was')} \rightarrow \underset{(.\ *)(.\ *)(*)}{\text{salii tihaatok}}$$

もしグルーピングの仕方という概念がなければ，これらを統一的に捉えることはできない．同じくアクセントを持つ母音が短くなったり長くなったりして，予測がつかないからである．ここでもやはり，(16c, d) が心理的な鋳型(出力条件)となってこれらの現象が起きていると見え，物理的には対応物を持たないグルーピングという心理的実体が，決定的な役割を果たしていることがわかる (⇒ 1.6.4 節).

1.3　アクセントとリズムの抽象性・記号性：「理想的」な心理

　以上のように，音韻論で問題とするアクセントとリズムは，生理的・物理的側面からは独立しており，心理に対応するものであることがわかった．人間の心理は，必ずしも生理や物理を反映するとはかぎらないのである．しかし一方で，音韻論は，アクセント・リズムという言語形式を生み出す心理的メカニズムの解明を目指しているのかというと，そういうわけではない．むしろ，「理想的」な心理状態を前提に，それを生み出す文法的メカニズムの解明を目標としているのであり，その文法が心理的側面に反映されたり，逆に心理的なものが文法に反映されたりすることはあっても，必ずしも常に実際の心理上の言語処理と一致するとはかぎらない．そして，その文法とは，世界のあらゆる言語の普遍性や個別性を捉えるものであるから，言語体系との関連でモデルが作られるのであって，認知科学や認知心理学のように心理機構との関連でモデルが作られるわけではない．むしろ，記憶や推論や一般知識などの他の心理機構から独立したモジュールを成しているのである．ありていに言えば，音韻論も他の言語学の分野と同様に，理想的な話者・聴者 (ideal speaker-hearer) というレベルを想定して，アクセント・リズムを生み出す言語能力 (competence) を解明しようとしているのであって，アクセント・リズムに関する言語運用 (performance) を分析対象としているわけではないということである．

　ともあれ，「理想的」な心理状態を想定する言語学の手法では，場所の

標示というアクセントやリズムの抽象的性質を捉えるために，心的表示または心内表象（mental representation）を用いる．つまり，これは「理想的」な心理状態における，アクセントやリズムの構造表示のことである．音韻表示（phonological representation）と言ってもよい．このことは，アクセント・リズムの抽象性を反映するとともに，その記号性を捉えようとするものでもある（記号としての表示を用いる利点については，2.1 節を参照のこと）．以下の下位節で，その詳細を見ていくことにしよう．1.4 節で論ずるように，リズムに関することは最終的にはアクセントの構造表示に還元できるので，ここでは主にアクセントを問題とする．

1.3.1　韻律構造と音調メロディ：韻律の類型論

まず第一に，「語内部における卓立した位置」としてのアクセントを捉えるために，音韻論では，韻律範疇（prosodic category）という単位を想定する．これには，モーラ（μ）・音節（σ）・フット（Ft）・韻律語（PrWd）などが含まれ，それらが語内部において階層構造を成している．この階層構造は，韻律構造（prosodic structure; metrical structure）または韻律階層（prosodic hierarchy）などと呼ばれる．下に，モーラと音節も含めた（17a）の英語の事例を示してみよう．

（19）　英語の韻律構造

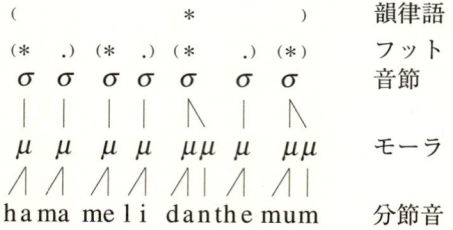

範疇と言うからには，XP などの統語範疇と同様に主要部（head）とその領域（domain）を持ち，その 2 つは 1 対 1 の対応を成す不即不離の関係にある．国や自治体でも，大統領・総理大臣・知事などのトップがいて，それらが治める自治区が決まっているのと同じであり，トップが複数いる

と「船頭多くして船山に登る」事態になるし，自治区を持たないと「芸能人の1日署長」のように名前だけのトップになるからである．フット以上の範疇に関しては明解で，主要部はグリッド（grid）によって「*」と表示され，その領域は構成素境界（constituent boundary）によって「（　）」で表示される．「．」は，その他の補部（complement）を示す．その下の範疇に関しては，音節では頭子音・音節核・末尾子音のうち音節核の部分が，モーラでは自立モーラ・特殊モーラのうち自立モーラの部分が，それぞれの主要部を成し，いずれにしても普通は母音がその任に当たる．結局，アクセントとは，「韻律階層のすべてのレベルにわたって主要部を成す位置」だということになる．そして，英語のような強勢アクセント言語は，韻律構造によってそのアクセント位置が示されることがわかった．

　ちなみに，韻律構造の「韻律」に当たる用語は，英語では"prosodic"と"metrical"という言い方で使い分けがなされている．"prosodic"は，上で見たすべての範疇を指して言うが，"metrical"はフット以上の範疇を指している．フット以上は，グリッドと境界で純粋に強弱関係として表示でき，モーラや音節とは性質を異にするので，このような特別な用語を持っているのである．後に見るように，モーラは，音節量を捉えるなど時間的長さを測る役割を果たし，音節は，聞こえ度という音質に関する尺度に基づいて分節音の配列を定める役割を果たしている（⇒1.4節）．したがって，フット以上と音節以下では，(19) のように構造の表示の仕方が異なってくるのである．

　さて第二に，日本語のような高さアクセント言語は，特定位置の卓立を示すアクセントだけでなく，高低のパターンとしての音調型（tone pattern）も持っている．つまり，(20) のように，韻律構造と音調構造の両方を合わせ持つということである．音調構造は音調メロディ（tone melody）という単位によって表示され，H（高）とL（低）という2項対立の目録から成る．

(20)　日本語の韻律構造と音調メロディ

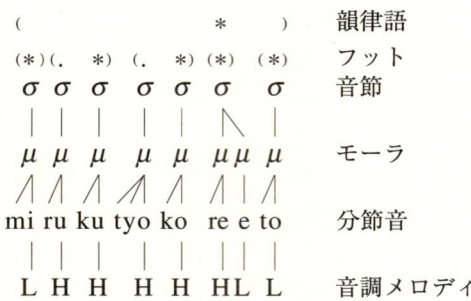

日本語では，音調メロディに対応する主要アクセント（韻律語の主要部）のみが重要で，副次アクセント（各フットの主要部）は問題にならない（⇒ 1.5 節）．また，強弱か弱強かといったフットの種類が，(19) の英語とは異なっている点に気づくが，究極的にはその種類すら日本語では問題とならない（⇒ 3.7.1 節）．なお，1.2.3 節で述べたように，音調メロディも高さの感覚を捉える心理的・抽象的実体であるから，H と L が特定の基本周波数に物理的に対応するとか，そのような性質のものではないことを思い出していただきたい．音声的には，上の H の連続にも自然下降は観察されるだろう．しかし，音調メロディとは，心理に影響を与えないような音声的事実を捨象した，あくまで相対的な言語単位なのである．

　ところで，日本語のような高さアクセント言語の研究では，「アクセント」と「音調」という用語が曖昧に用いられがちなので，ここでもう一度整理しておく．日本語研究という狭い視座での用法でなく，類型的な視点から見れば，これまで見てきたように，アクセントとは語内部の卓立した位置のことである．訛りや高低の配置のことではない．逆に，英語のそれを強勢と呼ぶのも，狭い見方と言うべきである．同じ土俵で見れば，いずれもアクセントなのである．これに対し，音調とはまさに高低のパターンのことであり，位置の問題ではない．まとめると (21) のようになる．

(21) アクセントと音調

用語	意味	表示
アクセント(核)	卓立した位置	韻律構造
音調(型)	高低のパターン	音調メロディ

したがって，(19), (20) も考慮に入れると，強勢アクセントは「韻律階層における韻律語の主要部」，高さアクセントは「音調メロディへの対応づけを持つ韻律語の主要部」と，それぞれ定義されることがわかる．

最後に，音調型のみを持ち，一見アクセントを持たない言語を紹介しておこう．このような言語は，音調言語 (tone language) と呼ばれており，中国語がその一例となっている．中国語はいわゆる「四声」を持ち，実際の音声実現はもっと複雑だが，音韻的には 2 項対立の L と H で区別することができる．

(22) 中国語の音調メロディ

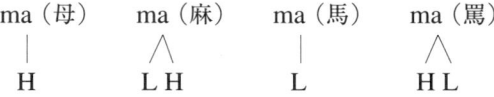

このように音調言語は，語内部には韻律構造を持たず音調メロディのみによって韻律特徴が表示され，語の意味を弁別するような言語である．ただし，中国語の場合は語が 1 音節から成るので，実際にはアクセント(韻律構造)を持ち，それが各音調メロディに対応づけられていると考えることもできる．英語の辞書でも，1 音節語はアクセントの位置が自明なので，実際にはアクセントを持つけれども表記されていないのと同じである．そして，中国語も，文レベルなどでは語と語の間で強弱関係が現れ，リズムを持つからである．リズムとは，すなわち韻律構造である．しかしながら，このように考えると高さアクセント言語と音調言語の類型が捉えられず，またここでは文レベルでなく語レベルの韻律特徴に基づく類型を想定しているので，音調言語は韻律構造を基本的には持たないものと考えておく．

1.3.2　アクセントの構造と機能

　ここで，金づちとのこぎりの違いを考えてみよう．金づちは釘を打つために使われ，重い鉄の固まりでできた頭を持つ．一方，のこぎりは板を切断するために使われるので，軽くて薄い刃を持つ．金づちは木を切るのに使えないし，のこぎりは釘を打つのに使えない．なぜなら，それらは形が異なるからである．同じ大工道具で，取っ手の部分は共通していても，形が違えば用途も異なってくるということである．「構造は機能を規定する」と言い換えてもよい．前節での議論から，アクセントがどのような構造を持つかということに関しては，およその概略はつかめたであろう．

　では，アクセントはどのような機能を持つのであろうか．1.1節では，アクセントの頂点表示機能と弁別機能に言及した．頂点表示機能は，文レベルの生成・知覚に寄与するもので，意味内容の最小単位としての語にまとまりをつけ，発話や理解の流れの中でめりはりをつけるものである．その意味で，リズムと無関係ではない．後に述べる境界標示機能（boundary-marking function）もこの範疇に入る．それに対し，弁別機能は，語レベルの生成・知覚に寄与するもので，意味内容の最小単位としての語をほかの語から区別する働きを言う．言語の類型で，自由アクセント言語と固定アクセント言語に分けられることがあるが，アクセント位置が限定されない自由アクセント言語は，弁別機能の働きが大きい．自由だからこそ，使い分けて弁別できるからである．それに対し，固定アクセント言語は，語末や語頭にアクセントを置くことで，文中の語の境界標示機能を果たすものと考えられる．頂点表示機能は，いずれの言語のタイプにも共通するものであろう．

　このようなアクセントの機能は，やはりその構造と無関係ではない．一般には，韻律構造におけるグリッドの高さ（タテ構造）は頂点表示として，グリッドの相対的位置（ヨコ構造）は弁別機能として，それぞれ機能していると言えるだろう．ただし，言語においてどの機能が最も特徴的に働くかは，音素の目録・配列や音調メロディなど，他の音韻構造とのかねあいで決まってくる．たとえば，英語のような強勢アクセント言語では，アクセントの最も大きな機能は頂点表示である．それは，アクセントがリズムに

直結していることからもわかる．アクセントに弁別機能がそれほどないのは，1) 母音や子音の種類が多いこと，2) 1 音節内部でも子音結合が発達していること，3) 多音節語も多いことなどから，分節音の配列がその役割を果たしてくれるからである．日本語のような高さアクセント言語も，韻律構造と音調メロディを合わせ持つ二重構造なので，アクセントの主な機能は，どちらかといえば頂点表示である．音調型が弁別機能を果たしてくれるからである．また，英語に比べて母音・子音の数は少なく，音節構造も単純ではあるものの，やはり分節音もその役割を果たす（書き言葉では，漢字など表意文字も発達しているので，そこでも弁別できる）．さらには，このような音調型による弁別機能の発達は，日本語語彙の大半を占める無アクセント語の流布をももたらす（⇒ 1.5 節）．音調言語がアクセントを持たないのと同様である．中国語は，4 つの音調メロディが弁別機能を果たすので，アクセントはまったくなくてよいし，語の音節数も 1 音節と，単純でよい．しかし，英語は語レベルで音調を持たないので，アクセントは必ず持たなければならない．このように，アクセントと音調型に関する構造がどのようになっているかの類型によって，その言語におけるアクセントの機能も，分節音や音節構造とも絡みながら，変わってくるものと思われる．

なお，アクセントには境界標示機能もあると言われることがある．たとえば，日本語の複合語の場合，連濁（sequential voicing）は語と語の境界を示す（後の語の始まりを示す）が，アクセントがある場合は連濁がなかったり，連濁がある場合はアクセントがなかったりするという事実が，一部に観察される．これは，複合語アクセントは語と語の境界付近にある（特に，前の語の終わりを示す）場合が多く，アクセントが連濁の境界表示機能に取って代わるためである．清濁もアクセントも声帯の調節で実現する点で共通し，どちらか一方があれば足りるのである．

(23)   連濁とアクセントとの関係
    a. 連濁あり，アクセントなし：
        sakurazima（桜島）　　miyakozima（宮古島）
        iouzima（硫黄島）　　isigakizima（石垣島）

　　　　　　　iriomotezima（西表島）
　　　b.　連濁なし，アクセントあり：
　　　　　　　itukúsima（厳島）　　　　syoudósima（小豆島）
　　　　　　　awazísima（淡路島）　　　tanegásima（種子島）
　　　　　　　okinósima（隠岐島）
　　　c.　連濁もアクセントもあり：hatizyóuzima（八丈島）など少数
　　　d.　連濁もアクセントもなし：yakusima（屋久島）など少数

　もちろん，一般の複合語には両方ある場合も多いのだが，上のような現象は固有名詞に特によく観察される．なぜなら，固有名詞はまとまりが強いので，2つのうちいずれかで境界標示すればよく，普通名詞は生産的であるぶんまとまりが弱いので，より境界表示が重要になり，両方で行なう傾向があるからであろう．また，上の傾向は，連濁する場合としない場合が同等くらいなければ調べられないが，普通名詞は生産的に連濁を起こすのに対し，地名や人名など固有名詞には連濁しない場合も多く含まれるので，そのこともアクセントが連濁に取って代わる1つの理由であろう．1.2.1節の(5)で，有声性とアクセントが無縁でないことを示したが，連濁とアクセントはこのように，同じような働きを持つことがあるのである．

1.4　アクセントとリズムの関係

　この章の冒頭で，アクセントは心臓(ハート)，リズムはその鼓動(ハートビート)だということを述べた．そして，アクセントは韻律構造によって表示されることが，これまでの議論で明らかにされた．したがって，リズムは韻律構造から導き出されるものではないかと想像できるだろう．まったくそのとおりで，鼓動がビートの繰り返しであるように，リズムとは「韻律範疇の繰り返し」にほかならない．この節では，韻律範疇が内在的にリズム性を持つことを確認した後で，リズムの種類に関するいくつかの類型が，「韻律範疇の繰り返し」という統一的な視点から捉えられることを見ていこう．

　まず，すべての韻律範疇が内在的にリズム性を持つとは，どういうこと

なのかを明らかにしよう．第一に，モーラはその中に，1.2.1 節でも見たような声帯振動のサイクルというリズムを持つ．声帯振動は，声の高さに対する物理的対応物として位置づけられていたわけであるが，声の高さを伝える（アクセントを担える）ものは母音である．そして，母音はいかなる言語であれ，常にモーラであるので，モーラが声帯振動のリズムを内在すると見てさしつかえない（後に述べるように，自立モーラはもちろん，特殊モーラも，声帯振動を伝える聞こえ度の高い母音や子音が多い）．第二に，音節も聞こえ度のリズムを持つと考えられる．1.2.1 節でふれたように，聞こえ度とは，生理的な「口腔内のせばめ具合」や物理的な「フォルマント周波数」に相当するもので，音韻論的には母音性や子音性を捉える概念だと言ってよい．せばめが小さければ（開口度が大きければ），それだけ基本となる声帯振動がそのまま伝わるので，聞こえ度が大きくなり，母音性が高くなる．逆に，せばめが大きければ（開口度が小さければ），それだけ子音性が高くなる．1.2.2 節で述べたように，同じ子音でも，わたり音・流音・鼻音が音節核になりうるのは，母音性が高いためである．また同じ母音でも，i, u がある音韻環境でわたり音 y, w になったり無声化したりするのは，子音性が高いためである．(24) のように，聞こえ度は，2項対立の素性・広範なスケール・厳密なスケールを用いるなどして，いくつか分類の仕方がある．

(24) 聞こえ度
 a. 素性
  [+ sonorant]: 母音，わたり音，流音，鼻音
  [− sonorant]: 摩擦音，閉鎖音
 b. 一般的なスケール
  母音 > わたり音 > 流音 > 鼻音 > 摩擦音 > 閉鎖音
 c. 厳密なスケール
  a > e, o > i, u > y, w > r > l > m, n, ŋ > s > v, z, ð > f, θ > b, d, g > p, t, k

ここで，聞こえ度とアクセントの緊密な関係が思い出される．つまり，母

音が最も聞こえ度が高いことと，母音のみがアクセントを持つということは，基本となる声帯振動がじかに伝わるということであり，偶然ではないのである．さらには，聞こえ度の高い母音ほどアクセントを持ちやすいという事実もある（⇒ 1.6.3 節）．しかし，いずれにしろここで重要なのは，音節核には普通は聞こえ度の高い母音しかこず，頭子音と末尾子音には聞こえ度の低い子音しかこないので，1 つの音節 CV は聞こえ度のサイクル（リズム）を持つということである．第三に，フットが強弱（または弱強）のリズムを持つことは，もはや異論の余地がないであろう．したがって，モーラ・音節・フットのリズムをまとめると，次のようになる．

(25) 韻律範疇のリズム
    a. モーラ（声帯振動）

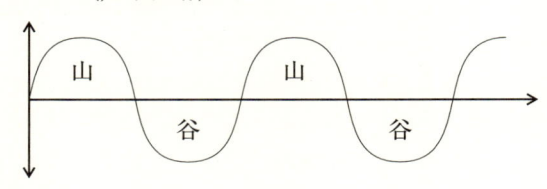

山　山
谷　谷

    b. 音節（聞こえ度）

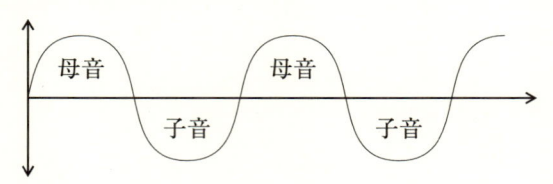

母音　母音
子音　子音

    c. フット（強弱）

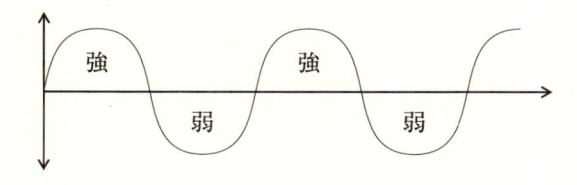

強　強
弱　弱

このように考えると，リズムというものの本質が見えてくる．一般に，

リズムとは何かという問題を考えるときに，等時性（isochronism）という概念で説明することが多い．これは「強から次の強までの距離が等しく現れる性質」のことであり，後に述べる強弱基準リズム（stress-timed rhythm）を持つ言語のみに適用されるものである．しかし，これをもっと一般化し，強から強までの距離だけでなく，あるサイクルを持つ構造そのものが「等しい長さで」現れることを，等時性だと考えてもよいはずである．これを定義すると，(26)のようになる．

(26) リズムの等時性： 一定の領域内で，あるサイクルを持つ構造が等しい長さで連続して現れるように知覚・生成される性質．

ここでは，連続ということがリズムの本質として捉えられており，リズムとは連続するサイクルのことである．連続するサイクルの長さが等しければ，山から山までの距離が均一であるのは当然である．一般に言われる等時性は，派生的な概念にすぎないのである．1.2.3節で論じたように，リズムが心理的なものである以上，「一定の領域」も「連続する構造」も物理的な絶対量で捉えられるものではなく，当然ながらいずれも韻律範疇によって示される．下位の韻律範疇は上位の韻律範疇の中に，繰り返し現れるからである．言い換えれば，上位の韻律範疇という「一定の領域」の中で，下位の韻律範疇が「連続する構造」として現れるということである．具体的には，(26)は次のような形で現れる．

(27) リズム＝韻律範疇の連続

領域	サイクル	連続する構造
韻律語から発話までの韻律範疇	声帯振動の波形(山と谷)	モーラ
	聞こえ度(母音と子音)	音節
	強弱(主要部と補部)	フット

「一定の領域」については，韻律語・韻律句・音調句・発話などの大きな単位で区切られることが多い．モーラ・音節・フットそのものが「一定の領域」になり，そのサイクルを数えることもありうるが，1音節内に聞こ

え度のサイクルが1つ，1フット内に強弱のサイクルが1つと決まっているので，実際には音節とフットが「一定の領域」になるとは考えにくい．サイクルが1つだと，リズムにならないからである．ただ，1モーラの中には，声帯振動の波形サイクルはいくつもあるので，モーラのみ「一定の領域」になる資格があるように思われる．モーラが「時間的な長さを測る単位」として働くのは，このためである．この背景には，1) 1モーラ内に無数にある声帯振動のサイクルを知覚して数えることは不可能なので，その数よりも声帯振動がいつまで続くかという長さのほうが問題となる，ということがある．また，2) 音節のサイクル（聞こえ度）やフットのサイクル（強弱関係）と違って，モーラのサイクルのみ言語的な概念に対応しておらず，3) モーラは韻律構造の末端範疇として内部構造を持たなかったので，長さを表示するには好都合だったのである．実際に，日本語などのモーラ言語のみならず英語などの音節言語も含めて，モーラが母音・子音の長さや音節の重さを測るための普遍的な単位として，重要性が広く認識されたのは，主に1980年代に入ってからである．

なお，同じ子音でも，末尾子音には聞こえ度の高いものが多く，頭子音には聞こえ度の低いものが多い（Clements (1990; 1992) の言う「分極の原理」(Dispersion Principle)）のは，末尾子音が母音とともにモーラを形成し，声帯が振動する時間的な長さをなるべく長くして，知覚しやすくするためだと思われる．

さて，Hzでは1秒内に振動するサイクルの数が問題になるように，リズムもこの等時性に従って，「サイクルを数えて整える」ことが問題になる．その場合，聞こえ度が意識されることはあまりなく，まして声帯振動の波形を数えることは不可能なので，(27)の下線で示したように，モーラや音節はその「連続」が意識されることが多い．つまり，サイクルを数える代わりに，モーラや音節など構造そのものを数えることでリズムを整えるのである．モーラ基準リズム (mora-timed rhythm) と音節基準リズム (syllable-timed rhythm) が，連続リズム (rhythm of succession) と言われるのはこのためである．一方，強弱のサイクルは最も数えやすいので，逆に，フットが「連続」しているという認識はあまりない．フットそ

のものの存在より，内部構造のほうが明解だからである．そのため，フットの数を問題にするよりも，下線で示したように強弱のサイクルでリズムを整えようとする．これが，強勢基準リズムが交替リズム（rhythm of alternation）と呼ばれる所以である．しかしながら，ここでの見方を採ると，強弱の交替リズムはフットの連続リズムに還元でき，リズムの類型がすべて「韻律範疇の繰り返し」という統一的な視点で捉えられることがわかる．

　これまでは「一定の領域」を，主に韻律語のレベルに限って論を進めてきたが，先ほども述べたように，このレベルではモーラが，長さ（母音・子音の長さや音節量）を測る単位として最も働きやすい．音節も，フットの大きさ（2項フット／3項フット／非制限フットなど）を決定づける要因になるが（⇒ 2.4.1節），それが本来の役割ではない．モーラの本来の役割が長さを測ることであるのと，対照的である．しかし，「一定の領域」を韻律語よりももっと大きなレベルで区切ると，フットがその役割を果たすことが多くなる．実際のところ，これまでは日本語はモーラの連続リズムを持ち，英語は強弱の交替リズムを持つと言われてきたが，いずれの場合も特定のレベルにおけるフットの連続または数に還元できる場合が多い．たとえば，日本語の早口言葉には高低の繰り返しリズムを持つものがあるが，これはフットの数と無縁ではない．(28a)のように同じ数と形のフットを持てば，高低パターンが同じになるからである．また，5・7・5・7・7のリズムを持つ短歌や，応援で用いる3・3・7拍子は，一見モーラを数えているように見えるが，(28b)のように○で示されたポーズ挿入によるリズム調整（rhythmic adjustment）を考慮に入れれば，実はフットを数えているとみなすことができる．「／」で区切られた領域内で，短歌は4つ，3・3・7拍子は2つのフットが連続するのである．

(28) 日本語のモーラ基準リズム
　　a. フットの数と形

```
    (. *)(. *)  (. *)(. *)  (. *)(*)(. *)
    な ま む ぎ，な ま ご め，な ま た ま ご
    L H L L    L H L L    L H H L L
```

```
           (. *)(. *)(. *)  (. *)(. *)(. *)  (*)(. *)(. *)
            あ お ま き が み, あ か ま き が み, き ま き が み
            L H H L L     L H H L L     L H H L L
```
   b. フットの数
```
      (ひさ)(かた)(の○)(○○) / (ひか)(りの)(どけ)(き○) /
      (はる)(のひ)(に○)(○○) / (しず)(ここ)(ろな)(く○) /
      (はな)(のち)(るら)(む○)
      (− −)(− ○) / (− −)(− ○) / (− −)(− −) / (− −)(− ○)
```

また，英語のリズム調整には，1.2.3 節で見た副次アクセント付与やアクセント移動のほか，弱化や縮約，*the hell*, *fuckin'*, *dammit* などの虚辞挿入（⇒ 1.6.4 節），長音化やポーズ挿入などの音韻的な手段が含まれ，これによって話す速度（speech rate）を整えながら，(29a) のように，理想的なフットが連続するように再編する力が働く．この場合のフットは，強を構成する主要部に対して弱を構成する機能語などがくっついて作られるので，接辞グループ（clitic group）と呼ばれることもある．また，英語の話者の中には，優れた直観と内省によって，フット（または音節）を数えてリズムを整えようとする人たちもいる．詩行の韻律を構成する詩人たちである．(29b) は弱強 5 歩格の例（「5 歩」とはフットが 5 つあるということ）で，フットにより詩行の長さを測っている．

(29) 英語の強弱基準リズム
   a. フットの再編
```
         (*)  (.)(.)  (*   .)    (*  .)(.)  (.)  (*)
         John is the greatest scholar in the world.   →
         (*       .) (*    .) (*      .)  (*)
         John's the greatest scholarinthe world.
              (*)(*) (.) (*  .) (*)
         What are you doing here?   →
              (*   .) (*   .)(*   .)  (*  .) (*)
         What the hell ○ are you doing here?
```
   b. フット（音節）の数
```
            (.   *)    (.  *)  (.   *)  (.   *)(. *)
            Wel coude he sitte on hors, and faire ryde
```

　　　　　(. 　*) (. 　*) (. 　　*) (. 　　*) (. 　　*)
　　　　　He coude songes make and wel end<u>yte</u>
　　　　　　　　　　　　　　　　　　（『カンタベリー物語』より）

　一般にフットは，"metrical" な構造の中核を成しているが，"metrical" は "meter"（メートル）という長さの単位からの派生語であることからもわかるように，比較的長い時間的スパンで，フットが文字どおり長さを測ったり数を数えたりするのに役立ったとしても，さほど不思議ではない．フットがそのような働きを持つのは，何も "metrics"（詩の韻律）にかぎった話ではないのである．

　なお，リズムというものを広く解釈すると，韻律範疇の繰り返しだけでなく，(29b) の行末に含まれる脚韻（下線部）も含めることができる．この場合は，「一定の領域」は 1 つの詩行が，「連続する構造」はライム（rime; rhyme）が果たすことで，その等時性が達成されることになる．そのほかにも，頭子音を繰り返す頭韻や，日本語も含めた「だじゃれ」一般も，広い意味ではリズムに入るかもしれないが，等時性が明確でない（サイクルが一定しない）場合が多く，変則的な破格のリズムだと言えよう．

　以上から，言語のリズムは，内在的にリズム性を持つ韻律範疇の繰り返しから生まれることがわかった．これにより，一見リズムの類型で異なる扱いを受ける言語でも，韻律範疇の繰り返しの観点から，統一的な説明を与えることができる．さらに興味深いのは，モーラや音節の連続によりリズムを作るのか，フットの連続によりリズムを作るのかの違いが，言語によって生ずるのは，モーラや音節構造の単純さ／複雑さに関係している点である．たとえば，英語は，子音結合の数や種類が豊富であることがモーラや音節の構造を複雑にし，等しい長さや聞こえ度を連続させることが困難であることから，フットの連続を好む．逆に，日本語やフランス語などは，モーラや音節の構造が単純であるのでそのままサイクルを作りやすく，フットの連続が重要な場合もあるが，どちらかと言えば，モーラもしくは音節の連続によってリズムを整えようとするのである．

1.5 アクセントと音調の関係

1.3.1 節で述べたように，強勢アクセント言語は韻律構造を，音調言語は音調メロディを，高さアクセント言語はその両方を，それぞれの語ごとに付与される．高さアクセント言語が持つこの二重表示は，文法的に 3 つの重要な意味を持つと思われる．

まず第一に，韻律構造は一義的に卓立の位置を表示するものであるから，音調メロディをも合わせ持つということは，強勢アクセント言語と異なって，その卓立が高低のパターンとして音声解釈されるということを意味する．また第二に，アクセントの位置は韻律構造による計算から予測可能である一方で，音調メロディは語ごとの弁別に直接関わることから（⇒ 1.3.2 節），本来は予測不可能な性質を持つ．しかしながら，音調言語では予測不可能であるはずの音調メロディのパターンを，高さアクセント言語では韻律構造による計算から予測可能なものにすることができる．そして第三に，音調メロディが弁別機能を請け負ってくれるので，語がアクセントを持たないということが可能になる（⇒ 1.3.2 節）．頭高型・中高型・尾高型などの起伏式アクセントに対する，いわゆる平板式アクセントがこれに当たる．無アクセントと言ってもよい．ただし，「無アクセント」と言う場合の「アクセント」は，われわれが今まで用いてきた用語と同じ意味だが，「平板式アクセント」と言う場合の「アクセント」は音調型の意味だから，注意を要する．あくまで，音調型が平板なのである．いずれにしても，強勢アクセント言語から見れば，日本語では平板式の語が語彙の約半数を占め(林 1982)，語種により違いはあるが，現在も増え続けている(⇒ 3.7 節)のは驚くべきことであろう．(30)に，今述べた 3 点をまとめておく．

(30) 韻律構造と音調メロディの二重表示の意味
    a. アクセントが声の高さとして解釈される．
    b. 音調メロディのパターンが予測可能になる．
    c. アクセントを持たない平板式の語が許容される．

ただし，平板式の語は，アクセントつまり韻律語の主要部を持たないというだけであって，韻律構造はほかの起伏式の語と同様に付与されることに留意すべきである（⇒ 3.7 節）．

さてここで，日本語においてアクセント（韻律構造）が音調型（音調メロディ）へと，どのように対応づけられるのかを見ていこう．つまり，(30a, b) で言うところの，音声解釈やパターンの予測を可能にする写像過程 (mapping process) の詳細である．まず最も基本的なものとして，(31) に起伏式アクセントの実例をあげてある．H と L の音調は，各音節に含まれるモーラに与えられる．言い換えれば，アクセントを担う要素は音節であったが，音調を担う要素はモーラだということである．なお，音調への写像はアクセント付与と違って，ごく表層に近いレベルで起こるので，以下で音調を問題にするときは，特に母音について音素表記ではなく音声表記を採用している（たとえば，/ou/, /ei/ を [oo], [ee] と表記してある）．

(31) 起伏式アクセント
    a. アクセントのあるモーラのみに H
       hí（火）　　syúu（週）　　yamá（山）　　árasi（嵐）
       　H　　　　　HL　　　　　L H　　　　　H L L
       kokóro（心）　　kámakiri（かまきり）
       　L H L　　　　　H L L L
       habúrasi（歯ブラシ）
       　L H L L
    b. アクセントのないモーラにも H
       atamá（頭）　　otootó（弟）　　suzusíi（涼しい）
       L H H　　　　　L HHH　　　　　L HHL
       niwakaáme（にわか雨）　　tyokoréeto（チョコレート）
       L HHH L　　　　　　　　　L HHLL

(31a) では，アクセントを持つモーラには H が対応しており，その他のモーラには L が対応しているが，(31b) では，アクセントの左側部分では，アクセントを持たないモーラでさえ H として具現されている．これら (31a) と (31b) の語は，表面だけを見ているとまったく異なった音調型

を持つように思える．しかしながら，(32)のような写像過程を想定すれば，具現される音調型を統一的に捉えることができる．このような写像の考え方は，この分野で先駆的な業績を残した Haraguchi (1977; 1991) に従うものである．ただし，ここで (32d) を想定して (32a–c) の後に順序づける点など，詳細については Haraguchi の分析とは異なっている．理由は後に述べることにする．

(32) アクセントから音調型への写像過程
  a. 基本音調メロディ付与： HL
  b. 語頭低音化
  c. 基本音調メロディ右方拡張
  d. デフォルト音調メロディ付与： H

(32a) は，アクセント位置に HL の H の部分を連結する過程である．この HL のメロディは，最終的に語ごとに出てくる音調メロディのパターンの最も基本となるもので，基本音調メロディ（basic tone melody）と呼ばれている．日本語は HL の 1 つのメロディしか持たないが，中国語は 4 つ持つことがよく知られている（⇒ 1.3.1 節）．(32d) は，日本語の無標の音調メロディが H だとするものである．具体的な対応づけは，(33) のように例示されよう．

(33) 各写像過程の適用

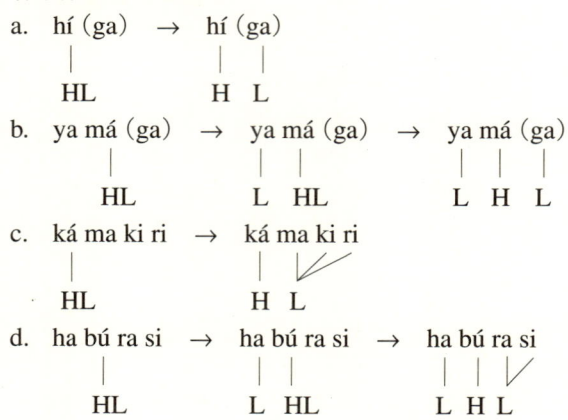

  a. hí (ga) → hí (ga)
     | | |
    HL   H L

  b. ya má (ga) → ya má (ga) → ya má (ga)
      | | | | | |
     HL   L HL   L H L

  c. ká ma ki ri → ká ma ki ri
     | | ↘
    HL   H L

  d. ha bú ra si → ha bú ra si → ha bú ra si
     | | | | | ↘
     HL   L HL   L H L

第 1 章 アクセント・リズムの仕組みと音韻論　39

```
    e.  o too tó (ga)    →    o too tó (ga)    →    o too tó (ga)    →
            |                     |   |                 |   |   |
            HL                    L   HL                L   H   L
        o too tó (ga)
        | | || |
        L H H H　L
    f.  tyo ko rée to    →    tyo ko rée to    →    tyo ko rée to    →
              |                   |   |                 |   |∨
              HL                  L   HL                L   HL
        tyo ko rée to
        |  |  |∨
        L  H  HL
```

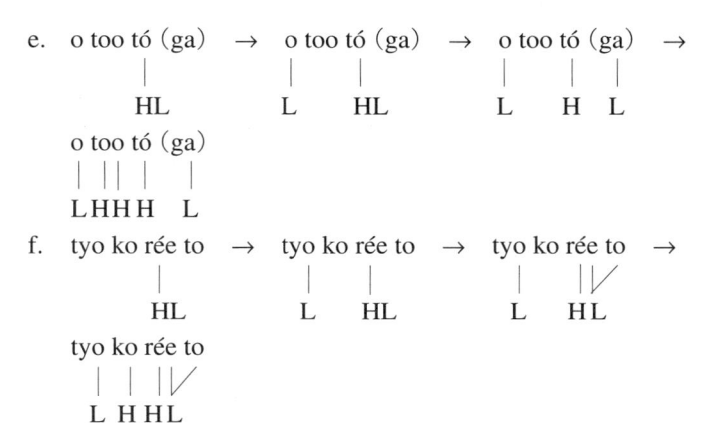

　(33a–d) の例は，適用環境が合わないなどの理由により，必ずしも (32) の写像過程のすべてが適用されているわけではない (空適用しているとも言える)．その意味で，すべての過程が適用されている (33e, f) の例が，最もわかりやすいかもしれない．このように，(32) を a–d の順番で適用すれば，(31) の音調型，つまり声の高さとしての音声具現形を，アクセント位置から正しく導き出せることがわかった．

　ただし，このシステムにおいて補足しておくべきことが，3 つある．まず第一に，上の音調表示は，(32a–d) のすべての過程を適用した完全指定 (full specification) の表示であるが，仮に (32c, d) を適用しないとしたら，それは Pierrehumbert and Beckman (1988) の主張する不完全指定 (underspecification) の表示と等価なものになる．基本音調メロディ付与は語彙レベル，語頭低音化は句レベルで適用される過程で，いずれも義務適用の過程だが，基本音調メロディ右方拡張とデフォルト音調メロディ付与は，いわば余剰規則 (redundancy rule) であり，かなり後のレベルで適用されると考えられるので，問題となる段階ではまだ適用されていないとすることができるのである．もしこれが正しいとすると，不要に H や L が連続する表示を避けられるので，より音声事実に合致した構造で音調表示できることが 1 つの利点となる．その点で，「基本音調メロディ付与 → メロディ左方拡張 → メロディ右方拡張 → 語頭音調異化規則」の順での規

則適用が仮定されている Haraguchi (1991, 17–18) の写像過程とは，異なっている．このシステムでは，HL の H を左方拡張して HH...HL の連続を作った後に，語頭音調異化規則を適用してはじめて LH...HL の連続ができるので（H を左方拡張しないと L を派生できないので），語頭低音調と基本音調メロディのみを最少指定したような不完全表示が得られないのである．ただし，以下ではわかりやすさのため，(32c, d) も適用されるものとして話を進める．

　さて第二に，語頭に長母音・二重母音・音節末鼻音などを伴った重音節 (heavy syllable) が位置する場合には，語頭低音化の適用が随意的になる．つまり，「東京都」，「ヨーロッパ」，「携帯電話」，「アイスランド」，「半分こ」，「シンデレラ」のような例は，まるで語頭にアクセントのある頭高型の語（たとえば，(33a, c)）のように，高音調で始まる音調型，つまり語頭低音化が適用されない選択肢も許されるのである（アクセントそれ自体は，語尾から数えて 3 モーラ目に付与されているのに，である）．このことは，「ローン地獄」，「コーン畑」，「ティーンエージャー」，「ムーンライト」，「チェーンストア」など，語頭に長母音を含む超重音節 (superheavy syllable) を持つ語においても同様である．

(34)　語頭低音化の随意的適用
　　　too kyóo to　→　too kyóo to / too kyóo to　→
　　　　 | |　　　　　 |　 | |　　　　　 | |
　　　　 HL　　　　　 L　HL　　　　　 HL
　　　too kyóo to / too kyóo to
　　　 | |　 |/　| |　 |/
　　　 LH　HL　HH　HL

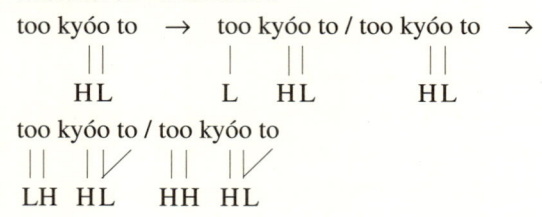

(34) に示されるように，語頭低音化が適用されない場合には，デフォルト音調メロディ付与によって自動的に語頭が H で実現されることから，この事実が説明される．重音節にしろ超重音節にしろ，語頭では LH(H) より HH(H) のほうがどちらかといえば好まれるのは，「音節内部におけるピッチの上昇」を避けるためだと思われる (Tanaka 2000)．

第 1 章　アクセント・リズムの仕組みと音韻論　41

(35)　超重音節か否か
　　　a.　CVVN（長母音）
　　　　　roonzígoku　/　roonzígoku
　　　　　 LHH H L L　　 HHH H L L
　　　b.　CV + VN（母音連続）
　　　　　wainséraa　/　*wainséraa
　　　　　 LHH H LL　　 HHH H LL

逆に，(35b)のように，「ワインセラー」，「アインシュタイン」，「レインコート」，「ペイントマーカー」，「ジョイントコンサート」，「ツインベッド」，「ダウンロード」などに見られる，語頭の二重母音を含む音節は，表面的には超重音節に見えるが，長母音と違って HHH ではなく必ず LHH で始まるので，構造としては CVVN の超重音節ではなく，CV + VN の2音節から構成されている（したがって，本当は二重母音でなく単なる母音連続である）と見るべきであろう．

　第三に，(32)の写像過程は，平板式アクセントを持つ語の音調実現をも可能にする．これらの語は無アクセントであるがゆえに，当然のことながら基本音調メロディ付与と基本音調メロディ右方拡張が適用されない．基本音調メロディが対応づけられるべきアクセントを，そもそも持たないからである．結果として，語頭低音化とデフォルト音調メロディ付与によって，「が」をつけてもピッチの下降のない LHH... の音調型が実現されるのである（L は基本音調メロディではないので，右方拡張されない点に注意されたい）．

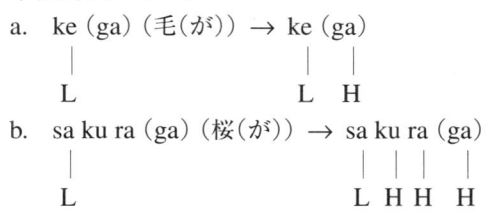

(36)　平板式アクセント
　　　a.　ke (ga) (毛(が))　→　ke (ga)
　　　　　 |　　　　　　　　　 | |
　　　　　 L　　　　　　　　　 L H
　　　b.　sa ku ra (ga) (桜(が))　→　sa ku ra (ga)
　　　　　 |　　　　　　　　　　　　 | | | |
　　　　　 L　　　　　　　　　　　　 L H H H

この考え方では，「平板式の語は韻律構造は持つけれども，基本音調メロディ HL に対応づけられるべきアクセント，つまり韻律語の主要部を持たない」という点が決定的である．これに関連して，日本語には，語末音節にアクセントのある語に「の」がつくと，そのアクセントを喪失して平板式になるという現象がある．

(37) 語末音節のアクセント喪失
  así (ga) / asino（足の）   haná (ga) / hanano（花の）
  huró (ga) / hurono（風呂の）   otokó (ga) / otokono（男の）
  kinóu (ga) / kinouno（昨日の）   nihón (ga) / nihonno（日本の）

(37)の平板化についても，「の」にはアクセントを奪う働きがあると仮定すれば，(32)の写像過程から容易に導き出すことができる．

(38) 尾高型のアクセント喪失
  a sí (no) → a si (no) → a si (no) → a si (no)
              | | | |
              L   L H H

したがって，もとから持たない場合も喪失する場合も，平板式にとっては，「韻律語の主要部を持たない」ということが重要であると思われる．こう言うとあたりまえのようにも聞こえるが，立場によっては，平板式の語にも韻律語の主要部を与える考え方もある．たとえば，Haraguchi (1991)では，起伏式と平板式の相違を [±accented] という基底での素性によって捉えるが，平板式にも起伏式と同様に，韻律構造(そして，韻律語の主要部)が与えられると考えられている．このような考え方の違いが，どのような経験的な差異をもたらすかについては，今後の研究を待たねばならない．

さて，最後に，文や発話レベルの高低パターンについても述べておこう．今までは日本語を例として，高さアクセント言語ではアクセントが音調型に対応づけられるという事実を見てきたわけであるが，それは主に語レベルでの話であった．では，英語のような強勢アクセント言語はまったく音調型を持たないのかと言えば，文や発話レベルにおいては，そうで

第1章 アクセント・リズムの仕組みと音韻論 43

はない．いずれのタイプの言語でも，そのレベルでは，ある種の高低パターンを持つものである．ただ，語レベルにおける高低のパターンは音調(型)と呼ばれるのに対し，文や発話レベルでのそれは声調(型)(tune)と呼ばれて区別されている(Liberman 1975; Pierrehumbert 1980)．なぜなら，音調とは異なって，声調はそのパターン特有の文法的意味(またはニュアンス)を持っているからである．そして，音調が基本音調メロディから導き出されるのに対し，声調は特殊音調メロディ(special tone melody)に基づいて捉えられる．この場合，多様なパターンがあるので，高音調Hと低音調L以外にも，中間音調Mを要する．たとえば，(39)の4つの声調は，英語の平叙調(declarative tune)・疑問調(interrogative tune)・下降調(downstepping tune)・すくい上げ調(scooped tune)の例である．

(39)　英語の声調(Hayes 1995)
　　　[as si mi lá tion]
　　　 | | |
　　　 M   H*   L   平叙調
　　　 M   L*   H   疑問調
　　　 H   M*   L   下降調
　　　 L   L*+H L   すくい上げ調

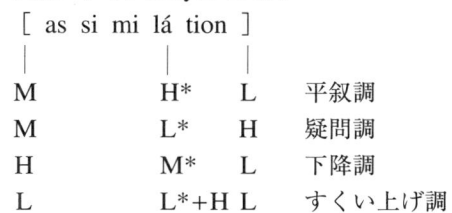

平叙調・疑問調は，お馴染みのものである．下降調は，けげんそうに，わかりきったことを言わせるなというニュアンスを伝えるのに対し，すくい上げ調は遅上がり調とも呼ばれ，もったいぶりながら始まって突然得意気に，だめ押し的に主張するニュアンスを持つ．それぞれ，「assimilationです」，「assimilationですか？」，「assimilationだってば…」，「assimilationだよ〜ん！」のような意味に相当するだろう．日本語でも，特に助詞部分が同じような抑揚になることに留意してほしい．ここで示した特殊音調メロディも，基本音調メロディと同様にアクセントとの対応によって写像されることに留意されたい(星印「*」で示した部分)．つまり，声調のパターン自体は固定しており，そのアクセントがメロディの特定部分に結

びつくことで，全体の高低パターンが決定されるのである．ここでは語の発話の例を示したが，もっと長い文にも適用可能であり，その場合は文アクセントに「*」部分が写像されることになる．

では，今見た声調と，いわゆるイントネーションまたは抑揚（intonation）とでは，どこが違うのであろうか．どちらも，文や発話レベルでの高低を意味し，文法的な意味を持つことは共通だが，前者が H, M, L などの言語単位を用いた音韻パターンを示すのに対し，後者は主に高低の音声変化を示す．それゆえに，曲線で記述されることが多い．「アクセント」，「音調」など，まぎらわしい用語を含めて整理しておこう．

(40) 韻律特性に関する用語

用　語	意　味	表　示
アクセント(核)	語・句・文の卓立した位置	韻律構造
音調(型)	語の高低のパターン	基本音調メロディ
声調(型)	文・発話の高低パターン	特殊音調メロディ
イントネーション	文・発話の高低変化	抑揚曲線

くどいようだが，ここで言うアクセントは，強勢アクセント言語研究で言う強勢と等価である．まぎらわしいことに，この分野では表層で出てくる予測可能な卓立位置を強勢と言い，基底で語彙的・形態的に標示される卓立位置をアクセントなどと言う場合もあり，注意を要する（⇒ 2.4.1 節）．ここのアクセントは，1) 強勢アクセント言語研究で言う，基底で語彙標示された卓立位置，2) 日本語など高さアクセント言語研究で言う，高低の配置，3) 訛りなど社会方言で異なる発音特徴などとは，いっさい異なる．

なお，語レベルであれ文・発話レベルであれ，これまではアクセント位置から高低のパターンを予測することができることを立証してきたわけだが，アクセントの位置そのものを予測する方法については，第 2, 3 章で詳細に扱うので，そちらを参照されたい．

1.6 声の大きさと高さ・長さ・音質・リズムの連動性：統合原理としての韻律構造

人間の発する声に関する生理・物理・心理と，その文法での取り扱いをひと通り見てきたところで，それらの関係と主な言語現象上の現れについての全体像を，ここで整理しておく．

(41) 音声諸要素の対応・相関関係(生成)

心理	大きさ	高さ/ピッチ	長さ	音質
生理	肺気量(圧)	声帯振動	持続状態	調音器官のせばめ
物理	強さ dB	基本周波数 Hz	持続時間 sec	フォルマント周波数 Hz
文法	韻律構造	音調メロディ	モーラ	聞こえ度・弁別素性
言語	強勢アクセント	高さアクセント	長音化	母音のタイプ
	リズム	音調・声調	短音化	子音のタイプ
		イントネーション	音節量	

この表では，縦軸要素(心理・生理・物理・文法)の間に対応関係が，横軸要素(大きさ・高さ・長さ・音質)の間に相関関係があることに気づく．つまり，前者は互いに独立した側面において，実体をほぼ同じくするものがどのように現れるかについての対応を示している．一方，後者は，互いに独立した要素が，主に生理的要因によって連動しやすいことを示している．大声を出せば，必然的に声が高く長くなり，音質も聞こえ度の高いものになることは前に述べたとおりである．しかしながら，相関が深いということであって，本来は独立しているのだから相関がない場合があってもかまわない．

もう1つ注目すべき点は，横軸要素の間の相対的な重要度が，音声の知覚と生成(産出)のいずれの過程におけるものかによって変わってくることである．1.2.1節で見た Dennis B. Fry のアクセントの弁別に関する知覚実験では，高さが最も重要な役割を果たしていた．しかし，(41)に示されるようなアクセントの生成過程では，声の大きさに軍配が上がる．肺気圧が，声帯振動の度合いや持続時間をコントロールしているからである．

つまり，生理的に見れば，肺からの空気量(圧)がすべての始まりであり，これが高さや長さや音質を規定しているのである．そのことを，ここでは生成における「声の大きさの生理的優位性」と呼んでおこう．

その反面，物理的に見ると，高さ Hz や長さ sec は客観的な基準で計測できる絶対的な単位であるのに対し，強さ dB はその実体がつかみにくい．紙の上や分析器の画面上で，波の振幅の長さをそのまま測れるものではないのである．そこで，ほんのかすかな木の葉の擦れ音より小さな可聴範囲最小限の強さを 0 dB とし，飛行機の爆音より大きな，感覚的に耐え難い最大限度の強さを 120 dB とする，といったように，限界値を設定してから 1 dB なる単位を相対的に決めざるをえない．その意味で，強さは，絶対的に独立した数値で特徴づけられるものではなく，定義上は人間の主観的な感覚に依存した，相対的な性質を持つのである．知覚実験で声の大きさがそれほどの役割を果たさず，高さが前面に出るのは，この物理的な相対性または依存性によるものと思われる．そして，Hayes (1995) の言う「ストレスの寄生性」(parasitic nature of stress) も，この知覚における「声の大きさの物理的依存性」に由来する．Hayes は，英語の強勢アクセントが物理的対応物を持たないことを指して，このように特徴づけたが，そうではなく，物理的対応物としての強さそれ自体が内在的な依存性を持つと言うべきであろう．それゆえに，強さ以外にも高さ・長さなどが絡んでくるのである．

このように，声の大きさは優位性と依存性という相反する性質を合わせ持つのだが，そのことが結果として大きさ・高さ・長さ・音質の相関関係を生み出すことから，その関係を「連動性」と呼ぶことにしよう．音声諸要素の連動性の原因が，声の大きさの生成における生理的優位性と，知覚における物理的依存性にある以上，すべては声の大きさを軸として動いているわけである．文法の観点からは，声の大きさは捉えどころのなさゆえに抽象的な韻律構造で表示され，「韻律構造が音韻諸現象の統合原理 (organizing principle) である」との仮説に立って，その連動性が説明される (Hayes 1982b; Tanaka 1997)．以下の下位節では，韻律構造で表示されるアクセントが，優位的または依存的にほかの音韻諸現象とともに連

動する様子を観察し，どのように統合原理として働いているのかについて吟味していこう．優位性は，アクセントの存在がほかの現象の有無を条件づけ，依存性は，アクセントの有無がほかの現象に左右されるものとして現れるはずである．生成文法(生成音韻論)で韻律構造がなにかと取りざたされる背景には，このような統合原理という必然的理由が絡んでいるのだと理解されるだろう．

1.6.1 声の大きさと高さの連動

最も典型的な例は，1.5節で詳しく論じたように，高さアクセント言語に見られる語レベルの音調と，強勢アクセントと高さアクセント両言語に見られる文・発話レベルの声調に見出される．いずれの場合も，アクセント位置に対して，音調メロディの指定部分が対応するからである．ここでは比較のため，Pierrehumbert (1980) の表記に従って，(39)と同様に英語と日本語の平叙調・疑問調の例をあげておこう．日本語の音調については，1.5節を参照のこと．

(42) アクセントと声調
    a. 英語
        [as si mi lá tion]
           | | |
        M   H*   L   平叙調
        M   L*   H   疑問調
    b. 日本語
        [a si mi rée syon]
         | | | |
        L   H   H*+L L   平叙調
        L   H   H*+L H   疑問調

(42a)のように，英語では必ずしもアクセントにHが対応するとはかぎらないが，やはりアクセントに高さが連動するので，Hとなることが多いのは確かである．特に，日本語のような高さアクセント言語ではそうである．

また，語アクセントの有無によって，文・発話全体のイントネーションがどのように下降してゆくかが変わってくるのは，アクセントとイントネーションの連動性の例である．1.2.2 節の(13),(14)で見たように，無アクセント語から構成される文はゆるやかに自然下降するのに対し，アクセントのある語から構成される文は急激に段階下降する，というものであった．

1.6.2　声の大きさと長さの連動

　この節で扱う事例には，アクセントが母音や子音の長短を条件づける場合(アクセントの優位性)と，長さに関する音韻事象がアクセント付与を条件づける場合(アクセントの依存性)とがある．まずは，前者の例を見てみよう．1.2.3 節の(18)で紹介した，フィジー語の強弱格短音化とチョクトー語の弱強格長音化はその1つであり，その言語が強弱か弱強かのいずれのリズムを持つかにより，母音の長短が決められるというものであった．チョクトー語の場合は，*litíiha*('dirty') / *salíitiháatók*('I was dirty')のように，アクセントがなければ短く，アクセントがあれば長くなるので，リズムでなくアクセントの観点から見てもたいへんわかりやすい．

　また，英語の CiV 長音化 (CiV lengthening) も，アクセントの存在によってその長音化の可能性が左右される例である．この長音化規則は，形態上の交替で CiV という連鎖が語末にできると，その直前の音節の母音が長くなるというものである (V → VV / ＿ CiV)．ここで長い母音と呼ぶものは，長母音だけでなく二重母音も含まれる．

　　(43)　CiV 長音化
　　　　［ei］　Cáucasus / Caucásian　　Árab / Arábian
　　　　［ou］　Éton / Etónian　　Bábylon / Babylónian
　　　　［i:］　rémedy / remédial　　mánager / managérial

従来の語彙音韻論 (Lexical Phonology) の枠組みでは，分節音上の音環境のみに基づいて説明されてきたが，問題の音節(下線部)がもともとアクセントを持たないのに，持つに至ったので母音が長くなった，と考えたほ

うが自然である．なぜなら，次の例のように派生前の段階でアクセントを持つなら，もともとの長さが保持され，長短が変化しないからである．

(44) 長短が変化しない例
  a. もともと短い
    gás / gáseous   spécify / spécial   discúss / discússion
    conféss / conféssion   rebél / rebéllion
    procéss / procéssion
  b. もともと長い
    Aléut / Aléution   phóbic / phóbia   reláte / relátion
    locáte / locátion   compléte / complétion
    emóte / emótion

このように考えることで，(44a) など，Halle and Mohanan (1985) や Rubach (1984) で語彙的例外とされてきたものが，アクセントの観点から説明可能なものとなるのである（ただし，*Italy / Itálian* や *cómpany / compánion* などの例外は，どの分析でも，いかんともし難い）．

なお，高母音 /i/ の場合は，次のように事情が異なる．つまり，もともとのアクセントの有無や母音の長短に関係なく，すべて短母音しか現れてこない．(45b) などは，長音化どころか逆に短音化が起きている．

(45) 高母音を含む例
  a. もともと短い
    Chúrchill / Churchíllian   exhíbit / exhibítion
    áudit / audítion   Trúdgill / Trudgíllian
  b. もともと長い
    více / vícious   ignite / ignítion   crócodìle / crocodílian
    érudìte / erudítion

なぜこのようなことが起こるのかというと，C*i*V 長音化が，一種の母音調和 (vowel harmony) だからである．C*i*V の /i/ の部分が高母音であり，それを引き金として，アクセントに条件づけられながら直前母音の舌の位置が高くなる（/a/ → [ei], /ɔ/ → [ou], /e/ → [iː] など）のが，この規則

の本質である．しかしながら，直前音節が /i/ である場合は，舌の位置がそれ以上高くなりようがないので，そのままでいるのが最も調和的である．また，(45b) の例で舌の位置が高く保たれつつ短くなる (/ai/ → [i]) のも，そのほうが舌の高さが直後の /i/ と調和的であり，短くなるのは，下の (47) で見る閉音節短音化 (closed syllable shortening) が絡んでいるからである．一方，高母音以外の場合には，引き金となる語末の /i/ と高さの距離がもともと離れているので，アクセントを獲得して長くなりながら，高さの調和が起こるのである．

さて，これまではアクセントを獲得することで長くなる例を吟味してきたわけであるが，逆にアクセントを喪失することで短くなる例を，次に見てみよう．(46) の対比例のうち，(46a) は形態上の交替によって下線部がアクセントを喪失するので，無アクセント母音短音化 (accentless vowel shortening) の適用を受けている．それに対し (46b) では，下線部が副次アクセントを保持したままなので，母音が短くならない．

(46)　無アクセント母音短音化
　　　a.　アクセント喪失
　　　　　compéte / còmpetítion　　　compóse / còmposítion
　　　　　repéat / règetítion　　　　infláme / ìnflammátion
　　　　　deríve / dèrivátion　　　　reveál / rèvelátion
　　　　　invóke / ìnvocátion　　　　excíte / èxcitátion
　　　　　resíde / résidence　　　　　confíde / cónfidence
　　　　　preváil / prévalence　　　　coincíde / coíncidence
　　　b.　アクセント保持
　　　　　mígràte / mìgrátion　　　　nóte / nòtátion
　　　　　cíte / cìtátion　　　　　　gráde / gràdátion

Halle and Vergnaud (1987) 流に言えば，(46a) がアクセントを喪失するのは，左右からアクセントのある音節に囲まれているので，圧殺されるためだと考えられる (⇒ 2.4.1 節)．

これに関連して，アクセントを保持するにもかかわらず，短くなるように見える例もある．英語の閉音節短音化である．ここでは特に，強弱弱の

3音節からなる語と，-ic, -ish などの接尾辞がつく語に見られる短音化を扱うことにする．

(47) 閉音節短音化の例
 a. 3音節短音化
  sáne / sánity seréne / serénity divíne / divínity
  críme / críminal nátion / nátional náture / nátural
 b. iC 短音化
  Spáin / Spánish méter / métric státe / státic
  pále / pállid phóne / phónic cóne / cónic

この場合はアクセントを完全に保持しており，一見するとなぜ短くなるのか不明で，奇妙に感じられる．(44b)や(46b)と同様に，長いままで留まっているはずだからである．しかしながら，短くなっているのは，表面的に結果としてそうなっているだけであって，実際には Myers (1987) の言う再音節化 (resyllabification) という規則によって，アクセントのある音節が一度は長く(重く)なっている．再音節化は，強弱という2つの音節間で起こると言われている．(48)は sanity の短音化のプロセスである．

(48) 再音節化による超重音節
  接尾辞付加 再音節化 閉音節短音化
  séi.ni.ti → *séin.i.ti → sǽn.i.ti

つまり，再音節化によって直後の音節の子音を取り込むと，語中で許されない *CVVC という閉音節(超重音節)ができてしまうので，その結果として母音が短くなるにすぎない．ついでに言うと，(49)では接尾辞付加によっておのずと語中に *CVVC ができるので，再音節化の過程がなくとも短音化されている．

(49) 接辞付加による超重音節
  wíse / wísdom descríbe / descríption
  decéive / decéption assúme / assúmption
  intervéne / intervéntion resúme / resúmption

このような「アクセントを持つがゆえに短くなる」という現象は，1.2.3 節で見たフィジー語の例を想起させる．*mbúu*('grandmother') / *mbúŋgu* ('my grandmother') で短くなるのは，英語の場合と同様に，強弱格の領域で再音節化が起こり，超重音節を排除するためと考えることもできる．

アクセントの存在が長母音や閉音節を作るという，このような過程とまったく逆に，長母音や閉音節，つまり重音節 (CVV, CVC) がアクセントを引きつけるという現象も，英語には観察される．アクセントの依存性の例である．軽音節よりも長い重音節のほうがアクセントを担いやすいということで，日本語にもこのことは当てはまる．言語によっては，ウィネバゴ語 (Winnebago) のように，CVV のみがアクセントを引きつけ，CVC は引きつけないような例もある (Tanaka 1999)．この事実を Roman Jakobson 流に説明するなら，CVC がアクセントを引きつけるほうが CVV が引きつけるよりも有標である（母音が多いほうが声の大きさに貢献しやすいという意味で無標である）ので，CVC のアクセント牽引力は CVV のそれを必ず含意するということである．しかし，逆は真ではなく，CVV に牽引力があっても CVC にあるとはかぎらない．このような非可逆性が成り立つ有標性の関係を，含意的有標性 (implicational markedness; ⇒ 3.4.6 節) と呼ぶ．いずれにしても，このような牽引力が観察される言語は，音節量に左右される言語 (quantity-sensitive language) として知られている．

厳密に言うと，音節量に左右されるとは，「アクセントを付与する際に，軽音節より重音節が優先される」ことを意味している．この場合，語頭や語末に一貫してアクセントがこずに，韻律外 (extrametrical) となっている場合は除く (⇒ 2.4.1 節)．たとえば，(50) は英語の名詞・接尾辞つき形容詞と，日本語の外来語・漢語を比較したものであるが，語末音節が韻律外であることも含め，アクセントの分布にかなりの共通性を持つ．両者とも，語末の3音節までの領域を強勢付与の窓口 (stress window) として，右端から重音節を探してゆく（日本語の外来語・漢語についての詳細は，3.7 節で論ずる）．語末音節はいずれも韻律外となるので，重音節であっても，そこには常にアクセントがこない．

第1章　アクセント・リズムの仕組みと音韻論　53

(50)　英語・日本語重音節の牽引力（CVV, CVC）
  a.　. . . 軽音節＋軽音節＋軽音節
   América   Cánada
   piyanísuto（ピアニスト） gengógaku（言語学）
  b.　. . . 重音節＋軽音節
   marína   agénda
   oburáato（オブラート） seinengáppi（生年月日）
  c.　. . . 重音節＋重音節
   compláisant   conúndrum
   suupáaman（スーパーマン） nihónkai（日本海）
  d.　. . . 重音節＋軽音節＋軽音節
   prímary   idéntity
   sukuránburu（スクランブル） zugáikotu（頭蓋骨）

ただし，*unánimous*, *pérsonal* に対し *maikuróhon*（マイクロホン），*uguisúzyou*（ウグイス嬢）となるように，「. . . 軽音節＋重音節」という環境では両言語の違いが出てくるので，まったく同じアクセント体系を持つというわけではない（英語の分析は 2.4.1, 2.4.2, 3.6 節，日本語の分析は 3.7 節を参照のこと）．一方，ウィネバゴ語ではアクセントの分布が，(50) と鏡像関係（mirror image）になっている．つまり，語頭音節が韻律外で，左から数えて最初の重音節にアクセントが引きつけられるのである（ただし，より正確な一般化や鏡像関係については田中（1997），Tanaka (1999) を参照のこと）．

(51)　ウィネバゴ語重音節の牽引力（CVV）
  a.　軽音節＋軽音節＋軽音節. . .
   hočičínik ('boy')   haračábra ('the taste')
  b.　軽音節＋重音節. . .
   kiríina ('he returned') hijáira ('more')
  c.　重音節＋重音節. . .
   čaaháiža ('a deerskin') naawáana ('he was singing')
  d.　軽音節＋軽音節＋重音節. . .

ha go réi ža ('sometimes')　　　ki ri nǐi na ('he did not return')

このように，アクセントが音節量に左右される事例は，通言語的に系統を問わず多数報告されているが，人間の声帯生理が同じである以上，ごく自然なことだと言えるであろう．

1.6.3　声の大きさと音質の連動

前節と同様に，アクセントの存在が音質を条件づける場合（アクセントの優位性）と，音質がアクセント付与を条件づける場合（アクセントの依存性）とに分けて考えていこう．いずれの場合も，音質を弁別素性の観点から見ると，[±voice]や[±spread glottis]など，声帯に関する素性がアクセントに絡んでくることが多い．これまで述べてきたように，声帯の具合が肺気圧に左右されるのは生理の常なので，このことは当然のように思われる．

アクセントによって[±voice]の値が左右される例としては，1.2.2節の(11)で論じた，日本語の高母音無声化（high vowel devoicing）の阻止がある．*hu̥sí*（節）や *kikú̥*（菊）の語末母音が，無声化してもよい環境にあるのにしないのは，そこにアクセントがあるからであった．これに対し，*núsi̥*（主）や *gáku̥*（学）の語末高母音は，予測どおり無声化が適用される．同様に，1.3.2節の(23)で見たような *sakurazima*（桜島）と *itukúsima*（厳島）の対照例は，アクセントの存在が連濁規則を阻止する事実を示すものであった．英語では，母音の有声・無声とアクセントが相関することはないが，アクセントが子音の無声化に影響を与えることがある．たとえば，*Íceland* [aisḷənd] / *Icelándic* [aislændik]のように，/s/と母音にはさまれた環境で /l/ が無声化することがあるが，それは直後の母音にアクセントがない前者だけである（Hayes 1995, 13）．逆に /ks/ の場合は，*éxecute* [eksəkyuːt] / *exécute* [əgzekjutiv] と，*exhíbit* [əgzibət] / *exhibítion* [eksəbišən]を比べてわかるように，直後にアクセントがあると有声化して[gz]になる．また，*tránsit* / *transítion* や *prósody* / *prosódic* などの例では，/s/ の後続音節のアクセント獲得により，[z]に有声化されることがある．結局のところ，アクセントは[+voice]を好むというこ

とである(上の連濁阻止の例では [+ voice] のかた代わりをしている).

次に，英語の母音の変化に目を向けると，英語には一般に，アクセント喪失にともなう母音弱化 (vowel reduction) が観察されることがよく知られている．アクセントのある母音は，本来は弁別素性がはっきりした完全母音 (full vowel) だが，それを喪失すると音質が曖昧になって，文字どおり曖昧母音 (schwa) になってしまうのである．たとえば，1.6.2 節の (46a) で紹介した例では，*compéte* / *còmpetítion*: [iː] → [e] → [ə] や *compóse* / *còmposítion*: [ou] → [ɔ] → [ə] などのように，短音化の後に，質の変化として母音弱化も起きている．逆も真なりで，上の *Íceland* / *Icelándic*: [ə] → [æ] では，アクセントを獲得することで，曖昧母音が完全母音になることを示している．

英語の語中帯気音化 (medial aspiration) の適用も，アクセントの有無に左右される現象の 1 つである (Hayes 1995, 13). 簡単に言うと，語中の無声閉鎖音は，直後の母音にアクセントがあれば帯気音化されるというものだが，このことは /s/ 以外の子音が直前にあっても成り立つ (*accóst* [əkʰɔst] / *chícken* [tʃikən], *compéte* [kəmpʰiːt] / *cámpus* [kʰæmpəs], *distórt [distʰɔrt] / *dístance* [distəns]). 素性の観点から言えば，この現象は，アクセントが [+ spread glottis] を好むということである．肺気圧が高まれば，声帯が活発になって [+ voice] になりやすいのと同様に，声門が開いて [+ spread glottis] になりやすいのは，ごく自然なこととうなずける．

そのほか，声帯に直接関わる素性ではないものの，口腔内のメカニズムによって，調音位置に関する素性がアクセントに条件づけられることがある．弾音化 (flapping) はその 1 つで，/t, d/ が前の音節と無アクセント音節にはさまれると弾音 [ɾ] になる．先行音節はアクセントの有無が問われず，後続音節にそれがないということが決定要因であり，そこにアクセントがあると，上で述べたように弾音化せず帯気音化する (*dáta* [deiɾə], *cápital* [kʰæpiɾəl], *attáin* [ətʰein]). *potáto* は [pətʰeiɾəu] であって，[pəreitʰəu] にならないのもこの理由による．この弾音化によって，/t, d/ を舌で閉鎖せずに弾くようになるわけだが，音質が日本語のラ行音に近い

一種の流音になるという点で，[± voice] の素性と無関係ではない．*wríter* と *ríder* が中立化して [raiɾɚr] になるのは，有声性の中立化も含まれているわけである．また別の現象だが，*Ménsa* [mentsə] に対する *insáne* [insein] のように，/ns/ の連鎖の間に貫入閉鎖音（intrusive stop）である [t] が入るか入らないかは，Hayes (1995, 13) によると，後続音節のアクセントの有無によるということである．この場合も，アクセントがない場合のみ貫入閉鎖音が入る．

　さて最後に，音質がアクセント位置を規定する場合（アクセントの依存性）を考えてみよう．最も一般的かつ普遍的な事実は，アクセントは母音しか担えず，子音だと [+ sonorant] なわたり音・流音・鼻音であっても，無理だということである．つまり，[+ vocalic] な分節音のみに，アクセントの付与が可能だということである．また，これまで繰り返し出てきたが，[− voice] の母音は基本的にはアクセントを担えないので，1.2.2 節の (12) で出てきた *kisya / kisyá*（記者）や *húka / huká*（不可）のように，第1音節の高母音が無声化されればアクセント移動が引き起こされる．さらに，母音の音質にリズム規則がコントロールされる例として，Hayes (1995, 20) は *Chrìstine Smíth* (/kristi:n/) vs. **Làmont Cránston* (/lə-mant/) という対照例をあげている．後者では，*Lamont* の第1音節がもともとアクセントを担えない曖昧母音なので，リズム規則の適用が阻止されるのである（*Lamònt Cránston*）．

　母音の弁別素性というよりは聞こえの度合いによって，アクセントの牽引力が変わってくる場合もある．1.4節の (24c) で紹介した聞こえ度のスケール ($a > e, o > i, u$) は主に英語の事実に基づくものだが，ウィネバゴ語は ($a > o > u > e > i$) というスケールを持っている．したがって，1.6.2 節の (51c, d) に見られる *ai, ei* などの下降二重母音（falling diphthong）では第1母音にアクセントが付与されていたが，*ie, io, ia, ua, uo, eo* などの上昇二重母音（rising diphthong）では第2母音にアクセントがくる．

(52)　　上昇二重母音のアクセント
　　　　gi pié sge ('enjoyable')　　　taa nió žu ('offer tobacco')

he riá na ga ('he was and')　　ha guá hi ('go to get')
ho 'uó ka hi ('whenever you do it')
hi t'eó ki rač ('speak different languages')

つまり，VV のいずれにアクセントがくるかは，聞こえ度の高さによって決まってくるのである．

1.6.4　声の大きさとリズムの連動

　最後に，再帰的な関係であるアクセントとリズムの連動についてふれておこう．1.2.3 節で見たようにリズムは心理的・主観的な実体であり，声の大小に関係するものであるから，(41) において高さ・長さ・音質などと同じ横軸の範疇に入れられてもよいはずである．しかし，生理的・物理的な対応物を持たず，アクセントそれ自身から派生されるものと文法的には考えられているので (⇒ 1.4 節)，(41) ではリズムを「大きさ」の範疇に納まるものとしている．その点で，文法の問題としてアクセントとの関連で定義されるリズムは，言語的リズムと呼ぶべきものである．

　アクセントとリズムの関係については，アクセントの構造表示としての韻律構造が大きな役割を果たす．リズムとはアクセントの配置の問題であり，正しく配置するためには構造を考えなければならないからである．その「正しさ」の感覚は心理的なものに由来してはいるが，文法的には，構造に関する原理にゆだねなければならない．韻律構造は，構成素つきグリッドによって表示されるわけだから，リズムはグリッドと構成素境界の 2 つの部分に左右されることになる (⇒ 1.3.1 節)．以下では，言語的リズムがいかにグリッドと構成素境界に条件づけられるかについて論じていこう．

　まずは，具体例としてリズム規則を取り上げてみよう．リズム規則は，グリッドの距離に左右されることがよく知られている．そこには「アクセントとアクセントの距離が近すぎず (衝突回避)，遠すぎず (間隙回避)」という原理が働いており (⇒ 3.6 節)，厳密には (53) のようにまとめられる (そのほか，リズムを律する一般原理については，Selkirk (1984a, 52) も参照のこと)．

(53) リズム交替の原理
    a. 衝突回避： 語アクセントと語アクセントの間に，少なくとも弱音節が2つはなければならない．
    b. 間隙回避： 語アクセントと語アクセントの間は，多くとも弱音節が3つまであってよい．

(54)の例では，「語アクセント」とは下から2番目(真ん中)のレベル，つまり韻律語のレベルで表示されるものである．入力(左側)では衝突回避が，出力(右側)では間隙回避が問題となる．(54a)の入力は衝突回避に違反しているので，リズム規則が適用される．出力は間隙回避の点から問題はない(わかりやすさのため，構成素境界を省略して表示する)．

(54) グリッドによる条件づけ
    a. 衝突回避の違反

```
         *                        *         音韻句
    . *  * .              *  .  * .         韻律語
    * *  * .              *  *  * .         フット
    thirteen rivers   →   thirteen rivers

         *                        *
    . . * * .             * . .  * .
    * . * * .             * . *  * .
    Tennessee River   →   Tennessee River

         *                        *
    . . * . * .           * . . . * .
    * . * . * .           * . * . * .
    Mississippi River →   Mississippi River
```

    b. 衝突回避と間隙回避の違反

```
         *                               *
    . . * . * .           *  . . *  . * .
    * . . * . * .         *  . . *  . * .
    Winnipesaukee River →  *Winnipesaukee River
```

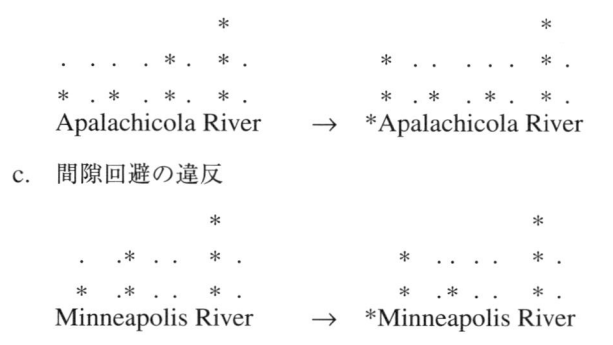

第 1 章　アクセント・リズムの仕組みと音韻論　59

```
                    *                              *
        . . . .*. .*.              *. . . . .*. .
        *.*. .*. .*.              *.*. .*. .*.
        Apalachicola River    →   *Apalachicola River
     c. 間隙回避の違反
                    *                              *
        . .*. . . *.              *. . . . *.
        *. *. . . *.              *. *. . . *.
        Minneapolis River    →    *Minneapolis River
```

しかし，(54b)では入力が衝突回避に違反しているので，アクセントが移動するはずだが，それが今度は間隙回避の違反を引き起こす．したがって，リズム規則は適用されない．このことは，間隙回避の原理が衝突回避の原理よりも優先され，衝突回避を犠牲にしてもよいことを示している．(54c)では，もとより衝突回避は充足されており，移動するとかえって間隙回避の違反を招くので，当然ながらリズム規則が起こらない．3.6 節では，リズム規則の説明を最適性理論の枠組みで，より詳しく論ずる．

　次に，構成素境界とリズムの関係を見てみよう．構成素境界は，主要部たるグリッドの領域を表している．いくら主要部といえども，動いていいのは統治している領域内に限られるので，構成素境界がリズム規則の阻止機能を果たすことがある．これが問題になるのは，3 語以上の語から成る，より大きな句レベルの場合である．たとえば，次の句ではリズム規則を 2 回適用するのはよいが，3 回目の適用は許されない．

(55) 構成素境界による条件づけ
```
     a.
                    *      *                     *      *
        .    .    *    *          ←——    *    *
        ←——  *    *    *          *. .   *    *
        *. *    *    *            *. *   *    *
        overdone steak blues  →   overdone steak blues   →
```

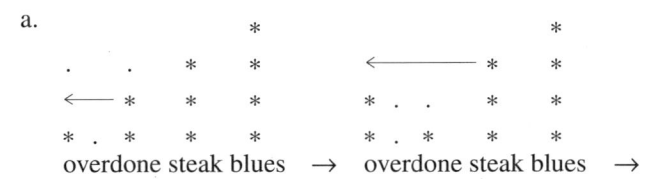

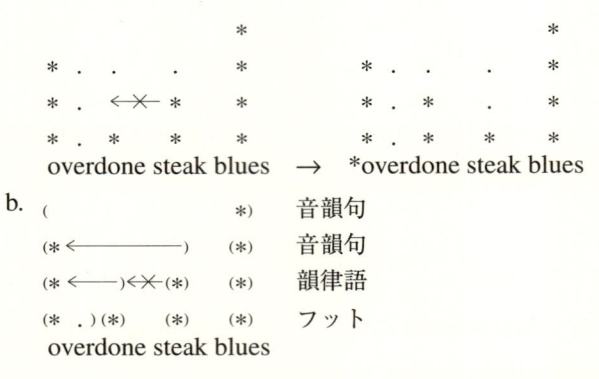

```
                        *                       *
              *  .  .   *            *  .  .   *
              *  . ←*   *            *  . *  . *
              *  .*  *  *            *  .*  *  *
              overdone steak blues  →  *overdone steak blues
      b.  (              *)      音韻句
          (*←――――――)    (*)      音韻句
          (*←――)←*(*)   (*)      韻律語
          (* .)(*)  (*)  (*)      フット
          overdone steak blues
```

(55b)に示されるように，これは3度目のアクセント移動のみ韻律語の構成素境界を越えることになるので，阻止されるのだと説明される（Hayes 1995）．このことは下の例でも同様である．

　(56)　構成素内の移動
　　　　a.　2語から成る句のリズム規則

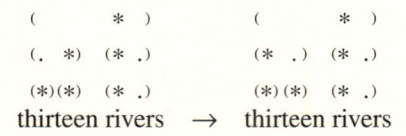

```
              (      *    )          (      *    )
              (. *) (*  .)          (* .) (*  .)
              (*)(*) (* .)          (*)(*) (* .)
              thirteen rivers  →   thirteen rivers
```

　　　　b.　日本語のアクセント移動

```
              (*    )              (    *)
              (*) (*)              (.) (*)
              kisya       →       ki̥sya（記者）
```

すなわち，(54)の2語から成る句のリズム規則や，1.2.2節の(12)で紹介した，日本語の無声化にともなう右へのアクセント移動も，言語を問わず構成素境界の領域内で起きていることがわかる．また，アクセント移動の引き金として衝突回避と高母音無声化を見たが，言語によっては母音削除がアクセント移動の引き金になることがある（⇒ 2.3.2節の(12)）．いずれの場合も，構成素境界の領域を越えてアクセントが移動することはありえない．

第1章 アクセント・リズムの仕組みと音韻論　61

そのほかにも，英語には構成素境界に条件づけられたリズム現象が観察される．1.4節の(29a)で，文全体のリズムを整えるために虚辞（expletive）が挿入される例を紹介した．虚辞とは意味を強める働きもあり，疑問詞の直後に (in) the world, (in) the fuck, (in) the hell を置いたり，名詞や形容詞の前に fuckin', dammit, goddamn(ed), bloomin', motherfuckin' などを置く場合がある（イギリス英語では bloody を用いる）．これにより，形と意味の両方の観点から律動感を生むような効果をかもし出す．

(57) 虚辞の挿入例
Whát the fúck are you dóing hére?
Why the héll did you dó this?
He's a fúckin' génius!
Jóhn is góddamn ríght!
Thát's a mótherfùckin' bád idéa!

なぜ疑問詞の後は the fuck で，名詞・形容詞の前では fuckin' になるかというと，前者は弱強アクセント，後者は強弱アクセントを持つので，強と弱をうまく配置するためだと思われる．名詞・形容詞の強調に用いられる虚辞は，すべて強弱アクセントを持つものばかりである（damn という強のみからなる虚辞も存在するが，まれにしか用いられない）．このリズムの制約は，(57)の場合だけでなく，(58)のように虚辞が接中辞（infix）として語中に挿入される場合でも当てはまる（McCarthy 1982）．

(58) 語中への虚辞の挿入例（主要アクセントの直前）
perháps / per-blòody-háps
togéther / to-blòody-géther / *togé-blòody-ther
fàntástic / fàn-fúckin'-tástic / *fàntá-fùckin'-stic
àbsolútely / àbso-blòomin'-lútely / *àb-blòomin'-solútely
Monòngahéla / Monònga-fùckin'-héla / *Monòn-fùckin'-gahéla
Àlabáma / Àla-fùckin'-báma / *À-fùckin'-labáma / *Àlabá-fùckin'-ma

ダメな例はすべて，強勢衝突や強勢間隙を生ずるもので，リズム上好まし

くないものばかりである．さらに，語中への虚辞挿入は，(58) のように主要アクセントの直前だけでなく，次の例のように副次アクセントの直前でも可能であることからも，リズムの原則が裏づけられる．

(59)　語中への虚辞の挿入例（副次アクセントの直前）
　　　hándicàp / hándi-blòody-càp
　　　nécromàncy / nécro-fùckin'-màncy
　　　antícipatòry / an-fùckin'-tícipatòry / antícipa-fùckin'-tòry
　　　degéneràtive / de-fùckin'-géneràtive / degéne-fùckin'-ràtive

後の2例では，主要アクセントの直前に挿入するほうがやや好まれるようではあるが，両方のパターンが許される点が興味深い．

さて，(58), (59) で見た虚辞の挿入可能性は，構成素たるフットの境界から導き出すことができる．強弱フットを持つ虚辞は，既存のフット境界の外にしか入れられず，その内部に入れてはならないということである．

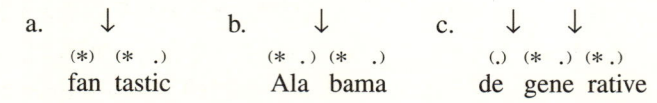

(60)　虚辞の挿入可能性
　　　　　　a. ↓　　　　b. ↓　　　　c. ↓　　↓
　　　　　 (*) (* .)　　 (* .)(* .)　　(.) (* .)(* .)
　　　　　 fan tastic　　 Ala bama　　 de gene rative

このようなフットに基づく説明は，一見リズムの原則に従わない次のような例にも説明を与えることができる．(61) のそれぞれ2番目の例では，主要アクセントであれ副次アクセントであれ，ともかく「アクセントの直前に挿入」という原則に従わず，弱音節の直前に虚辞が挿入されうる点で奇妙に見える．

(61)　アクセントの直前でない挿入例
　　　unbelíevable / un-fùckin'-belíevable / ùnbe-fùckin'-líevable
　　　Kàlamazóo / Kàla-fùckin'-mazóo / Kàlama-fùckin'-zóo
　　　Wìnnipesáukee / Wìnni-fùckin'-pesáukee / Wìnnipe-fùckin'-sáukee

しかし，これらの語のフット構造 (62a–c) を見てみると，その場所に挿入されうることがうなずける．

(62) 虚辞の挿入可能性

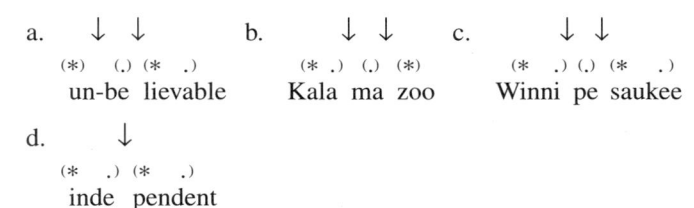

a. ↓ ↓
 (*) (.) (* .)
  un-be lievable

b. ↓ ↓
 (* .) (.) (*)
  Kala ma zoo

c. ↓ ↓
 (* .) (.) (* .)
  Winni pe saukee

d. ↓
 (* .) (* .)
  inde pendent

つまり，アクセントの直前でなくてもフット境界の狭間にあたるために，そこに虚辞が挿入されてもよいというわけである(特に，(62b, c)の例は，*Kalama* や *Winnipe* の部分が3項フット (* . .) を形成しないという証拠になるものである)．ただ，(62a) の接頭辞 *un-* は独立性が高く，形容詞との間の切れ目が深いので，それ自体がフットを形成する点に注意されたい．これに対し，(62d) の接頭辞 *in-* は切れ目が弱く，後ろの音節とともに2項フットを形成するので，*inde-fùckin'-péndent* はよくても，**in-fùckin'-depéndent* は許されないのである．これらの接頭辞の独立性や切れ目の深さの違いは，*unpopular* [ʌnpɑpjulər] と *impossible* [impɑsəbl] の間に見られる，同化過程の有無にも反映される．切れ目が深ければ，おのずと同化が起こりにくくなるのである．

以上のようなリズム規則や虚辞挿入の議論から，リズムの配置は，アクセントを表示する韻律構造(グリッドや構成素境界)に条件づけられることがわかった．このような例は，母音無声化にともなうアクセント移動とともに，韻律構造(特にフット)の存在根拠となるものであり，次の第2章で扱う派生理論では，そのような事実がさまざまな形で発掘された．2.3.2節では，このような韻律構造のさらなる存在根拠をあげ，それをどのように表示するのがよいかをめぐっての論争の流れを追う．

第 2 章 派生理論の歴史と限界

2.1 記号と表示：内部構造と変化の表現

　われわれは普段，ものごとを目で見て観察している．たとえ観察する対象が直接目に見えない場合でも，人間はなんとか工夫して見ることを可能にするような器械を発明し，それを通して観察を行なってきた．たとえば，小さいものは虫眼鏡（ルーペ）・光学顕微鏡・電子顕微鏡で，遠くにあるものは双眼鏡・望遠鏡・天体望遠鏡で，それぞれのレベルと用途に合わせて観察することができる．小さいものでも遠くにあるものでもないのに目に見えないものとして，音声があるが，今では音声分析器があるので，音声の大きさも高さも，長さも音質も，振幅・ピッチ曲線・スペクトログラムによって，今では目に見える形で観察できるようになっている．

　しかし，器械では1つ1つを細かく観察はできても，こうした音声に関する要素が互いにどのような関係を持つのかが，よくわからない．関係がわからないと，そこに成り立つ法則性を解明することもできない．そこで，生の形で細かくものごとの実体を観察できる器械のほかに，もう1つ，人間は偉大な発明をした．それが記号（symbol）である．symbol とはギリシア語で「一緒に投げられたもの」という意味だから，「要素間の関係がはっきりわかるように同時に投射されたもの」と解釈できる．

　たとえば，水はそのままの形で目でも観察できるが，H_2O のように記号（化学式）を使って書けば，この分子が2つの水素原子と1つの酸素原子とから成り立っていると明示できる．また，これを応用すれば，水の分子がどのような内部構造を持つかを化学構造式で表現でき，また水素分子と酸

素分子がどのような形で反応して水の分子が生成されるかを，化学反応式で表現できる．

（1） 水の内部構造と変化
    a. 化学構造式： H_2O
                     H–O–H
    b. 化学反応式： $2H_2$ + O_2 → $2H_2O$
                       H–H
                                  + O–O →   H–O–H
                       H–H   H–O–H

つまり，分子レベルでは水素も酸素も2つの原子から構成され，その水素分子2つと酸素分子1つとが反応して，水の分子が2つ生成されることが手に取るようにわかる．物質を記号で表現すれば，どのような要素がどのような関係で成り立っているかという「内部構造」と，反応物と生成物とがどのように関係してできた「変化」かを，手軽に明記できるのである．

　音韻論でも，音声の内部構造や変化を知りたいときは，記号や表示を通して考える．そして，化学と共通するのは，分子レベルから原子レベルにまで要素を分解して考える点にある．たとえば，普段目にする水などの物質のレベルは，音韻論では「文」に当たる．どちらもこのレベルが最も接近可能なもので，物質に液体・固体・気体の3つの状態があるように，文も肯定・否定・疑問の形態が基本となる．さらにそれを細かく分けていくと，分子としての「語」に突き当たる．これは，特定の物質／言語としてこの世に存在する最小限の形態で，それ以上分解したらその物質特有の性質／意味を失ってしまうレベルのことである．つまり，1つの H_2O の粒が水の性質を保持するぎりぎりの単位であるように，語（または形態素）も意味の最小単位にほかならない．したがって，「複合語」は高分子だということになる．だとすると，原子は「分節音」のレベルに相当する．その場合，水の成分も分子式では単に H と O の原子を使って書き，イオン式ではより詳しく H^+ と OH^- のイオンを使って書いたりするのと同様に，語に含まれる分節音も，単純に [t], [i] などと簡易表記で書く場合もあれば，帯気音化 [tʰ]・声門閉鎖音化 [tʼ]・無声化 [i̥]・アクセント付

与 [i] を伴って，精密表記で書く場合もある．さらに，内部構造やその変化が問題になるときは，当然ながらフット・音調メロディ・モーラ・素性などで詳しく表示することになるが，これらは電子・陽子・中性子などに当たるのであろうか．ともかく，そうした記号や表示を用いて，はじめて声の大きさ・高さ・長さ・音質の間に成り立つ関係を捉えることができるのである．

なお慣例として，音韻論では，分節音レベルでは音素記号や音声記号など「記号」を使い，声の大きさ・高さ・長さ・音質のレベルでは「表示」を使っている．前者は，音素表記や音声表記など「表記」(transcription)と呼ばれることもあるが，そのもともとの意味は「置き換えて書かれたもの」という意味である．後者は「表象」，「表現」とも呼ばれ，「表示する」(represent) とは「実体がわかりにくいものの代理をする」ということである．いずれにしても，人間はものごとをそのままではなく，言語化してはじめて思考できるようになったと言われるとおり，音声を記号や表示に置き換えてはじめて，「内部構造」や「変化」についての法則性を考えることができるのである．成り立っている要素間の関係がわかるからである．つまり，考えるのは記号や表示で，観察や検証は器械で，というわけである．このことは，物理学や数学など自然科学一般に言えることで，その法則が公式などで記号化されているのは周知のとおりである．

2.2 表示開発の歴史

さて，記号や表示が思考にとって重要な道具であるとして，次に問題になるのが，どのようなものを用いるかである．用いる記号や表示が異なれば，捉えられる実体も思考様式も変わってくるからである．分節音については，実は生成文法の登場のはるか以前からこのことが議論され，今では国際音声字母（International Phonetic Alphabet：IPA）などの記号の統一基準が設けられるに至っている．一方，声の大きさ・高さ・長さ・音質などに関しては，今でこそ，それぞれが韻律構造・音調メロディ・モーラ・弁別素性などの表示で捉えられるのがあたりまえになっているが，生成文法が生まれてから 1980 年代終わりまでの歴史は，規則から制約への歴史

であるとともに，このような音韻表示の模索と開発の歴史でもあった．
　一般に音韻表示とは，1) 規則や制約の定式に関する表示 (A → B / C_D などのような書き表わし方) と，2) 言語形式に与えられる素性や韻律などの構造表示の，2 つを意味していた．やがて，1970 年代から 80 年代にかけて規則や制約が一般化(簡素化)されるにつれ，1) の問題が徐々に 2) の問題へと還元されていった．さらには，言語の有標性というプラーグ学派以来の大問題も，この構造表示によって捉えようとする流れが出てきた．有標性は，構造の複雑さに反映されると考えられたのである．つまり，70 年代は規則の豊かさや制約の発見が文法についての主な関心事であったが，80 年代は構造表示の豊かさを求めた時代であり，当時考えられていた文法の骨格は，簡素化された規則や制約を背後に持つ表示の体系だったのである．
　具体的には，素性階層理論 (Feature Geometry Theory) は素性同士の支配関係に関する構造表示を，不完全指定理論 (Underspecification Theory) は分節音の有標性に関する構造表示を，韻律強勢理論 (Metrical Stress Theory) を含む韻律理論 (Prosodic Theory) はモーラ・音節・フットなどの階層構造の表示を，それぞれ開発していった．面白いのは，この 3 つの理論内部で共通して，それぞれ 2 つないし 3 つの有力な説が，より説明力のある表示をめぐってしのぎを削り合い，いわゆる「表示論争」を巻き起こしたのが，80 年代の言語理論の発展形態だったことである．素性階層理論については Clements (1985), Sagey (1986), McCarthy (1988) らが，不完全指定理論については Archangeli (1984; 1988), Steriade (1987) らが，韻律強勢理論については 2.3.2 節や 2.4 節で述べるような研究者たちが，それぞれ異なる説を唱えていた．
　しかし，ついに 90 年代に入ると，それまでの白熱した議論が嘘であったかのように，音韻構造の表示がまったく問題にならなくなった．第 3 章で詳しく紹介する最適性理論 (Optimality Theory: OT) の台頭によって，文法は，制約の集合と，出力の生成と，評価に関する部門から成るとされ，その体系から構造表示に関する部分が排除されたからである (⇒ 3.2.3 節)．要は，韻律表示と素性表示のいずれについても，制約に違反しさえ

しなければ出力候補がどのような構造表示を持ってもよいので，問題にならなくなったのである．また，有標性についても，それまでのように音韻表示の問題ではなく，制約の問題に還元された（⇒ 3.3.2 節）．現在の目から見れば，表示論争のまっただ中にあったいずれの理論においても，対立する説にはそれぞれ利点があり，甲乙つけ難かったのが問題であり，ジレンマであった．もっと言えば，音韻理論の目指すものと実態が，構造的な矛盾（「あちら立てればこちら立たず」の状況）をはらんでいたと言えなくもない（⇒ 2.5 節）．それぞれが違反不可能で普遍的に成り立つ構造条件を求めながら表示開発をしてはいたものの，実は普遍的性質とおぼしきもの（今流に言えば，優先される制約）が言語ごとに異なっており，真実は1つではなかったからである．

このような背景の中で，本章では特に，アクセントの理論である韻律強勢理論の歴史を振り返り，各時代の特徴と経緯をより詳しく検討した後に，80年代の最盛期にアクセントがどのような文法観から捉えられていたのか，そしてどのような問題を残して終焉を迎えたのかを考察してみる．その通史から見えてくる最新理論の歴史的必然性をつかめば，皮相的な流行を越えた，その現代的価値を深く理解することができるであろう．

2.3　弁別素性から韻律階層へ

まずは，生成音韻論発展の起爆剤となった Chomsky and Halle (1968) の *The Sound Pattern of English*（SPE）以降における，これまでの文法観の流れ（2.2節で言及したもの）を（2）にまとめておこう．ここでは，各時代の文法が何から構成されていたかより，何の開発が重要視されていたかに注目している．

(2)　SPE 以降の文法観の流れ
　　a.　1970 年代：規則と弁別素性の体系（それに関わる制約の発見）
　　b.　1980 年代：表示の体系（その原理とパラメータの整備）
　　c.　1990 年代：制約ランキングの体系（それによる出力の評価）

以下では，(2a, b) の流れに沿って，アクセントを中心とした韻律特徴がどのように捉えられ，どのように問題が克服されてきたかを概観してみる．

2.3.1　韻律特徴の自律性（1970 年代）

　生成音韻論の歴史において，その最初期の段階である線状音韻論（linear phonology）は，声の大きさ・高さ・長さ・音質を含め，[±stress], [±high tone], [±tense], [±syllabic] といった 2 項対立の弁別素性によって表示される枠組みであった．今で言うフット・音調メロディ・モーラ・音節などの概念で捉えられている音韻実体は，当時は母音という分節音が持つ内在的特徴にすぎず，階層構造でなく素性構造を持つと考えられていたのである．この文法観には，韻律範疇が構成素を成すといった観念は当然なく，韻律に関する音声特徴を「韻律素性」と呼んでいた伝統を文字どおりに受け止め，そのまま文法化したものと言えよう．当時は，こうした多種多様な素性を武器として，英語を中心としたさまざまな言語の現象の発掘と，規則によるその定式化を求めた時代であった．

　時を経て 70 年代後半に入ると，韻律特徴を素性扱いするこうしたアプローチの限界を指摘し，新しい表示の仕方を唱える研究が，ほぼ時を同じくして出始めた．韻律特徴は，母音の内在的な素性としてではなく，それ自体が素性とは独立した次元において表示されるべきであるというのが，それらに共通した主張である．「韻律範疇」という概念は以前からも見られたが，それらが「分節音からは自律した独自の表示を持つ」とされた点が，ここでは重要なのである．音節については Kahn (1976) が，フットについては Liberman (1975), Liberman and Prince (1977) が，音調については Goldsmith (1976) が，その先駆けとなった．モーラについて独立の表示を証拠づける主張は，80 年代後半に Hyman (1985) や Wetzels and Sezer eds. (1986) 所収の論文でなされた，CV スロット（CV-slot）または X スロット（X-slot）（タイミング・スロット（timing slot）または骨格部（skeletal position）とも呼ばれる）を利用した分析を経て，McCarthy and Prince (1986) や Hayes (1989) を待たねばならない．

　これらの研究をきっかけに，この主張に対する根拠がいろいろな言語の

諸現象に基づいて提示されてきたが，最も強力でわかりやすい議論は，「母音削除にともなう残留効果」に集約されるであろう．つまり一般に，ある音韻実体が分節音に内在的であるか自律的であるかを判断するには，その分節音が削除されたときにどのような振る舞いをするかを見ればよいのである．もしその実体が内在的であるなら，(3a) の Y のように，削除とともに失われるはずである．たとえば，母音が削除されれば，[±high]，[±low]，[±back]，[±round] といった素性は同時に失われる．しかし，もし自律的であるなら，(3b) の Y のようにその実体は残されて浮遊し，着地点を求めて隣接母音に付加されるはずである．

(3) 母音削除にともなう Y の振る舞い
    a. 内在的
$$\begin{array}{c} \text{CVC}\underline{\text{V}} \rightarrow \text{CVC} \\ |\;| \quad\quad | \\ \text{X Y} \quad\quad \text{X} \end{array}$$
    b. 自律的
$$\begin{array}{c} \text{CVC}\underline{\text{V}} \rightarrow \text{CVC} \rightarrow \text{CVC} \\ |\;| \quad\quad | \quad\quad\quad \wedge \\ \text{X Y} \quad\quad \text{X Y} \quad\quad \text{XY} \end{array}$$

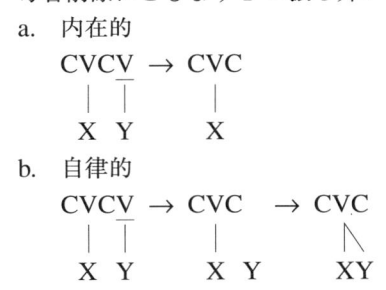

実際，声の大きさ・高さ・長さに関するかぎり，(4) のように母音が削除されても残留し，隣接母音にその特徴が「残留する」現象は，数多くの言語から報告されている．

(4) 韻律特徴の自律性
    a. アクセント： CVCV́ → CV́C
    b. 音調： CVC$\underline{\text{V}}$ (高低) → CVC (高低)
    c. 母音の長短： CVC$\underline{\text{V}}$ → CVVC

日本語で言えば，たとえば *hatíhon* / *háppon* (8本) の例では，母音を削除してもアクセントが当然ながら保持される．*mega* (高低) / *mee* (高低)（目が / 目，痛い）などの主格助詞削除の例では，音調パターンが保持されるとともに，削除の代償として主格名詞の母音が長音化される．けっし

て，*me（高）からいきなり「痛い」に続くことはない．また，英語の歴史においても，tale, like, hope など -e で終わる語が，もともと文字どおり発音されて CVCV という構造を持っていたのに今では母音が長く伸びたのは，中期英語時代にこの -e を消失した結果だとされている．

このような声の大きさ・高さ・長さの自律性は，(5)のようにフット・音調メロディ・モーラに独自の表示を与えることによって，はじめて説明可能となる．しかしながら，[±stress]，[±high tone]，[±tense] などの内在的な素性を用いた分析では，素性ごと母音が削除されるので，この残留効果がうまく捉えられない．

(5) 母音削除にともなう残留効果
  a. アクセント

$$\begin{array}{ccccc} (.\ *) & & (.\ *) & & (*) \\ CVC\underline{V} & \to & CVC & \to & CVC \end{array}$$

$$\text{cf.} \quad \begin{array}{ccccc} CV & & CV & \to & {*}CVC \\ | & & \underline{} & & | \\ [-\text{stress}] & & [+\text{stress}] & & [-\text{stress}] \end{array}$$

  b. 音調

$$\begin{array}{ccccc} CVC\underline{V} & \to & CVC & \to & CVC \\ |\ | & & |\ \underline{} & & |\wedge \\ H\ L & & H\ L & & HL \end{array}$$

$$\text{cf.} \quad \begin{array}{ccccc} CV & & CV & \to & {*}CVC \\ | & & \underline{} & & | \\ [+\text{high tone}] & & [-\text{high tone}] & & [+\text{high tone}] \end{array}$$

  c. 母音の長短

$$\begin{array}{ccccc} \sigma\ \sigma & & \sigma & & \sigma \\ |\ | & & | & & | \\ \mu\ \mu & & \mu\ \mu & & \mu\ \mu \\ |\ \wedge & & \wedge & & \wedge\!\wedge \\ CVC\underline{V} & \to & CVC & \to & CVC \end{array}$$

$$\text{cf.} \quad \begin{array}{ccccc} CV & CV & & \to & {*}CVC \\ | & \underline{} & & & | \\ [-\text{tense}] & [-\text{tense}] & & & [-\text{tense}] \end{array}$$

第 2 章　派生理論の歴史と限界　73

(5a) はフット内におけるアクセント移動として，(5b) は浮遊音調の着地にともなう融合音調 (contour tone) として，(5c) は浮遊モーラの着地にともなう代償長音化 (compensatory lengthening) として，それぞれ知られている現象である．たとえ素性を用いてこの浮遊と着地を捉えようとしても，うまくいかない．同一の母音が矛盾する素性値を持つことになるので，まさに 2 項対立という性質が仇となって却下されるのである．

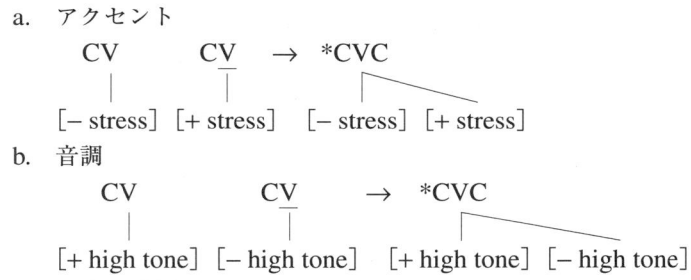

(6)　素性による表示の限界
　　a.　アクセント
　　　　　　CV　　　CV　　→　*CVC
　　　　　　 |　　　　 |　　　　　　
　　　　　[− stress] [+ stress]　　[− stress] [+ stress]
　　b.　音調
　　　　　　CV　　　CV　　→　*CVC
　　　　　　 |　　　　 |　　　　　　
　　　　　[+ high tone] [− high tone]　　[+ high tone] [− high tone]
　　c.　母音の長短
　　　　　　CV　　　CV　　→　*CVC
　　　　　　 |　　　　 |　　　　　　
　　　　　[− tense] [− tense]　　[− tense] [− tense]

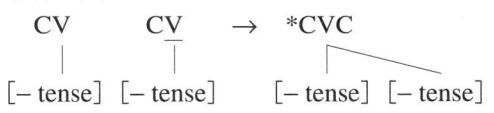

このことは，声の大きさ・高さ・長さが分節音に内在的でありえないだけでなく，2 項対立的でもありえないことを如実に示している．つまり，弁別素性で表示されるべき性質のものではないということである．

(5) の議論から，フット・音調メロディ・モーラが，母音と運命をともにしないことがわかったが，では音節についてはどうだろうか．音節は，聞こえ度など音質に関する特徴に関連し，また (5c) を見るかぎりでは，母音の削除とともに音節節点が消失していることから，母音に内在する素性であると思われるかもしれない．しかし，音節は分節音の内部に存在するというよりは，むしろ複数の分節音を外から束ねる構成素としての働きを持つので，やはり独立した表示を与えられるものと今では考えられている．(5c) で音節節点が消失したのは，母音がなくなると音節を形成しえな

いという，他の原因によるものである．また，音節が分節音だけでなくモーラをも束ね，その個数によって，アクセントの付与に関し軽音節/重音節で違いが出てくる事実（⇒ 1.6.2 節）も，音節を母音の内在的素性だと仮定する分析では捉えられない．音節がモーラの上位範疇でなければならないからである．

以上の議論は1つの例にすぎないが，こうして70年代後半以降は，分節音から独立した振る舞いを示す音韻実体にはどのようなものがあり，どのように表示されるべきかをめぐって議論が活発となり，世に言う非線状音韻論（non-linear phonology）の幕開けとなった．分節音がいくつかの韻律特徴を内包した「線状構造」を成すのではなく，韻律特徴は分節音を基点とした独自の階層構造を持つとの仮説に立つ音韻論である．前述した素性階層理論は，さらにそれを発展させ，調音位置や調音様式など音質に関する素性ですらも，分節音から独立した階層構造を持つと主張された．

2.3.2 韻律構造の表示論争（1980年代）

さて，韻律特徴に関するそうした非線状音韻論，言い換えれば韻律強勢理論が，80年代に入って激しい表示論争を展開したのは前述したとおりである．フット・音調メロディ・モーラ・音節が自律した存在であることがわかったとして，次にそれをどう表示するかが問題になるからである．

まず音調構造の表示に関しては，基本・特殊音調メロディを含め，その種類や指定の仕方について Pierrehumbert (1980), Beckman (1986), Beckman and Pierrehumbert (1986), Pierrehumbert and Beckman (1988) などを経て改良が加えられたが，論争を起こすまでの対立には至らなかった．つまり，表示そのものは，70年代のものが基本的に踏襲されたと言ってよい．

これに対し，モーラを含めた音節構造に関しては，有力なものだけでもここに書ききれないほどの表示論争を巻き起こした．その主な論点（争点）としては，1) 音節内に構成素構造（ライム節点）を認めるか否か（Clements and Keyser (1981; 1983) vs. Fudge (1987))，2) 音節内の分節音の分布を，聞こえ度からどのように予測するか（Kiparsky (1979) vs. Selkirk (1982; 1984b))，3) 音節内にモーラ表示をどのように取り込むか

(Hayes (1989) vs. Kubozono (1989)) などがあげられる．また，90年代に入ってからも，1) についての論争（Pierrehumbert and Nair (1995) vs. Treiman and Kessler (1995)) は続いており，さらには日本語と絡めて，4) 音節の構成素構造は右枝分かれか左枝分かれか（窪薗・太田 1998, 151–184) などの論点も提示されている．

　こうした対立が生じた原因は，1)〜4) のいずれの立場も構造表示というものを絶対普遍のものと考え，そこに通言語的な一様性（uniformity）を求めたことにあった．しかしながら，やがて 90 年代に入って生まれた OT では，言語ごとに構造表示が一様でないことを許容し，異なる制約ランキングで相対的に捉えようとするので，こうした論争があまり意味をなさなくなった．ただ，言語事実としては興味深い問題を含んでいるので，1)〜4) の具体的な議論については，上述の文献を参照されたい．そのほかにも，概論としては，音節の内部構造についての研究史や類型論をまとめた Blevins (1995) がある．また，Broselow (1995) には，モーラが音韻論で果たす役割とその研究史が非常に興味深くまとめられており，一読に値する．紙面の都合上，本節ではアクセントとリズムの表示論争，つまりフットをめぐる表示にしぼって，その歴史を具体例とともに振り返る．

　分節音からのアクセントの分離を表示するため，まず提案されたのは樹形 (tree) による方式であった．これは Liberman (1975) の画期的な博士論文ではじめて導入されたものだが，実はまだ，樹形のみならず，[± stress] の素性が残された中途段階であった．そこで，これを廃した純粋な樹形表示が，Halle and Vergnaud (1978), Kiparsky (1979), McCarthy (1979), Selkirk (1980), Hayes (1981; 1982a), Giegerich (1983; 1985) などで開発され，樹形に基づくフットの概念が完全に確立された．Hammond (1984) の樹形グリッド（arboreal grid）も，このグループの一変種とみなすことができる．当初，Liberman (1975) が [± stress] をも用いざるをえなかった理由は，témpest vs. cóntèst の対立に見られる副次アクセントの有無を捉えることにあった．(7a) では違いを表示できないので，(7b) のように弁別したのである．しかし，その後の研究により，(7c) のように韻律範疇，特にフットを利用することにより，[± stress] の素性を

完全になくすことができた.

(7) 副次アクセントの有無
 a. 2項フットのみ   b. 2項フットと [±stress]

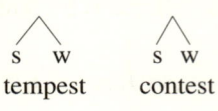

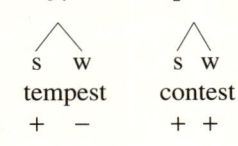

```
    /\       /\           /\        /\
   s  w     s  w         s  w      s  w
 tempest  contest      tempest   contest
                        +  −      +  +
```

 c. 2項フットと不完全フット

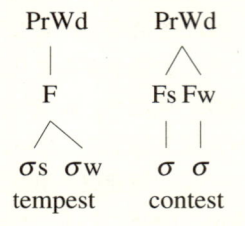

```
  PrWd      PrWd
   |         /\
   F        Fs Fw
  /\        |  |
 σs σw      σ  σ
tempest   contest
```

ただ,通常は (7c) のように韻律範疇の節点を表示せず,単に s と w だけで表示する場合が多い.

このような樹形表示の基本的な狙いは,語内部の韻律構造を,1) s と w という相対的な強弱関係と,2) そのラベルを節点とする構成素構造の観点から捉えることにある.また,統語論でも樹形が用いられるように,句や文など語を越えたレベルでも応用可能であった.ただ,その優れた機能ゆえに,表示のパワーが大きすぎる(制限がゆるすぎる)ことがしばしばで,リズム現象に関して過剰生成してしまうところが大きな問題であった.たとえば,Kiparsky (1979) はリズム規則の適用条件を,s と s の強勢衝突に基づいて (8a) のように定義していた.

(8) 樹形のみによるアプローチ (tree-only approach)
 a. リズム規則の入力条件

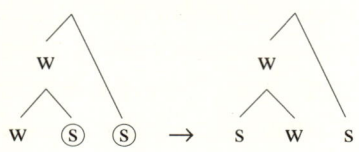

```
     /\              /\
    /  w            /  w
   /\  |           /\  |
  w (s)(s)   →    s  w  s
```

第 2 章 派生理論の歴史と限界　77

b. 適用例

Mississippi River → Mississippi River

c. 不適用例

Minneapolis River → *Minneapolis River

　しかしながら，s から s までの距離が測れないために，間隙回避に関する出力条件を定義できないので，(8b) だけでなく (8c) をも適用できると予測してしまう．そのほか，1.6.4 節の (54b) で見た *Winnipesàukee Ríver* → **Wìnnipesaukee Ríver* や *Apalachicòla Ríver* → **Àpalachicola Ríver* も過剰生成してしまう．

　そこで登場したのが，グリッドによる表示である．これは Prince (1983) や Selkirk (1984a) で支持されたアプローチで，アクセントを，強いビートのみから構成される絶対的な縦の段階レベルとして表示するものである．その意味で，アクセントを各領域ごとの相対的な強弱関係として特徴づけていた樹形表示とは，対照的であった．このグリッド表示の強みは，リズム現象を扱いやすいことにあり，グリッド間に介在する音節数をもとにして，強勢衝突だけでなく強勢間隙の距離を明示的に表示できるので，入力・出力条件を定義するのが容易であった (1.6.4 節の (53) で定義した

ように，アクセントの距離が1音節以下では近すぎ，4音節以上では離れすぎである）．

(9) グリッドのみによるアプローチ（grid-only approach）
 a. 適用例

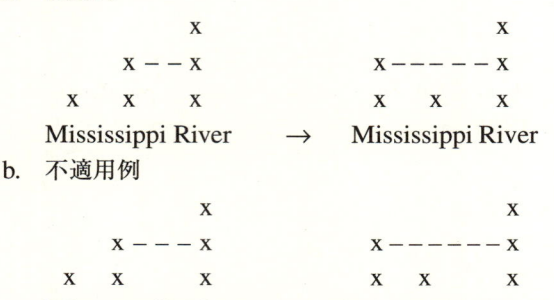

```
                    x                           x
            x - - x                     x - - - - - x
        x   x   x                       x   x   x
        Mississippi River      →        Mississippi River
```
 b. 不適用例
```
                    x                           x
            x - - - x                   x - - - - - - x
        x   x   x                       x   x   x
        Minneapolis River      →       *Minneapolis River
```

ただ，構成素構造を持たないために，やはり深刻な過剰生成の問題を抱えていた．たとえば，1.6.4節の(55)で紹介したリズム規則の部分的な不適用は，この表示では予測することができない．

(10) 3語から成る句のリズム規則

```
                        x                               x
                x   x                           x   x
        x   x   x                       x       x   x
        x   x   x   x                   x   x   x   x
        overdone steak blues    →       overdone steak blues    →
                        x                               x
        x               x               x               x
        x       x   x                   x   x           x
        x   x   x   x                   x   x   x   x
        overdone steak blues    →      *overdone steak blues
```

上の例では，1・2回目の移動は許されるが，3回目の移動は事実として許されないものであった．しかし，これを阻止する条件は，グリッドのみに

基づいた表示では捉えられない．また，1.2.3 節の (18) で見たフィジー語の短音化とチョクトー語の長音化も，その違いを捉えることが難しい．これは，同じ強音節を持つ母音でも，表層形が強弱格を持つ場合は短音化し，弱強格を持つ場合は長音化するという，フットの種類によって予測される典型的な例であった．

(11)　フットの種類に基づく母音の長短
　　　a.　フィジー語の強弱格短音化

$$\qquad\qquad\text{x}\qquad\qquad\text{x}$$
/mbuu + ŋgu / → mbuŋgu / *mbuuŋgu
　　　b.　チョクトー語の弱強格長音化

$$\qquad\qquad\text{x x x}\qquad\text{x x x}$$
/sa + litiha + tok / → *salitihatok / saliitihaatok

しかし，グリッドだけの表示だとフットの種類の区別がつかないので，言語によって当該母音が長くなるか短くなるかの違いがなぜ生ずるのかということに関し，原理的説明を与えることは不可能である．さらには，母音の削除やわたり音化によってアクセントがそのよりどころを失ったときに，移動が左方向／右方向のいずれになるかという問題も予測ができない (Al-Mozainy, Bley-Vroman and McCarthy 1985; Halle and Vergnaud 1987)．たとえば，格変化のパラダイムにおいて，ロシア語 (Russian) では母音削除にともなってアクセントが左に移動する (*zajóm / zájma* ('loan')) のに対し，サンスクリット語 (Sanskrit) では，わたり音化にともなってアクセントが右に移動する (*deví / devyá* ('goddess'))．(12) では母音削除を想定して図示しているが，アクセント移動が左方向か右方向かは，その言語が持つフットの種類に依存している．弱強格だと左への移動，強弱格だと右への移動になる．

(12)　母音削除にともなうアクセント移動
　　　a.　左移動

$$(.\quad *)\qquad(.\quad *)\qquad(*)$$
CVCVCV → CVC CV → CVCCV

b. 右移動
$$\text{CVC\underline{V}CV} \xrightarrow{(*\ .)} \text{CVC CV} \xrightarrow{(*\ .)} \text{CVCCV}^{(*)}$$

　　c. グリッドによる表示
$$\text{CVC\underline{V}CV} \xrightarrow{\text{x}} \text{CVC CV} \xrightarrow{\text{x}} \text{???}$$

しかし，(12c) のように構成素構造がわからないと，移動の方向性も予測がつかないことは明らかである．

　樹形の欠陥を埋めるべく登場したもう1つの表示が，(13) のような樹形とグリッドの同時表示である．これは Liberman and Prince (1977) と Hayes (1984), Hayes and Puppel (1985) が苦肉の策として考案したものだが，いずれも主にリズム規則を扱った論文であるのが象徴的である．つまり，樹形だけではリズムを扱えないので，必然的にこうなるのであろう．

(13)　樹形とグリッドの同時表示

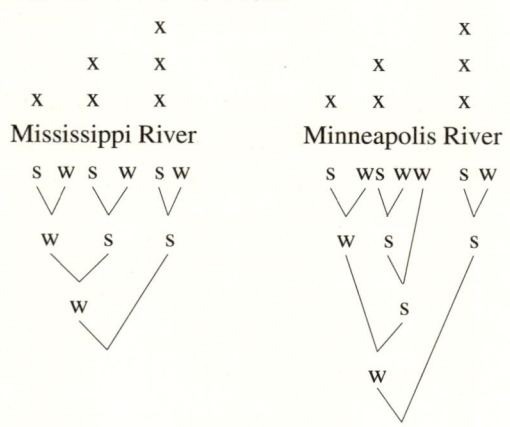

```
              x                           x
         x    x                      x    x
     x   x    x                  x   x    x
     Mississippi River           Minneapolis River
     s w s w w s w               s ws w w w   s w
      \/    \/  \/                \/  \/  \/   \/
       w    s   s                  w   s       s
        \___|__/                       \___|__/
            w                              s
                                           |
                                           w
```

しかし言うまでもなく，この表示はその余剰性が大きな問題であった．欠点を補い合えるのはよいが，これでは機能が重複するだけでなく，樹形とグリッドそれぞれに別個の構築規則(または，樹形の構築規則とグリッド

への対応規則)が必要になり，とても複雑になるからである．現に，Mark Libermanは，1975年の樹形のみのアプローチから1977年の同時表示へと推移したが，1977年論文の共著者であるAlan S. Princeは1983年論文で，前述のようにグリッドのみの表示を提案している(ただしその問題ゆえに，Prince (1985) では，樹形のよさを生かす方向性を示唆している)．また，Bruce P. Hayesも1981, 1982年の樹形のみの表示から，必要に迫られて1984年で同時表示を採用するに至ったものの，ついにはHayes (1987) において，余剰性のない新しい表示への改訂を提案することになる．

こうして，片方のみによる表示の過剰生成と同時表示の余剰性の問題を解決すべく，80年代後半に時を同じくしてHalle and Vergnaud (1987) とHayes (1987) が構成素グリッドを考案し，表示論争にピリオドを打ったのである．これらは，Halle and Vergnaud (1978), Hayes (1981), Prince (1983) など，初期韻律強勢理論の類型論的な精神を受け継ぎつつ，原理とパラメータに基づくアプローチ (principles-and-parameters approach) としての枠組みを洗練したものでもあった．

なお，Kager (1995b) も，70年代から80年代までの韻律強勢理論の流れを手際よくまとめており，本章とやや異なる観点から参照するには最適である．

2.4 最盛期の派生理論とその基本精神

表示論争のジレンマに突破口を見出したのは，構成素グリッドだが，これを採用して展開された研究にも，主に2つの系列がある．一方はHalle and Vergnaud (1987) に端を発しながら，Haraguchi (1991), Halle and Kenstowicz (1991), Idsardi (1992), Halle and Idsardi (1995) によって改訂を加えられた系列 (Halleの系統) で，当時現役のMIT関係者によって開発された説である．他方は，MIT卒業生によって考案された説で，後にOTに取り入れられることになるHayes (1985; 1987; 1995), McCarthy and Prince (1986), Prince (1990) の系列 (Hayesの系統) である．いずれの説も，いくつかのパラメータに従って，構成素グリッドで表示され

たフットが構築される点には変わりないが，仮定するパラメータの体系が異なるので，そこから帰結する経験的事実にも違いが出てくる．特に，構成素としてのフットがパラメータによって分解可能であるか否か（いくつかのパラメータに従ってフットができ上がるのか，フットそのものがパラメータになっているのか）に関して，考え方が大きく違っていた．

　そこで，以下のセクションで，Halle and Vergnaud (1987), Haraguchi (1991) と Hayes (1995) で提案されたフット構築に関するパラメータのシステムを紹介しつつ，2つの系列を比較検討してみよう（ただし，ここでは概要の紹介にとどめて，個別的な問題点を指摘することはせず，2.5, 3.5節で派生理論全体の抱える問題点として詳細な検討を加えることとする）．これら3つを選んだ理由は，2つある．第一に，3つの研究すべてが単なる論文ではなく，体系だった大きな枠組みを提示して，当時大きなインパクトを与えたからである．第二に，1991年以降は OT の講義が各地で開催されて，徐々に派生理論の勢いが失われたため，91年までのものにしぼって検討したいからである．Hayes (1995) の青写真はすでに Hayes (1985; 1987) で打ち出されており，また91年ごろには，この本の出版前のマニュスクリプトが広く出回っていたので，実質的な執筆時期の観点からもここでの紹介に値する範囲である．内容的にも，彼のフットの表示は機能的でかつ無駄がなく，OT や本書でも彼のものを採用している．

　なお，この3つの理論のシステムは，共通して，原理とパラメータ，そしてそれを背後から支える個別的な規則から構成されている．これは言語に備わる「普遍性」と「多様性」という，相反する性質を説明するためであり，「豊かでかつ十分に制限されたシステム」を目指していたと言い換えられる．つまり，パラメータと個別規則によって言語の豊かな多様性を捉える一方で，原理によってシステムにほどよい制限を加えたり，さまざまな言語の背後にひそむ普遍性を捉えようとしたのである．また，適切に制限されたシステムを構築することで，言語の共通性のみならず，誰でも容易にどんな言語でも獲得できるという事実，すなわち「習得の容易性」をも説明しようとするものであった．これが，原理とパラメータに基づくアプローチの基本精神（basic tenet）である（⇒ 2.6節）．

原理の中でも，規則の適用やパラメータの種類への制限は「条件」(condition)，さまざまな言語形式に対する制限は「制約」(constraint)と呼ばれ，互いに区別される．前者は理論的な道具立てへの制限を，後者は言語形式そのものに働く制限を指す．後に見る OT には規則やパラメータが存在しないので，「制約」のみが生き残るが，以下で概観する理論における原理は，「条件」のことを指すことが多い．豊かな多様性を捉えるための個別規則やパラメータのあり方を，厳しく律する必要があったからである．

2.4.1　Halle and Vergnaud (1987) と Haraguchi (1991)

まずは，画期的な強勢理論として一世を風靡した Halle and Vergnaud (1987; この節では HV87 と略記)のシステムを，そこで仮定される個別規則・パラメータ・原理の順に見ていこう．個別規則としては，基本的に次のようなものが仮定されていた．[　]で囲まれた部分は言語ごとに変わってくる選択肢で，パラメータというよりは規則の可変部と考えられていた．また，規則の有無そのものも言語で異なる場合があり，(14a, d, e)の規則は音調言語でもないかぎり，アクセントを持つ言語すべてに備わるものだが，(14b, c)は必ずしもすべての言語が持つとはかぎらない．

(14)　個別規則
　　　a.　アクセントを担う要素の指定
　　　　　アクセントを担う要素は [moras / syllables] のいずれかである．
　　　b.　韻律外性の指定
　　　　　語の [initial / final] に位置する [segment / consonant / mora / syllable] のいずれかを韻律外に標示せよ．
　　　c.　アクセント牽引性の指定
　　　　　[heavy syllables / long vowels / full vowels / designated morphemes] のいずれかに対し，line 1 の ∗ を付与せよ．
　　　d.　構成素境界の構築
　　　　　構成素の境界（　）を，line n に構築せよ．

e. 主要部の構築
   line n の構成素に対する主要部 * を，line $n+1$ に配置せよ．

それぞれに補足説明を加えておこう．第一に，(14a)はアクセントを担う要素を指定する規則で，たいていは音節言語なので [syllables] が選ばれることが多く，[vowels] や [the heads of rimes] などと言い換えても結果は同じである．モーラ言語の場合は [moras] が選ばれる．ただし，モーラ言語の中には，ウィネバゴ語（⇒ 1.6.2, 1.6.3 節）や南パイウート語（Southern Paiute; HV87, 18–19）のように [all vowels in the rime]（ライム内のすべての母音）と指定されたり，アラビア語カイロ方言（Cairene Arabic; HV87, 62）のように [all phonemes in the rime]（ライム内のすべての音素）と指定されるなどの，下位分類がある．

次に，(14b) は，どの要素がどちらの端で韻律外（extrametrical）となるか（それ以下の規則の適用外になるか）を指定するもので，基本的には [final syllable] がそうなる場合が多いが，ウィネバゴ語（HV87, 31）では [initial mora] が，南パイウート語（HV87, 19）やカユヴァヴァ語（Cayuvava; HV87, 26, ⇒ 3.5.3 節）では [final mora] が韻律外になると明記されている．アラビア語カイロ方言（HV87, 62）は [final segment] である．さらに，同一言語で2つの指定を持つ場合もある．たとえば，西アランダ語（Western Aranda; HV87, 49）では [initial and final segments] の両方が韻律外になると分析されている．また，英語は品詞によって韻律外性（extrametricality）が異なっており，[final syllable] と [final consonant] の2つの場合に分けられる（名詞・接尾辞は前者，単一形態の動詞・形容詞は後者）．

第三に，(14c) は音節量に左右される言語，つまり重音節にアクセントが引きつけられやすい性質を持つ言語を捉えるもので（⇒ 1.6.2 節），アクセント規則（Accent Rule）と呼ばれるものである．[heavy syllables] が [branching rimes]（枝分かれしたライム）と表現される場合もある．音節量に左右されるといっても，実は種類がいくつかあり，CV vs. CVC, CVC のように軽音節と重音節の対立だけでなく，CV vs. CVV のように

第 2 章 派生理論の歴史と限界　85

短母音と長母音の対立を持つクラマス語（Klamath; HV87, 74）のような言語では [long vowels] が，CV vs. Cə のように完全母音と弱化母音の対立を持つ東チェレミス語（Eastern Cheremis; HV87, 51）のような言語では [full vowels] が選ばれる．また，[designated morphemes] が選ばれるのは，常にアクセントを持つ特定の形態素が存在する言語である．なお，(14c) のアクセント規則で言う「アクセント」とは，「基底で語彙的・形態的に標示される卓立位置」という意味であり，この最後の指定値がこの規則本来の機能である．本書で今まで用いてきた「アクセント」とは用法が異なるので注意を要するが，いずれにしろこの規則にはいろいろな機能があり，特定の音韻単位だけでなく，形態素のアクセント牽引力をも統合的に規則化できたところが大きな利点であった．

　第四に，(14d, e) は，(15) のパラメータに従って構成素つきグリッドの境界と主要部を構築するもので，韻律構造構築の中核部分を成す最も重要な規則である．これについては，すぐ下で詳しく述べる．なお，以上の説明だけでは規則適用の様子がわかりにくいので，後ほど英語のアクセント付与を具体的に取り上げて，特に (14a, b, c) について重点的に例示する．

　さて次に，HV87 の仮定するパラメータについて概観しよう．この枠組みでは，構成素境界とその主要部から決まってくる韻律構造の種類に関して，次のようなパラメータが仮定されていた．

(15)　韻律構造のパラメータ
　　　a.　大きさ：　[± BND]

　　　　+ BND　　　　　　　　− BND

　　　　　*　.　　　　　　　　*　.　.　.　　　　　　line 1
　　　　(*　*)　　　　　　(*　*　*　*)　　　　　line 0
　　　　CVCV　　　　　　CVCVCVCV

　　　　　.　*　.　　　　　　*　.　.　　　　　　　line 1
　　　　(*　*　*)　　　　(*　*　*)　　　　　　　line 0
　　　　CVCVCV　　　　CVCVCV

b. 主要部終端性：［±HT］
+ HT　　　　　　　　－ HT

```
    *  .                  .  *  .                    line 1
   (*  *)                (*  *  *)                   line 0
   CVCV                  CVCVCV

    .  *                  .  .  .  *  .              line 1
   (*  *)                (*  *  *  *  *  *)          line 0
   CVCV                  CVCVCVCVCVCV
```

c. 主要部位置（［+ HT］のみ）：［left-headed / right-headed］
left-headed　　　　right-headed

```
   *  .                  .  *                        line 1
  (*  *)                (*  *)                       line 0
  CVCV                  CVCV

  *  .  .  .  .         .  .  .  .  *                line 1
 (*  *  *  *  *)       (*  *  *  *  *)               line 0
 CVCVCVCVCV            CVCVCVCVCV
```

d. 方向性（［+ BND］のみ）：［left-to-right / right-to-left］
left-to-right　　　　right-to-left

```
   *  .  *  .            *  .  *  .                  line 1
  (*  *)(*  *)          (*  *)(*  *)                 line 0
  CVCVCVCV              CVCVCVCV

   *  .  *  .  *         *  *  .  *  .               line 1
  (*  *)(*  *)(*)       (*)(*  *)(*  *)              line 0
  CVCVCVCVCV            CVCVCVCVCV
```

まず，(15a)は「構成素境界の大きさに限度がある (bounded) か否か」，つまり定型か不定型かということで，前者なら，語の音節数に関係なく2項フットまたは3項フットが(不完全フットを作らざるをえない場合を除いて)作られるが，後者なら，語の音節数に合わせてフットの大きさが決まる．このパラメータは，厳密には「領域内に主要部と隣接する非主要部が1つまでに限定されているか否か」という意味があるので，同じ3項フットのように見えても，(15a)のような「強弱弱」格や「弱弱強」格は

ありえず，「弱強弱」格のみが定型の3項フットとなりうる（⇒ 3.5.3節）．このことは，非主要部が主要部のすぐ手の届く範囲にあるか否か，つまり支配関係の局所性（locality）に関わる問題であり，重要な仮説であると言える．その他はわかりやすく，(15b)は，「主要部が構成素境界の終端に位置する（head terminal）か否か」を，(15c)は，[+ HT]の場合に「構成素が左主要部か右主要部か」を，(15d)は，[+ BND]の場合（つまり，2項フットか3項フットを持つ場合）に「構成素構築の適用が左端からか右端からか」を，それぞれ個別言語における指定によって決めるパラメータである．(15d)の例からもわかるように，同じ主要部位置を持つ2項フットの場合，偶数音節（モーラ）ではこれらの違いが現れず，奇数になってはじめて経験的な差異が出てくる．

こうしたパラメータ値の指定と個別規則の有無は，個別文法で決まるもので，言語の多様性を捉えるだけの豊かさを備えているのは確かだが，いきおい，現実には存在しない韻律構造までをも生み出す恐れがある．そこでHV87は，普遍文法に属する原理として次のような条件を提唱することで，システムの多様性を厳しく制限しようとした．正確には，構成素境界の構築（(14d)）と主要部の構築（(14e)）の，2つの規則適用に課せられた条件と言ってもよい．たとえば，[+ BND, + HT, right-headed, left-to-right]のパラメータ値で，構成素境界と主要部が構築される言語を考えてみよう．

(16) 韻律構造の基本的性質
    a. 最大性

```
        .  * . * *        . * * . *
       (*  *)(* *)(*)   (*  *)(*)(* *)
       CVCVCVCVCV      *CVCVCVCVCV
```
    b. 徹底性

```
        .  * . * *        . *  . . .
       (*  *)(* *)(*)   (*  *) *  *  *
       CVCVCVCVCV      *CVCVCVCVCV
```

c. 忠実性

```
     .  *  .  *  *        .  *  .  *  .
    (* *)(* *)(*)        (* *)(* *) *
    CVCVCVCVCV          CVCVCVCVCV

     .  *  .  *  .       .  *  .  *  *       .  *  .  .  *
    (* *)(* *)(*)       (* *)(* *) *        (* *)(*  * *)
   *CVCVCVCVCV         *CVCVCVCVCV         *CVCVCVCVCV
```

まず，構成素境界の構築には，最大性条件（Maximality Condition）と徹底性条件（Exhaustivity Condition）が課せられる．前者は構成素の大きさに関するもので，(16a)のように，可能なかぎり構成素を大きく作るのはよい（語末が不完全フットになるのは仕方ない）が，途中で理由なく（たとえば，形態素の切れ目などもなく）不完全フットを作ることは禁じられる．後者は(16b)のように，大きさどころか，そもそも構成素構築を途中で止めてしまうのを禁じる条件である．つまり，音連鎖にあますところなくフットが与えられることを規定している．一方，主要部の構築は，忠実性条件（Faithfulness Condition）の規制を受ける．これは，主要部の構築がパラメータの指定に忠実でなければならないことを示しており，OTでいう忠実性制約とはまったく異なる（⇒ 3.3.1 節）．たとえば，(16c)のような衝突の回避によって，主要部が構成素境界とともに失われるのは許されるが，主要部だけか構成素境界だけを喪失すると [+ HT, right-headed] の指定に，2つのフットを1つに統合すると [+ BND] の指定に，それぞれ不忠実になってしまうので，禁じられる．いわば，定められた法律によって主要部である領主を尊重し，それを失えば領地も消滅するし，逆に断りなしに領地を奪ったり広げることは許されない，というわけである．

最後に，復元性条件（Recoverability Condition）は構成素境界と主要部の関係を捉えるもので，(14d, e)の2つの構築規則の両方に課せられる条件である．これは，構成素境界と主要部はパラメータの指定に従ってお互いから一義的に復元できなければならないとするものである（⇒ 3.5.3 節）．たとえば，(17a)のような [− BND, + HT] の言語では，[left-headed / right-headed] によってお互いの位置が一義的に決まってくる．

(17) 復元性
　　　a.　[− BND, ＋ HT]

```
         *   .   .   .   .   .   .         .   .   .   .   .   .   *
        (*   *   *   *   *   *   *)       (*   *   *   *   *   *   *)
         C V C V C V C V C V C V C         C V C V C V C V C V C V C
```
　　　b.　[− BND, − HT]

```
         .   .   *   .   .   .   .         .   .   .   .   *   .   .
        (*   *   *   *   *   *   *)       (*   *   *   *   *   *   *)
        *C V C V C V C V C V C V C        *C V C V C V C V C V C V C
```

しかし，(17b) のような [− BND, − HT] の言語では主要部の位置が曖昧なので，与えられた構成素境界からその主要部位置を復元することは，不可能である (逆も真である). したがって，構成素境界と主要部を構築できないので (17b) は排除され，[− BND, − HT] の指定を持つような言語は体系的空白 (systematic gap) を成すことがこの条件から帰結される．ただし，[＋ BND, − HT] の場合は，上の (15a) で見たような弱強弱格のフットを作り，これは中央にしか主要部がありえず一義的に復元可能なので，存在が許されるものになっている (⇒ 3.5.3 節).

さて，ここまではかなり理論的・概念的な話をしてきたので，ここで少し具体例を通して考えてみよう．次の言語は，いずれもアクセントを担う要素が音節 (または母音) であり，韻律外性も音節量に左右される性質も持っていない．(14) と (15) のうち，いったい，どのような個別規則とパラメータ値を持つのであろうか．

(18) 事実観察
　　　a.　マラヌンク語 (Maranungku) アクセントの記述的一般化：主要アクセントは語頭音節に，副次アクセントは前から数えて奇数音節ごとにくる．
　　　b.　具体例
　　　　　tíralk ('saliva')　　　mérepèt ('beard')
　　　　　yángarmàta ('the Pleiades')　　　lángkaràtetì ('prawn')
　　　　　wélepènemànta ('kind of duck')

c. ウェリ語（Weri）アクセントの記述的一般化： 主要アクセントは語末音節に，副次アクセントは後ろから数えて奇数音節ごとにくる．
　　　d. 具体例
　　　　　ŋintíp ('bee')　　　kùlipú ('hair of arm')
　　　　　ulùamít ('mist')　　àkunètepál ('times')

いずれの場合も，フット（line 0）と韻律語（line 1）とでは，異なるパラメータ値が必要になる点に注意したい．正解は次のようになる．

（19） 個別規則とパラメータ値
　　　a. マラヌンク語
　　　　・アクセントを担う要素は［syllables］である．
　　　　・line 0 におけるパラメータ設定値は［+ BND, + HT, left-headed, left-to-right］である．
　　　　・構成素の境界（　）を，line 0 に構築せよ．
　　　　・line 0 の構成素に対する主要部 * を，line 1 に配置せよ．
　　　　・line 1 におけるパラメータ設定値は［− BND, + HT, left-headed］である．
　　　　・構成素の境界（　）を，line 1 に構築せよ．
　　　　・line 1 の構成素に対する主要部 * を，line 2 に配置せよ．
　　　b. 派生例

```
                                    *   .   .   .
                        *    .   *.       (*   .   *).
          *  *  * *    (*  *)(* *)      (*   *) (* *)
          yangarmata → yangarmata → yangarmata

                                        *   .   .   .
                         *    .  *  .      (*    .  *  .  *)
           *    * * *   (*   *)(* *)(*)    (*    *)(* *)(*)
           langkarateti → langka rate ti → langka rate ti
```

c. ウェリ語
- アクセントを担う要素は [syllables] である．
- line 0 におけるパラメータ設定値は [+ BND, + HT, right-headed, right-to-left] である．
- 構成素の境界（　）を，line 0 に構築せよ．
- line 0 の構成素に対する主要部 * を，line 1 に配置せよ．
- line 1 におけるパラメータ設定値は [− BND, + HT, right-headed] である．
- 構成素の境界（　）を，line 1 に構築せよ．
- line 1 の構成素に対する主要部 * を，line 2 に配置せよ．

d. 派生例

```
                          .  .  .  *
            .  *  .  *    .( *  . *)
* **  *    (* *)(* *)    (* *)(* *)
uluamit  →  ulu amit  →  ulu amit
```

```
                                .  .  .  .  *
              *  .  *  . *    ( *  .  *  . *)
* * * * *    (*)(* *)(* *)    (*)(* *)(* *)
akunetepal  →  a kune tepal  →  a kune tepal
```

上の例は，2 項フットを持つ最も典型的なケースであったが，では 1.6.2 節で見た英語アクセントの場合はどうであろうか．これはやや複雑で，韻律外性（(14b)）と音節量に左右される性質（(14c)）を持つことになる．ここでも，line 0 と line 1 のパラメータ指定が別々になることに注意して，その規則とパラメータの体系を考えてみよう．

(20) 事実観察
a. 英語の名詞・接尾辞つき形容詞のラテン語系強勢規則： 主要アクセントは，後ろから 2 番目の音節が重音節ならそこに，軽音節なら後ろから 3 番目の音節にくる．
b. ...ĹLL / ...ĹLH
   América   Cánada   vígilant   unánimous

c. ...H́LL / H́LH
   prímary   idéntity   alúminum   pérsonal
d. ...H́L / ...H́H
   marína   agénda   compláisant   conúndrum

このアクセント・パターンは元来ラテン語が持っていたもので，ラテン語系強勢規則（Latin Stress Rule）と呼ばれている．つまり，ラテン語起源の語や形態素を中心に，名詞と派生形容詞に成り立つパターンである．この場合は，次の個別規則とパラメータ値が必要になってくる．

(21) 個別規則とパラメータ値
   a. 名詞・接尾辞付き形容詞
      • アクセントを担う要素は [syllables] である．
      • 語の [final] に位置する [syllable] を韻律外に標示せよ．
      • [heavy syllables] に対し，line 1 の ∗ を付与せよ．
      • line 0 におけるパラメータ設定値は [+ BND, + HT, left-headed, right-to-left] である．
      • 構成素の境界（ ）を，line 0 に構築せよ．
      • line 0 の構成素に対する主要部 ∗ を，line 1 に配置せよ．
      • line 1 におけるパラメータ設定値は [− BND, + HT, right-headed] である．
      • 構成素の境界（ ）を，line 1 に構築せよ．
      • line 1 の構成素に対する主要部 ∗ を，line 2 に配置せよ．
   b. 派生例

```
                                    .  *  .  .
                 *  *  .  .         (* *) .  .
 *  *  *  .     (*)(* *) .         (*)(* *) .
unani<mous>  →  u nani<mous>   →   u nani<mous>


                                    .  *  .  .
 *  *  .  .      *  *  .  .         (* *) .  .
 *  *  *  .     (*)(* *) .         (*)(* *) .
identi<ty>   →  i denti<ty>    →   i denti<ty>
```

```
                                  .  *  .
    *  *  .        *  *  .     (*   *) .
    *  *  .       (*)(*) .     (*) (*) .
 complai<sant>  → complai<sant> → complai<sant>
```

これで，主要アクセントの位置はなぜそこにあるかを説明できる．しかし，実は話はこれだけではない．英語にも副次アクセントが存在し，(21b)の表示に関するかぎり，このままでは3例すべてが語頭に副次アクセントを持つことが予想されるが，実際に持つのは *idéntity* のみである．

　ここで，英語は強勢の衝突を許さない言語だということを思い出そう．上の表示はまさに強勢衝突の環境にあり，韻律語以上のレベルでは，リズム規則のように移動によって解消されたものの（⇒1.6.4節），フットの構築に関しては，強勢削除（destressing; stress deletion）によって衝突が修復されると考えられる．ただし，HV87によれば，削除されるのは強勢の谷（stress well），つまり衝突する強勢のうちの低いほうで，この部分が軽音節やラテン語起源の接頭辞であることを条件づけている．

（22）　強勢削除：　強勢（アクセント）の谷間においては，line 1 やその上の * を削除せよ．ただし，その谷は，枝分かれしないライムを持つ音節（軽音節）またはラテン語系接頭辞にあたるものとする．

この英語独自の個別規則により，*unánimous*（軽音節）や *compláisant*（ラテン語起源の接頭辞）の語頭音節に副次アクセントがこないことが説明できる．重音節の副次アクセントが削除されないのは，音節量とアクセント（長さと声の大きさ）の連動の表れである（⇒1.6.2節）．また，重音節であるのにラテン語起源の接頭辞が例外的に削除されるのは，もともとラテン語が副次アクセントを持たなかった事実を反映しているからである．そのほか，英語の副次アクセント分布に関する詳細な分析は，HV87の第7章を参照されたい．また，HV87の枠組み全体に対する論評は，Blevins (1992) や Dresher (1990)，Okazaki (1989) が参考になるだろう．

　以上がHV87の基本的仮説の概要であるが，この拡大修正版として出

てきたのが，Haraguchi (1991) の提唱する理論である．この理論は，韻律表示のシステムそのものは HV87 に従うが，主に以下の仮説を採用する点で HV87 と袂を分かつものとなっている．

　まず第一に，韻律強勢理論に自律分節理論 (Autosegmental Theory) を統合的に取り入れ，強勢アクセント言語だけでなく，高さアクセント言語にもその適用領域を広げたことである．この点は画期的で，経験的な説明領域がさらに拡大されたことは大きな貢献であった．第二に，(14) が個別規則でなく原理であると捉えられ，その可変部分 ([　] で囲まれた部分) がパラメータだと考えられたことである．(15) のような韻律構造の特徴も，(14d, e) の原理に付随するパラメータだということになる．

　第三に，復元性条件の代わりに，「主要部は必ず構成素境界の一方に隣接する」(原口 1994, 19) という主要部終端性条件 (Terminal Head Condition) を仮定する点である．それにより，韻律構造はすべて [+ HT] に制限され，[− HT] のものは排除されるので，1) [± HT] の代わりに [binary / ternary] という別のパラメータが提唱され，2) 3項フットを持つ言語も弱強弱格はありえず，「強弱弱」格 [ternary, left-headed] か「弱弱強」格 [ternary, right-headed] のいずれかに分かれる結果となっている．ちなみに，Haraguchi (1991) や原口 (1994) では [± BND] が採用されたままになっているが，[binary / ternary] のいずれかが指定されれば，おのずと [+ BND] が含意されるので ([− BND, binary] や [− BND, ternary] などの指定は理論的にありえないので)，厳密には [± BND] のパラメータもなしですますことができる．つまり，構成素の種類として，[binary / ternary / unbounded] というパラメータさえあればよいことになる．

　さて最後の変更点としては，徹底性条件を破棄して [± exhaustive] を採用することにより，韻律構造の構築が1回限りの適用か，音連鎖全体への繰り返し適用かを，パラメータ化している点である．これは Hayes (1981) の "iterative / non-iterative" に回帰したことを意味し (⇒ 2.4.2 節)，また [± HT] のパラメータ化をやめて主要部終端性条件を仮定したのも，初期韻律強勢理論の仮説を支持する結果となっている．

　このように，Haraguchi (1991) では (14) と (15) が統合され，(23) の

ようなかなり簡素化されたシステムを構築することに成功している．

(23) 韻律構造構築に関わるパラメータ
    a. アクセントを担う要素：［moras / syllables］
    b. 韻律外性：［initial / final］［segment / consonant / mora / syllable］
    c. アクセント牽引性：［heavy syllables / long vowels / full vowels / designated morphemes］
    d. 構成素の種類：［binary / ternary / unbounded］
    e. 主要部位置：［left-headed / right-headed］
    f. 方向性：［left-to-right / right-to-left］
    g. 繰り返し性：［± exhaustive］

これを用いれば，上で見たマラヌンク語・ウェリ語・英語のアクセントは，次のパラメータ指定によって帰結することがわかるであろう．ここで，(23f, g) は，(23d) のうち［unbounded］を選ぶ場合には指定の必要がないパラメータ値であることを断っておく．

(24) 韻律構造のパラメータ値
    a. マラヌンク語
        • ［syllables］
        • line 0: ［binary, left-headed, left-to-right, + exhaustive］
        • line 1: ［unbounded, left-headed］
    b. ウェリ語
        • ［syllables］
        • line 0: ［binary, right-headed, right-to-left, + exhaustive］
        • line 1: ［unbounded, right-headed］
    c. 英語の名詞・派生形容詞
        • ［syllables, final syllable, heavy syllables］
        • line 0: ［binary, left-headed, right-to-left, + exhaustive］
        • line 1: ［unbounded, right-headed］

なお，(22) の個別規則に代わる強勢削除のための原理とパラメータについ

ては，Haraguchi（1991）の第5章に詳述されている．また，枠組み全体に関しての批評は Tateishi（1993）や Brockett（1996）に見られる．

　以上，韻律強勢理論最盛期における2つの有力な説について，その重要な仮説を見てきた．このようなシステムの違いにより，おのずと説明できる現象の幅が異なってくるが，最も興味深いのは，同一現象に対して異なった分析の仕方や経験的な予測をする部分にある．3.5.1, 3.5.3節ではこの点に注目し，2項フットや3項フットを持つ言語を通して，具体的な問題点を考察する．

2.4.2　Hayes（1995）

　1980年代後半は，今まで見てきた韻律強勢理論とは別の系列として，McCarthy and Prince（1986）や Prince（1990）に支持されながら，Hayes（1985; 1987）が興味深い理論を開発した時期でもある．Hayes（1995; この節では H95 と略記）で完成した彼の主張するパラメータのシステムは，次のようなものから構成されている．

　（25）　韻律構造構築に関わるパラメータ
　　　　a.　韻律外性：　initial / final constituent
　　　　b.　フットの種類：　Moraic Trochee / Syllabic Trochee / Iamb
　　　　c.　終端規則：　left / right
　　　　d.　不完全フット：　disallowed / allowed in strong position
　　　　e.　方向性：　left-to-right / right-to-left
　　　　f.　繰り返し性：　iterative / non-iterative
　　　　g.　局所性：　strong local / weak local
　　　　h.　構築順序：　top down / bottom up

H95 の枠組みでは，アクセントを担う要素は普遍的に音節とされたので，(23a) のようなパラメータは仮定されていない．また，アクセントの牽引性や主要部位置に関するパラメータは，フットの種類に関するパラメータ (25b) に組み込まれているので，(23c, e) に相当するパラメータもない．下で見るように，"Moraic Trochee"（モーラ強弱格）や "Iamb"（（音節量

依存の）弱強格）を選ぶと常に重音節にフットの主要部がくるので，これらが音節量に左右される言語ということになる．さらには，H95 は，フットがそれ以上解体することができない元素（primitive）だと考えるので，[±BND]，[±HT]，[left-headed / right-headed] など他のパラメータからフットが派生されるのではなく，フットそれ自体がパラメータとなっている．このフットの目録は 2 項フットのみから成るゆえ，大きさが制限されない（unbounded）ものは存在せず，フットより上の韻律構造は，Prince (1983) に従って (25c) の終端規則 (End Rule) により構築されると考えられている．この規則は，左端か右端のフットの主要部にグリッドを付与するものである．なお，(25d) は不完全フットをいっさい禁じるか条件つきで許容するかを選ぶパラメータで，(27b) で例示する．(25e, f) は，(23f, g) と同じパラメータである．(25g) は (27c) で，(25h) は 3.5.1 節で具体的に説明するが，通常はそれぞれ "strong local"（厳密に局所的），"bottom up"（下から上へ）が選ばれる．

　上でも言及したが，この枠組みのユニークさは，フットの種類が極度に制限されているところにあり，しかもフットが非対称的（asymmetric）で，かつ分解不可能（unanalyzable）であると考えられている点が最も重要である．その目録は，(26) の 3 つに限られる．(26a, c) は重音節に 1 項フットが作られる（強勢が付与される）ので，これらは音節量に左右される性質，つまり重音節のアクセント牽引力の存在を示してる．注意すべきは，これはあくまで 1 項フットというだけであって，不完全フットではない．

(26) 　フットの種類（目録）
　　　a. Moraic Trochee　　　　　　b. Syllabic Trochee

　　　　 (*　.)　　　 (*)　　　　　　　 (*　.)
　　　　σ_μ σ_μ または $\sigma_{\mu\mu}$　　　　σ σ

　　　c. Iamb

　　　　 (.　*)　　　 (*)
　　　　σ_μ σ または $\sigma_{\mu\mu}$

「非対称的」というのは，同じ種類でかつ主要部位置の異なるものが存在

しないということである．たとえば，"Moraic Iamb"（モーラ弱強格），"Syllabic Iamb"（音節弱強格）はありえない．また，"Iamb"と対称的と考えられる"Unbalanced Trochee"（不均衡の強弱格）または"Quantitative Trochee"（音節量依存の強弱格）(Kenstowicz 1991; Mester 1994) もここには存在しない．このことはそのまま，フットが元素であり，分解不可能であることを示している．非対称的な形でフットが存在するということだからである．これら3つが，同一の音連鎖にいかに異なる形でアクセントを与えるかを，(27a) に示しておこう．また (27b, c) は，それぞれ (25d, g) のパラメータ値を例示するものである．

(27) 特に重要なパラメータ
    a. フットの種類

        Moraic Trochee   Syllabic Trochee

        (* .)(*   (*)   (* .)(*   .)
        $\sigma_\mu \; \sigma_\mu \; \sigma_{\mu\mu} \; \sigma_\mu \; \sigma_{\mu\mu}$ $\sigma \; \sigma \; \sigma \; \sigma \; \sigma$
        CVCVCVVCVCVV   CVCVCVVCVCVV

        Iamb

        (. *)(*) (.   *)
        $\sigma_\mu \; \sigma \; \sigma_{\mu\mu} \; \sigma_\mu \; \sigma$
        CVCVCVVCVCVV

    b. 不完全フット

        disallowed   allowed only in strong position

            *   *
        (* .)(* .)(*)   (* .)(* .)(*)
        $\sigma \; \sigma \; \sigma \; \sigma \; \sigma$ $\sigma \; \sigma \; \sigma \; \sigma \; \sigma$
        *CVCVCVCVCV   *CVCVCVCVCV

                  *   *
        (* .)(* .)(*)   (* .)(* .)(*)
        $\sigma \; \sigma \; \sigma \; \sigma \; \sigma$ $\sigma \; \sigma \; \sigma \; \sigma \; \sigma$
        *CVCVCVCVCV   CVCVCVCVCV

c. 局所性
   strong local   weak local

   (* .)(* .)(* .)(* .)   (* .)   (* .)   (* .)
   σ σ σ σ σ σ σ σ   σ σ σ σ σ σ σ σ
   CVCVCVCVCVCVCVCV   CVCVCVCVCVCVCVCV

（27）は，すべて左から右にフットを構築した場合を想定している．（27a）で注意したいのは，"Syllabic Trochee"（音節強弱格）を選ぶ言語は，音節の軽重にかかわらず基本的に不完全フットを持たない点である．その他のフットの場合（たとえば，上の"Moraic Trochee"）は，軽音節から成る不完全フットは構築されない．この違いは（26）からも明白であろう．そして，（27b）のように"disallowed"（まったく許されない）の値を選ぶ場合は，どんな環境であれ，最初から不完全フットは構築されない（H95, 87）．つまり，衝突回避による強勢削除とは別の原理で，不完全フットを排除できるのである．ただし，"allowed only in strong position"（主要強勢の位置においてのみ許される）を選ぶ言語は，主要アクセントを持つという条件で不完全フットが（軽音節でも）許される．この値を選ぶ場合は，いったん不完全フットを構築した後に，最終段階で（正確には，H95（87, 400）によると，語彙部門の最後に）削除される．最後の（27c）は，フットの構築が厳密な局所性を持つか（構成素境界が隣接するか），1音節おいた緩い局所性を持つかを選択するもので，2項フット言語だけでなく，従来3項フットで捉えられていたアクセント・パターンをも，（26）の目録だけで説明可能となった．

　ここで，次の言語がどのようなパラメータ値を持つか，考えてみよう．いずれも"Syllabic Trochee"で分析されると仮定しておく．

（28）　事実観察
　　　a. ワラオ語（Warao）アクセントの記述的一般化：　主要アクセントは後ろから2番目の音節（母音）に，副次アクセントは後ろから数えて偶数音節ごとにくる．
　　　b. 具体例
　　　yiwàranáe（'he finished it'）

nàhoròahàkutái ('the one who ate')
enàhoròahàkutái ('the one who caused him to eat')
yàpurùkitànehάse ('verily to climb')

c. ガラワ語（Garawa）アクセントの記述的一般化： 主要アクセントは語頭音節（母音）に，副次アクセントは後ろから数えて偶数音節ごとにくる（ただし，前から2番目の音節にはこない）．

d. 具体例
yámi ('eye')　　púnjara ('white')　　wátjimpàŋu ('armpit')
náriŋinmùkunjìnamìra ('at your own many')

ワラオ語は比較的わかりやすいが，ガラオ語はやや難しいかもしれない．後者は，前からと後ろからの2回に分けてフットを構築するところがポイントである．下の派生例を見る前に，もう一度考えられたい．

(29) 韻律構造に関わるパラメータ値
  a. ワラオ語
     • フット構築： Syllabic Trochee, right-to-left, iterative, strong local
     • 不完全フット： disallowed
     • 終端規則： right
     • 構築順序： bottom up
  b. 派生例

```
                                    (              * )
    (* .)(* .)(* .)(* .)     (* .)(* .)(* .)(* .)
    σ σσ σσ σσ σσ           σ σσ σσ σσ σσ
    e naho ro a haku ta i  →  e naho ro a haku ta i
```

  c. ガラワ語
     • フット構築1： Syllabic Trochee, left-to-right, non-iterative, strong local
     • フット構築2： Syllabic Trochee, right-to-left, iterative, strong local

第 2 章　派生理論の歴史と限界　101

- 不完全フット：　disallowed
- 終端規則：　left
- 構築順序：　bottom up

d.　派生例

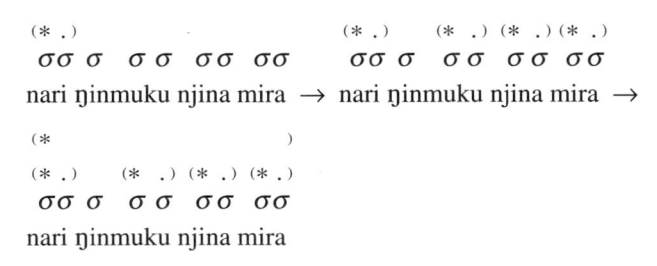

$$(*\,.)$$
$$\sigma\sigma\ \sigma\quad \sigma\sigma\quad \sigma\sigma\quad \sigma\sigma$$
nari ŋinmuku njina mira　→

$$(*\,.)\quad (*\,.)(*\,.)(*\,.)$$
$$\sigma\sigma\ \sigma\quad \sigma\sigma\quad \sigma\sigma\quad \sigma\sigma$$
nari ŋinmuku njina mira　→

$$(*\qquad\qquad\qquad\qquad\ )$$
$$(*\,.)\quad (*\,.)(*\,.)(*\,.)$$
$$\sigma\sigma\ \sigma\quad \sigma\sigma\quad \sigma\sigma\quad \sigma\sigma$$
nari ŋinmuku njina mira

ここでは，不完全フットの禁止とフット構築の両方向性をうまく利用した分析を紹介したが，実は，これとは異なる分析も可能である．詳細は 3.5.1 節で考察する．ちなみに，先ほど見た英語のラテン語系強勢規則は，ワラオ語のパラメータ値と似ていて，語末音節に韻律外性がある点とフットの種類が "Moraic Trochee" になる点が違うだけである．

(30)　英語の名詞・派生形容詞

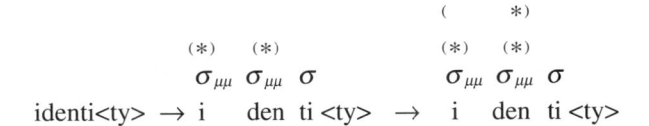

$$(\qquad *\ )$$
$$(*)\quad (*)\qquad\qquad (*)\quad (*)$$
$$\sigma_{\mu\mu}\ \sigma_{\mu\mu}\ \sigma\qquad \sigma_{\mu\mu}\ \sigma_{\mu\mu}\ \sigma$$
identi\<ty\>　→　i　den　ti \<ty\>　→　i　den　ti \<ty\>

この場合，後ろから 2 番目の音節 -ti- は，軽音節の不完全フットになるため，構築されないことがわかるだろう．なお (26) で見たとおり，"Moraic Trochee" にとっての重音節の 1 項フットは，不完全フットではない点に留意されたい．*unánimous*, *compláisant* の派生は容易なので，省略する．

最後に，H95 が提唱する理論の特筆すべき興味深い事実として，フットの存在について，心理学や他の分節音現象や形態論とのインターフェイスを追求した点も見逃せない．つまり，「非対称性」は心理学や他の分節音

現象から証拠づけられ,「分解不可能性」は形態論にその動機を求めることができる.

　まず第一に,前者のインターフェイスについては,すでに 1.2.3 節の (16a, d) で紹介した知覚実験に基づいている.「同じ長さの連続は強弱でグルーピングし,長さが交替する連続は弱強でグルーピングする」というこの心理法則は,「弱強／強弱の法則」と呼ばれており,H95 が主張するフット目録はこの法則に従っている.なぜなら,2 つの強弱格は μ と σ という等しい韻律範疇をそれぞれ 2 つずつグルーピングするからこそ,"Moraic Trochee", "Syllabic Trochee" たりうるのであり,弱強格は σ_μ と σ という長さの異なる韻律範疇をグルーピングすることから "Iamb" に成りうるからである.つまり,このフット目録の非対称性は,弱強／強弱の法則からくるものだと言える.さらには,実際のフット構築の際にこの法則に従わない場合があったとしても,1.2.3 節の (18) で述べたように,強弱格短音化や弱強格長音化によって強化 (enhancement) される事実は,このフット目録が分節音現象を支配する統合原理として働いていることを示している.短音化と長音化の非対称性も,フット目録,ひいては弱強／強弱の法則に由来しているのである.

　もう 1 つのインターフェイスは,このフット目録が形態論にもその根拠を持つ事実である.たとえば,日本語の短縮語形成の過程では,フットが鋳型 (template) として働くことが,Poser (1990) 以来よく知られている.パラメータ値は,"Moraic Trochee, left-to-right, non-iterative" になるだろう.プロセスとしては,フットが 1 つ語頭に作られ,それを鋳型として分節音がはめ込まれた後に,呼称接尾辞の「ちゃん」が付加される.このフットにより,アクセントもうまく捉えられることがわかる.

(31)　日本語呼称名詞の短縮過程
　　a.　noriko (典子)

$$\begin{array}{ccc} (*\ \ .) & (*\ \ .) & (*) \\ \sigma_\mu\ \sigma_\mu & \sigma_\mu\ \sigma_\mu & \sigma_{\mu\mu} \\ \text{no ri -tyan} & \text{ri ko -tyan} & \text{non -tyan} \end{array}$$

b. sin-iti (伸一)

(*)   (*)
σ_μμ   σ_μμ
sin -tyan   sii -tyan

c. takuya (拓哉)

(* .)   (*)   (*)
σ_μ σ_μ   σ_μμ   σ_μμ
ta ku -tyan   taa -tyan   tat -tyan

ここで，"Moraic Trochee" はモーラが2つありさえすればよいので，1項・2項の別は重要ではない．また，鋳型であるから，それにはめ込むように合わせればよいのであって，前から順に完全に対応させていく必要はない．撥音化・長音化・促音化が起こってもよい．鋳型としての役割を持つからこそ，H95の枠組みではフットが分解不可能であり，かつ定型的な完全フットに限られる(大きさが制限されない不定型なフットは認められていない)のもうなずける点である．

以上のように，H95 はこの魅力的な枠組みで 150 以上の言語のアクセント分布を説明しているが，実は問題がないわけではない．たとえば，前述のマラヌンク語やウェリ語のアクセントは，パターンとして単純でありながらも，この枠組みでは説明が難しい．軽音節の上に不完全フットが構築できないので(その上に主要アクセントもないので)，奇数音節語の場合には，語末(マラヌンク語)と語頭(ウェリ語)の副次アクセントが予測できないからである (cf. (19))．H95 (99–101, 265–266) では，それぞれの言語の副次アクセント説明のための対応措置が講じられているが，前者ではやや説明が苦しく，後者では複雑である．そのほか，この枠組みに関する概念的な問題については，特に 2.5, 3.5.1, 3.5.2 節を，H95 に対する全体的な論評や詳しい事例研究については Tanaka (1997) を，また専門誌で取り上げられた批評については，Kager (1995a) や Hammond (1996) を参考にされたい．

2.5 派生理論が残した諸問題

　このような隆盛をきわめた韻律強勢理論も，1980年代後半から90年代にかけて，さまざまな問題をはらむことがわかってきた．それらが明確にされることが，次のOTによるパラダイムシフトを達成する起爆剤となったわけだが，具体的に述べる前に，まずその問題の一般的特徴を紹介しよう．田中（2005）でも述べたが，韻律強勢理論を含む派生理論の構造的な問題は，たいたい次の4つ点に集約されるだろう．

(32)　派生理論の構造的な問題
　　　a. 規則適用に課せられる条件や原理は違反不可能であり，パラメータ値もいったん指定すると変えられない「融通のなさ」．
　　　b. 条件や原理の要請からいったんは構造を作りながら，後から修復措置・例外措置によって壊すという「無駄な労力」．
　　　c. 原理・パラメータ・個別規則という道具立ての豊かさや過剰な表現力が仇となった「相互矛盾」．
　　　d. 相互矛盾を回避するための「条件に対する条件づけ」．

(32a, b) と (32c, d) は互いに関連しており，(32a) や (32c) のような問題が連鎖的に，それぞれ (32b) や (32d) の問題を引き起こすという構図となっている．(32a) と (32c) も，表裏一体の問題と言えるかもしれない．つまり，「融通のなさ」から「無駄な労力」や「相互矛盾」を引き起こし，後者に対しては「条件に対する条件づけ」を行なわざるをえなかったという構図がここにある．

　(32a, b) については，徹底性条件によって，音連鎖にあますところなく韻律構造を付与しなければならない一方で，それがかえって，強勢衝突回避の条件や不完全フット禁止条件の違反を招くので，グリッドや構成素境界の削除などによって，すでに作った韻律構造を後からわざわざ壊さねばならない．たとえば，ホーピ語（Hopi）の例を見てみよう．

(33)　ホーピ語のアクセント
　　　a. 記述的一般化：　アクセントは，第1音節が重音節ならそこ

第 2 章 派生理論の歴史と限界　105

　　　　に，第 1 音節が軽音節なら第 2 音節にくる．ただし，2 音節
　　　　から成る語の場合には，アクセントは音節の重さに関係な
　　　　く，常に第 1 音節にくる．
　　b. 具体例
　　　　ʔácvewa ('chair')　　táavo ('cottontail')　　qotósompi
　　　　('headband')　　kóho ('wood')

これを Halle and Vergnaud (1987) の枠組みで説明しようとすると，次
のようになるであろう．

(34)　個別規則とパラメータ値
　　　a. アクセントを担う要素：［syllables］
　　　b. 韻律外性：［final syllable］
　　　c. アクセント牽引性：［heavy syllables］
　　　d. line 0：［+ BND, + HT, right-headed, left-to-right］
　　　e. line 1：［− BND, + HT, left-headed］
　　　f. 強勢削除規則

(35)　派生例
　　　a.　　* . .　　　b.　　. * .　　　　c.　　* .
　　　　　(* *) .　　　　　　.(* *) .　　　　　(*) .
　　　　　(*)(*) .　　　　　 (* *)(*) .　　　　　(*) .
　　　　　ʔacve<wa>　　　　　qotosom<pi>　　　　　ko<ho>

まず，徹底性条件は違反不可能なので，フットをあますところなく構築し
なければならない．しかし，強勢衝突回避の条件（または不完全フット禁
止条件）も違反不可能なので，(35a, b) の実際には存在しない副次アクセ
ントの部分を強勢削除 ((34f)) によって修復するという，「無駄な労力」
（ステップ）が必要である．もし不完全フット禁止条件（または強勢衝突回
避の条件）を最初から優先して不完全フットを構築しなければ，修復措置
も必要なく，「無駄な労力」は省かれる．しかし，その場合は徹底性条
件の違反を招いてしまう．その「融通のなさ」が問題である．一方で，
2.4.1 節で見たようなマラヌンク語やウェリ語では徹底性条件が常に守ら
れ，むしろ不完全フット禁止条件の違反を招くので（強勢衝突回避の条件

には違反しないが），ホーピ語のケースとの間で「相互矛盾」をきたす．言語間でどの条件を優先するかが異なっており，条件が普遍的ではないという問題である（⇒ 3.5.2節）．同様に，Hayes (1995) の枠組みでは (36) のような分析になろう．

(36) 個別規則とパラメータ値
  a. 韻律外性： final syllable
  b. フットの種類と方向性： Iamb, left-to-right
  c. 不完全フット： allowed only in strong position
  d. 終端規則： left

(37) 派生例
  a. (*)   b. (*)   c. ???
   (*)   (. *) (*)
   $\sigma_{\mu\mu}$ σ_μ σ_μ σ_μ $\sigma_{\mu\mu}$ σ_μ
   ʔac ve <wa> qo to som <pi> ko <ho>

ここで思い出したいのは，(26c) で示されたように，"Iamb" は軽音節（1モーラ）のみから成る不完全フットを作れないという点である．これにより，(37a) の第2音節はフットが作られず，副次アクセントを持たない事実を明解に説明できる．この枠組みは徹底性条件を持たないので，「無駄な労力」が省かれるというわけである．一方，重音節に付与されるフットは1項フットではあるものの不完全フットではないので，(37a) には主要アクセントが正しく捉えられるものの，(37b) には誤って副次アクセントを付与してしまうことになる．したがって，いったんはフットを作って強勢削除により壊すという「無駄な労力」を含むことになる．最も不可解なのが (37c) で，韻律外の音節を除くと軽音節1つしかないので，上で述べた条件によりフットを持てず，アクセントのない語であると誤った予測をしてしまう．ただ，(36c) の緩い不完全フット禁止条件により，いったんは不完全フットを作って主要アクセントをここに与えることで正しく説明できるように見えるが，だとすると (37a) でうまく説明された例ですら，いったんは不完全フットを作ってからこの条件により排除することになり，結局は「無駄な労力」は免れない（⇒ 3.5.2節）．

(37c) のような問題は，有名な「強勢不能語症候群」(unstressable word syndrome) と呼ばれるものの典型である．これは，あちら立てればこちら立たずという，強勢不能のジレンマを言うものであり，ここでは単一の軽音節はフットを持てないという条件と，語は強勢を持たなければならないという頂点表示 (culminativity) に関する条件が，完全に「相互矛盾」をきたしていることになる (⇒ 3.5.2 節)．もちろん，いずれの条件も絶対遵守という「融通のなさ」にその原因がある．

しかし，3.2.3 節で述べるように，OT では 2 つ以上の原理（制約）が「相互矛盾」することを，むしろ逆手にとって理論を構築しているので，このような問題は起こらない．「相互矛盾」すれば，いずれかの制約を犠牲にせざるをないが，OT では制約が違反することを許容するシステムになっているからである．派生理論では，違反することは許されない，つまり両方満たさなければならないところから，わざわざ「修復措置・例外措置」を施すことが必要になってくるのである．OT では派生は存在しないので，「修復措置・例外措置」は存在しない．なお，ホーピ語アクセントの OT 分析については 3.5 節を参照されたい．

次に，(32c, d) に目を移すと，もともと条件とは規則適用に課せられるものであるはずなのに，条件そのものにまた条件をつけるような，いわば「条件に対する条件づけ」とも呼べるただし書きを付した原理が多い．たとえば，Itô (1986) は，韻律構造一般に次の原理が成り立つとしているが，韻律外性が適用されうる場合はそのかぎりではないとして，特別な条項をつけている (Itô 1986, 2)．

(38) 韻律認可条件： All phonological units must be prosodically licensed, i.e., belong to higher prosodic structure (modulo extraprosodicity). (すべての音韻単位は，韻律認可（つまり，上位の韻律構造に支配）されなければならない．ただし，韻律外である場合を除く．)

つまり，韻律外性が適用される場合は，この一般条件の遵守よりもその適用のほうが優先されるということであり，この場合にかぎり違反してもよ

いことになる．そのほかにも，Halle and Vergnaud（1987）や Hayes（1995）では，以下のような条件の条件づけが見られる．つまり，規則適用や構造表示に課せられる違反できない条件でありながら，下線部の条件に左右されつつ，時としてもともとの条件を破ってもよいことになる．

(39)　条件の条件づけ（Halle and Vergnaud 1987, 15, 50）
  a.　最大性条件（付帯条件）：　Each constituent constructed by a rule of boundary construction must incorporate the maximal string, <u>provided that other requirements on constituent structure are satisfied</u> (cf. (16a)).（構成素境界の構築規則（14d）によって区切られた各構成素は，<u>その構造に関する他の条件が満たされるかぎりにおいて</u>，その中に音連鎖を最大限に組み込まなければならない．）
  b.　徹底性条件（復元性）：　The rules of constituent boundary construction apply exhaustively, <u>subject to the Recoverability Condition</u> (cf. (16b)).（構成素境界の構築規則（14d）は，<u>復元性条件（cf. (17)）に従うかぎりにおいて</u>，音連鎖にあますところなく繰り返し適用しなければならない．）
  c.　韻律外性条件（周辺性・非全体性）：　An element marked extrametrical is invisible to the rules constructing metrical constituents <u>only if</u> at the point in the derivation at which these rules apply <u>(a) the element begins or ends the phonological string and (b) does not constitute the entire string</u>.（韻律外に標示された要素は，韻律構造の構築規則（(14b) 以外の (14) の規則群）に対して不可視（invisible; 適用外）となる．<u>ただし，そうした規則が適用する派生段階において，(a) その要素が音連鎖の初頭または末尾の位置にあり，かつ (b) その要素が音連鎖全体を構成することがない場合にかぎられる</u>．）

(40)　条件の条件づけ（Hayes 1995, 57, 58, 107, 87）
  a.　韻律外性条件 1（対象要素）：　<u>Only constituents</u> (segment, syllable, foot, phonological word, affix) may be marked as

extrametrical.（ある要素を韻律外に標示してよいのは，それが構成素（分節音，音節，フット，韻律語，接辞）である場合にかぎられる．）
- b. 韻律外性条件 2（周辺性）： A constituent may be extrametrical only if it is at a designated edge (left / right) of its domain.（ある構成素を韻律外に標示してよいのは，それが領域内の指定された終端位置（初頭 / 末尾）にある場合にかぎられる．）
- c. 韻律外性条件 3（非全体性）： An extrametricality rule is blocked if it would render the entire domain of the stress rules extrametrical.（強勢規則（韻律構造の構築規則）の適用領域全体を韻律外にしてしまうような場合には，韻律外性が阻止される．つまり，強勢規則の適用領域全体を韻律外にしない場合にかぎられる．）
- d. 韻律外性条件 4（単一性）： Extrametricality does not chain; i.e., a constituent followed by an extrametrical constituent is not counted as peripheral.（韻律外性は，連鎖しない場合にかぎられる．つまり，韻律外に標示された構成素が直後にくるような構成素が，終端（周辺）位置にあると見なされることはない．）
- e. 不完全フット禁止条件： Foot parsing may form degenerate feet under the following conditions: (a) strong prohibition: absolutely disallowed, or (b) weak prohibition: allowed only in strong position, i.e., when dominated by another grid mark.（フット解析による不完全フット形成は，次の条件下におかれるものとする．つまり，(a) 厳密な禁止条件：絶対的に許されない．または，(b) 緩やかな禁止条件：主要強勢の位置にある場合，つまり別のグリッド標示に支配される場合にかぎり，許される．）

これらはすべて 2 つの条件が拮抗しており，優先されるべき条件をただし書きとして付加しているにすぎない．それ自体が悪いとは言わないまで

も，派生理論では一般条件は違反してはならないところに，構造的な問題があったと言わざるをえない．事実は，ひとことで言ってしまえば，韻律強勢理論の一般条件は違反だらけだったと言ってもよいような状況であった．

　以上では，派生理論のおおまかな構造的問題を指摘したが，実は問題はまだまだ山積している．ここで紹介してもよいのだが，それが次世代の音韻理論でいかにして克服されたかを明確に見るために，次章にゆずることにしよう．3.5–3.7 節では，アクセント・リズムに関するさまざまな領域での個別的な派生理論の問題を 1 つ 1 つ紹介しながら，それと対比して，OT でそれらの問題がいかにうまく解決されてきたかを例証する．

2.6　まとめ：　アクセント・リズムの理論が目指すもの

　第 2 章を終えるにあたって，派生理論全体の流れをいま一度俯瞰しつつ，その中でこれまで扱ってきた韻律強勢理論が何を目指して発展してきたのかを整理し，再確認しておく．これまでの成果が OT に至って，どのように受け継がれていくのかを第 3 章で理解するための，橋渡しとするためである．

　派生理論の主な歴史を，重要な研究を中心にごく簡単にまとめると，112–113 ページに示した図のようになるであろう．ここではアクセント・リズムに関する研究(右側の流れ)だけでなく，分節音現象を説明するための音節や素性構造に関する研究(左側の流れ)も含めて，全体的な関係を示した．ただし，非線状的な音韻表示の開発に力を注いだ，MIT での研究を中心としたまとめ方となっている．したがって，機能的観点から音韻表示の抽象性をそもそも問題視した，David Stampe, Theo Vennemann, Joan Bybee Hooper らの自然音韻論 (Natural Phonology) や，マクロな視点でレキシコンの構造全体を明らかにしようとした，Paul Kiparsky, Karuvannur Puthanveettil Mohanan らの語彙音韻論は，重要な研究ではあるものの，ここでは省いてある．いわば，非線状音韻論らしい派生理論を中心にまとめている．

　このような流れの中で，アクセント・リズムの理論は何を目指して論争

し，発展してきたのか．

　まずはあたりまえのことだが，理論が目指すのは，諸言語のアクセントの位置の予測である．われわれは母語のアクセントを，教えられることもなく粗悪な少数のデータから獲得し，大人になっても何百何千の語彙のアクセントを無意識に使い分け，新種のアクセントも年を追って現出させている．この豊かで複雑な位置計算のシステムを，個別言語内の単純で最少限の指定値（後に示すように，パラメータ値もしくは制約ランキング）により説明可能にするところが，韻律強勢理論の醍醐味と言える．しかし，それだけでは単なる計算理論にすぎず，それが正しいとの証左は得られない．位置計算の理論を深化させるためには，得られたアクセントの位置計算の仕組みが，言語類型の中でどのように位置づけられるかを明らかにしつつ，また，当該言語の獲得過程・通時（歴史）変化・分節音現象とどのような関連があるかを解明するところまで踏み込まねばならない．

　まず類型に関しては，ある言語の指定値を1つ変えるだけでまったく違った言語の体系になってしまうのであるから，指定値と体系がどのような関係にあり，理論的に可能な体系と不可能な体系に分けたうえで，可能な体系の中で実際の言語がどのように対応しているかを探るのが，非常に重要なテーマとなる．さらに，ある言語の指定値が，個のレベルでどのように獲得され，種のレベルでどのように変化していくかを解明するのも，重要かつ興味深いテーマである．単純な指定値から複雑なシステムがどのように獲得されるのか，そして複雑なシステムから複雑なシステムへの変化が，どのように単純な指定値変更で導かれるのかは，最先端の研究に含まれる．もちろん，アクセントの生成メカニズムと幾多の分節音現象との相互作用も，無視できない．なぜなら，第1章でも見たように，分節音現象は往々にしてアクセントに依存しており，その場合，アクセントは単にその位置のみが問題となるだけでなく，それが音韻体系の組成原理として働いているからである．

　以上をまとめると(41)のようになるであろう（田中（2005）より抜粋）．

表示開発に貢献した

1960年代（構造主義からの脱皮）

　　　　　　　　生成音韻論の誕生
　　　　　　Chomsky and Halle (1968) = SPE
　　　　　　　☆ 生成音韻論の誕生
　　　　　　　☆ 個別言語の文法＝規則の集合体
　　　　　　　☆ 素性体系の整備

1970年代（規則の時代：SPEへの批判と非線状音韻論への移行）

　　分節音韻論への専門化　　　　　非線状音韻論への専門化
　　Kahn (1976)　　　　　　　　　Goldsmith (1976); Haraguchi (1977)
　　　☆ [± syllabic] の不備指摘　　☆ 音調表示の必要性
　　　☆ 音節表示の見直し　　　　　☆ 自律分節理論の確立
　　　☆ 分節音規則の整備
　　　　　　　　　　　　　　　　　Liberman (1975);
　　　　　　　　　　　　　　　　　Liberman and Prince (1977)
　　　　　　　　　　　　　　　　　　☆ [± stress] の不備指摘
　　　　　　　　　　　　　　　　　　☆ 韻律表示の必要性
　　　　　　　　　　　　　　　　　　☆ 韻律強勢理論の確立

　　　　　　　　　　　　　　　　　韻律表示論争へ
　　　　　　　　　　　　　　　　　Kiparsky (1979)
　　　　　　　　　　　　　　　　　　☆ 樹形図のみ

派生理論から OT までの系譜

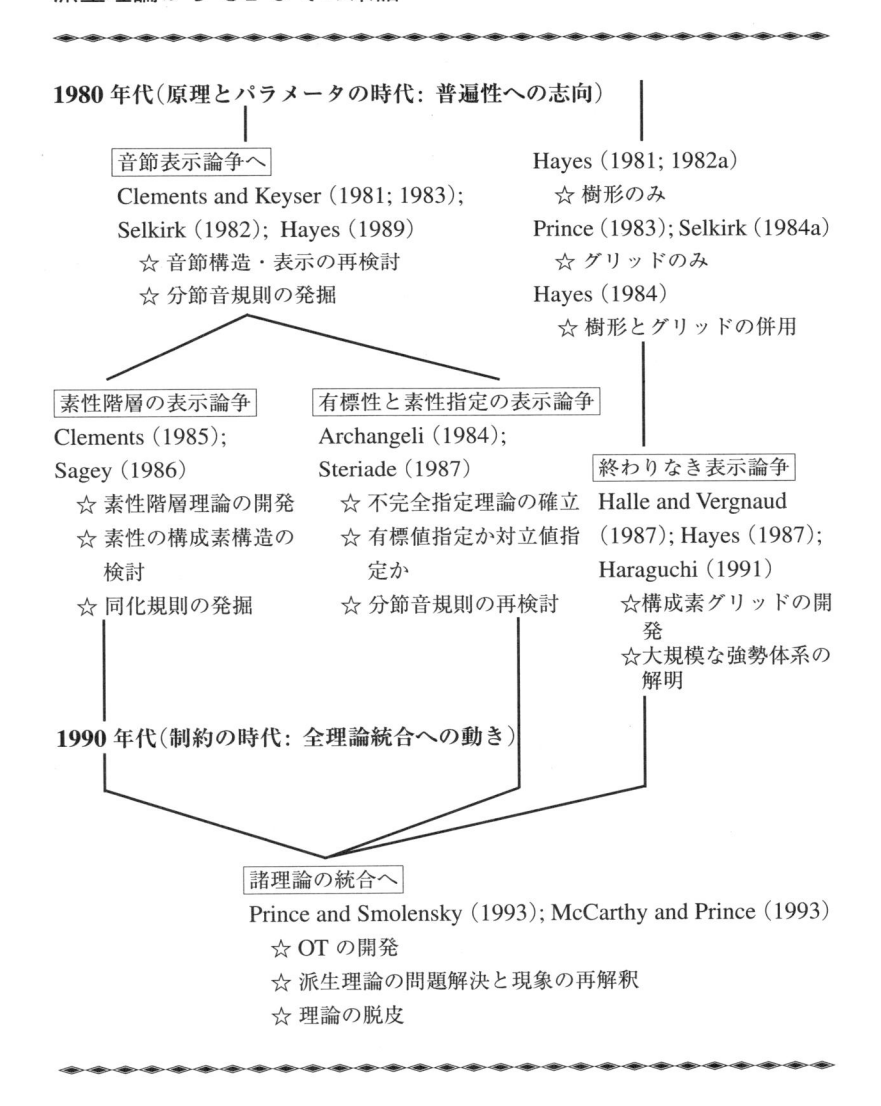

1980年代(原理とパラメータの時代：普遍性への志向)

音節表示論争へ
Clements and Keyser (1981; 1983);
Selkirk (1982); Hayes (1989)
　☆ 音節構造・表示の再検討
　☆ 分節音規則の発掘

Hayes (1981; 1982a)
　☆ 樹形のみ
Prince (1983); Selkirk (1984a)
　☆ グリッドのみ
Hayes (1984)
　☆ 樹形とグリッドの併用

素性階層の表示論争
Clements (1985);
Sagey (1986)
　☆ 素性階層理論の開発
　☆ 素性の構成素構造の
　　 検討
　☆ 同化規則の発掘

有標性と素性指定の表示論争
Archangeli (1984);
Steriade (1987)
　☆ 不完全指定理論の確立
　☆ 有標値指定か対立値指
　　 定か
　☆ 分節音規則の再検討

終わりなき表示論争
Halle and Vergnaud
(1987); Hayes (1987);
Haraguchi (1991)
　☆構成素グリッドの開
　　発
　☆大規模な強勢体系の
　　解明

1990年代(制約の時代：全理論統合への動き)

諸理論の統合へ
Prince and Smolensky (1993); McCarthy and Prince (1993)
　☆ OT の開発
　☆ 派生理論の問題解決と現象の再解釈
　☆ 理論の脱皮

(41) アクセント・リズムの理論の目指すもの
    a. 位置計算： 最少限の指定値から複雑で豊かな体系を導き出すには，どのような仕組みが必要かを明らかにする．
    b. 類型： 指定値との関連から，諸言語の体系同士がどのような関係にあるかを明らかにする．
    c. 獲得： どのような順序で指定値が獲得され，豊かな体系が得られるのかを明らかにする．
    d. 変化： どの指定値の変更が通時(歴史)変化を生んできたか，または現在生んでいるかを明らかにする．
    e. 相互作用： アクセントと他の分節音現象がどのように関連しているかを明らかにする．

いずれの目標も，複雑で多様なシステムを単純で普遍的なプリミティヴに還元する精神に根づいており，そのことが生成文法の一部門たる所以であることを示している．

このような目標とテーマは，枠組みが変わっても受け継がれていると言うよりは，むしろ理論はこの目標達成に最適に進化してきたし，今もなお進化していると言ったほうが正確であろう．このような目標を当時すでに掲げた韻律強勢理論の今日的意義は，はかりしれず大きいと言わねばなるまい．

次章においては，OTによるアクセント・リズムの取り扱いを概観しつつ，韻律強勢理論からの枠組みの転換により，このような目標がどのように受け継がれ，問題がどのように克服されたかを一望することで，この分野の動向と醍醐味をつかんでいただきたい．

第3章　最適性理論の展開

3.1　段階の廃止と自由化と評価

　閑話休題で，ここで少し1990年代に起きた日本の大学教育における変化について考えてみよう．1991年に文部省(現・文部科学省)が大学設置基準を大綱化(規制緩和)して以来，大学教育の組織やシステムが大きく変わったことは記憶に新しい．それまでは4年間の学習が教養課程と専門課程の2年ずつに分けられ，すべての大学の学生は，前者にて一般教育科目(人文，社会，自然)・外国語科目・保健体育科目を，後者にて専門科目を一定数以上受講し，ここを通過していった．つまり，大学生がどの段階で何をすべきかが細かく規定されていたのである．しかし，政府の厳しい管理・統制が緩和されてからは，実質的には卒業要件としての総単位数が定められただけで，教育課程の編成については大学の自由裁量が認められるようになった．その結果，多くの大学で教養課程を受け持っていた教養部が解体されたのは，ご存知のとおりである．

　この自由化がもたらした改革のポイントは，次の3つの点に集約される．1つには，教養部の解体により教育課程が2段階から1段階への編成へと単純化されたことである．筆者がかつて所属していた名古屋大学では，この1段階編成のことを「4年一貫教育」と呼んでいた．もう1つは，解体の結果，それまで段階的に行なわれていた教養教育と専門教育が同時に行なわれるなど，教育課程が並列化されるようになったことである．そして最後の1つは，卒業してゆく学生の質を維持・向上するために，教育に対する自己点検や外部評価が義務づけられ，評価体系が厳密化したこと

である．つまり，途中段階での規定を自由にすればするほど，教育課程が単純化・並列化し，教育システムに対しても卒業してゆく学生に対しても，最終段階での評価が大きな役割を果たすのである．

　ここまで書くと，音韻論とは何の関係があるのかと思われるかもしれないが，このような例を出したのは，実は音韻論でも似たようなことが起きたからである．偶然にも 1991 年は，音韻論におけるパラダイム転換の年であるばかりか，その際に日本の教育システムと酷似した変貌を遂げたのである．つまりこの年は，Prince and Smolensky（1993）以前に Alan S. Prince が各地で講義を開始した最適性理論（Optimality Theory: OT）誕生の年とされており，そこでは（1a）のような言語形式の段階的な派生（serial derivation）を廃して，それらの最終的な出力評価による（1b）のような文法観が提案されたのであった．（1a）は派生理論の文法モデルであり，基底形が何段階にも分かれた規則の適用を経て表層形に至ることを示している．（1b）は，入力形から出力形までには 1 段階のステップしかなく，その過程で入力形にどのような変更を加えても自由である（無限の出力候補がありうる）が，制約ランキングによる厳しい最終評価によって，正しい出力形が 1 つだけ選ばれることを示している．入力と出力の対応づけ，および制約のランキングによる評価は，並行的に行なわれるものとされている．

　（1）　文法モデルの変貌
　　　　a.　1 対 1 対応の規則による正しい表層形の段階的派生

　　　　　　　　　　規則 1　　　　　規則 2　　　　　規則 3
　　　　　 基底形 　→　中間段階 1　→　中間段階 2　→　...
　　　　　　　　　　規則 n-1　　　　 規則 n
　　　　　　　　　→　中間段階 n-1　→　 表層形

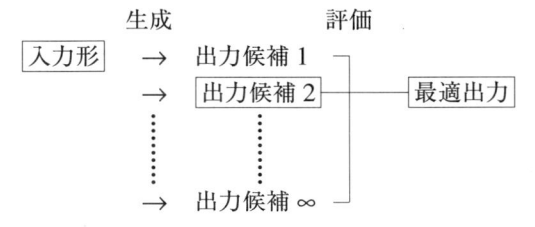

b. 1対「多」対応の生成と制約による最適出力の評価

```
        生成            評価
┌────┐  → 出力候補1    ┐
│入力形│  → ┌出力候補2┐ ├─ ┌────┐
└────┘     └──────┘ │   │最適出力│
         ⋮              │   └────┘
        → 出力候補∞   ┘
```

たとえるなら，入学から卒業までに，1人の学生(入力形)が学業にいそしもうがアルバイトやサークルに精を出そうが，何をやっても自由で，その可能性は無限にあり，また大学も，どのような方針(制約)を重視して教育しようがかまわないが，最終的には評価に堪えうる中身(出力形)を備えた場合のみ卒業できる，というものである．しかし，上で日本の大学教育システムの例を出したのは，喩え話でわかりやすくするためだけでなく，何ごとも途中段階の規制を自由にすれば，自然の成り行きとして段階の廃止と並列性が帰結として生じ，最終段階での評価が鍵を握るようになることを示したかったからである．

3.2 構造論から関係論へ：制約に基づいたモデル

派生理論においては，文法理論で問題となる原理には，言語形式に働く「制約」と，規則適用やパラメータ運用に課せられる「条件」の2種類があり，特に後者の開発に力が注がれたのは前章で述べたとおりである．しかし，OTには規則やパラメータが存在しないので，原理としては前者の制約しかない．また，派生理論は，韻律強勢理論・素性階層理論・不完全指定理論における表示論争からわかるように，アクセントや素性や有標性がいかなる構造的な仕組み(表示)から成るのかを扱う，「構造論」であった（⇒ 2.1節）．しかし，OTは，どのような要因(制約)がどのような支配関係にある場合に，どのような効果(言語現象)が導き出されるかに関する，「関係論」であると言える．構造から関係へと焦点を移すことで，理論の限界を乗り越えたことは間違いない．

結局，OTの文法観の特徴をひとことで言えば，次の3つに尽きる．す

なわち，1) 言語現象はいろいろな要因の兼ね合いで決まってくること，2) その要因の種類は通言語的に共通のものから構成されていること，3) ただし，どのような要因が前面に出てくるかは言語ごとに異なってくること，の3つである．そして，2) によって言語の共通性や普遍性を，3) によって言語の多様性を捉えることができるのである．以下の3.2.1-3.2.3節で，この3つの基本精神の言わんとするところを吟味していくことにしよう．

3.2.1 基本的枠組み

　この理論の文法観は，比喩を用いるとわかりやすいので，例として，ある女性が交際相手を選ぶ場合を考えてみよう．この場合，「選択の基準」，「基準の優先順位」，「相手の候補」が問題となり，基準も順位も候補も，それぞれが (2) のようなさまざまな可能性を持つと考えられる (>> は，左のものが優先順位が高いことを示す)．

　(2) 女性のパートナー選び
　　　a. 選択の基準
　　　　 Age, Looks, Blood Type, Character, Income, Career, Height, etc.
　　　b. 基準の優先順位
　　　　 Age >> Looks >> Blood Type >> Character >> ...
　　　　 Income >> Looks >> Career >> Height >> ...
　　　　 Character >> Age >> Income >> Looks >> ...
　　　　 Looks >> Career >> Income >> Height >> ...
　　　c. 相手の候補
　　　　 Shin-ichi, Takuya, Shosuke, Taro, Hanako, Pochi, etc.

その女性の相手としては，原理的にはそれこそ無限に存在するが，ここでは異性や人間のみを候補にするものと考えるので，Hanako（女性）やPochi（犬）は度外視し，男性のみを候補とすることにしよう．すると，与えられた選択の基準にどのような優先順位をつけるかによって，誰を選ぶかがおのずと変わってくることがわかる．具体的には，年齢・容姿・血液

型という3つの基準を取り上げると，優先順位の異なる基準を持つ3人の女性は，それぞれ (3)–(5) のように別々の男性候補を選ぶようになる．ここで，「//」は入力を，「*」は基準違反を，「!」は致命的な基準違反を，「☞」は最適な出力候補(勝者)を，それぞれ示すものとする．左の基準ほど優先され，その基準違反はもはや救い難いものとしてその候補を排除する力を持つので，その意味で「致命的」(fatal) な違反となるのである．なお，網がかけてある部分は，もはや最適な候補を選ぶには無関係な評価領域を表す．つまり，その部分は見ないでもすむというわけである．このように，序列化された優先基準といくつかの候補に分けて，基準違反を判定しながら最適候補を決める一覧のことを，出力評価表またはタブロー（tableau）と呼ぶ．

(3) Noriko さんの場合

/partner/	Age (30's)	Looks (cute)	Blood Type (B)
☞ Shin-ichi		*	
Takuya	*!		*
Shosuke	**!		

(4) Shizuka さんの場合

/partner/	Looks (cute)	Age (30's)	Blood Type (B)
Shin-ichi	*!		
☞ Takuya		*	*
Shosuke		**!	

(5) Tomoko さんの場合

/partner/	Looks (cute)	Blood Type (B)	Age (30's)
Shin-ichi	*!		
Takuya		*!	*
☞ Shosuke			**

Shin-ichi は年齢が 30 代で B 型血液を持つ男性であるが，容姿が良いという基準には違反するものとする．Takuya は容姿端麗だが，年齢が 20 代の O 型男性なので，それぞれ違反が 1 つになる．Shosuke は容姿・血液型の基準は満たしているが，年齢が 50 代（30 代からは離れすぎ）なので，二重の違反となる．すると，Noriko は Shin-ichi を，Shizuka は Takuya を，Tomoko は Shosuke を，それぞれ最適な男性として選ぶことになる．

OT では，今見た選択の基準は「制約」，基準の優先順位は「制約の序列；ランキング」，相手の候補は「言語形式の候補」などとして捉えられ，最適候補が「現実の言語形式」となるのである．特に重要なのは，特定の女性の存在がもろもろの基準の優先順位によって規定されるように，個別言語の文法が「序列化された制約の集合」と定義される点にある（より厳密には，入力となる語彙項目を蓄積したレキシコン (Lexicon) も含まれる）．また，普遍文法にはそのような有限個の制約の集合 (CON: Constraint) や，（入力から）言語形式の出力候補を無限に生成するシステム (GEN: Generator) や，候補の中からどれが最適かを制約のランキングを介して評価するシステム (EVAL: Evaluator) などが含まれている．つまり，制約の集合も，入力から出力への対応づけも，評価の仕方も，すべて普遍的に決まっており，言語共通のもの，生得的なものだということである．そして，個別言語の獲得過程で学ぶべきは，当該言語の制約の序列の仕方（と形成されるレキシコン）であり，さまざまな言語の多様性も人間の好みの違いと同様に，序列の仕方の違いに帰せられる．

1 つの言語の中にも，多様性の側面はある．上の評価表の最適候補はそれぞれ 1 つに限られていたが，人の心は弱くもあり強欲でもあり，また移ろいやすくもある．つまり，男性候補に対して「ゆれ」たり「二股」をかけたり，果ては「心変わり」することもあって，たとえば，(3)–(5) は 3 人の女性の話であったが，1 人の女性（たとえば Noriko）の場合でも，(3) と (4) の優先順位が変異したり，(3) と (4) の両方を共存させたり，(3) から (4) へと変化することもあるだろう．この場合，Age (30's) という基準（制約）の動きが重要な役割を果たすことに留意されたい．つまり，同じ Noriko の場合でも，他の制約のランキングはそのままで，Age (30's)

が随意的に1つ下がればShin-ichiとTakuyaでゆれることになり，下がる場合も下がらない場合も許容すれば二股になり，1つ下がるランキングに完全に変化すればTakuyaに心変わりすることになる．言語の場合も同様で，アクセントの観点から言えば，次のような「共時変異(ゆれ)」，「共存」，「通時(歴史)変化」のパターンが観察される．ここでは特に，外来語において，もともとアクセントを持つ場合と平板化してアクセントを喪失した場合との変異，共存，変化を取り上げている．

（6） 同一語のアクセント/無アクセントの交替
  a. 共時変異(ゆれ)（意味の対立なし）
   báiku / baiku（バイク）
   dórama / dorama（ドラマ）
   méekaa / meekaa（メーカー）
   sukúutaa / sukuutaa（スクーター）
   sutóokaa / sutookaa（ストーカー）
   manéezyaa / maneezyaa（マネージャー）
  b. 共存（意味の対立あり）
   pántu / pantu（パンツ（下着/半ズボン））
   páatii / paatii（パーティ（お祝い/合コン））
   kúrabu / kurabu（クラブ（学校の部活/ディスコ））
   puréeyaa / pureeyaa（プレーヤー（スポーツの選手/レコードの演奏器））
   sapóotaa / sapootaa（サポーター（関節につけるバンド/サッカーチームの支持者））
  c. 通時変化
   peezi（ページ） garasu（ガラス）
   baiorin（バイオリン） zyogingu（ジョギング）
   arukooru（アルコール） oopuningu（オープニング）

変異と共存の違いは，意味の対立を持つか否かによる．持つならば，別個の語彙項目として，いずれの形式も体系内に共存すると考えられる．つまり，共存は変異から変貌を遂げたものであり，ことの起こりは変異にあ

る．同様に，通時変化も共時変異に端を発し，ゆれている一方から他方のパターンに完全に時を経て移行してしまう現象を言う．その意味で，共存と通時変化という2つの現象の端緒となる「変異」はとても重要であり，これを捉えるための「制約の序列替え」(reranking) のメカニズムの詳細については，次のセクションで論ずる．(もっと正確には，3.6節の (62) で見るような後語彙的 (postlexical) なある音韻過程の随意性 (optionality) がことの始まりで，これが語彙的な変異となり，さらにそれが共存や変化へと移行してゆくものと思われる (3.6節の右移動のリズム規則を参照) が，ここでは変異を基点と考えることにする．)

　その前に1つだけ，制約の序列替えに関わる原理を紹介しておこう．まず，1つの制約の位置を替えることでまったく異なるケース (文法) ができ上がり，結果として異なる言語形式が最適候補となるというのが，制約の序列替えの基本的な仕組みである．そして，その力の大きさゆえに特に重要なのは，この序列替えが無制限に行なわれるのではなく，ある一定の秩序のもとに行なわれるという点である．その1つが，(7) のような「序列替えの最小性」(minimality of reranking) という原理である．

　　(7)　序列替えの最小性: 制約の序列替えは最小限 (minimal) に行なわれる (1つの制約序列において，互いに隣接する2つの制約のみが序列替え可能となり，その制約序列の変異が許容される).

簡単に言えば，同一の文法内において，ある制約は1段階の上昇ないしは下降のみ許される，というものである．(3) の Noriko の場合で言うと，彼女は Shin-ichi と Shosuke の間でゆれたり二股をかけたり，または変化したりすることはけっしてない．なぜなら，(3) と (5) の文法との間には，Age (30's) の2段階の下降が必要だからである．また，上の3人の女性の中で，最も浮気な女性は Shizuka であると言える．なぜなら，(4) の序列は，Age (30's) の1段階の序列替えによって (3) にも (5) にもなりうるので，上昇すれば Shin-ichi を，下降すれば Shosuke を選ぶ可能性が生ずるからである．

　このように，序列替えの最小性という性質はきわめて重要で，そのこと

が可能な変異や変化を捉え，逆に不可能なありえない変異や変化を排除していることがわかるであろう．序列替えはランダムに行なってよいものではなく，この原理に従わねばならないのである．さらに，個別言語の文法が「序列化された制約の集合」として定義されると述べたが，序列替えによってその個別文法の中の共時変異や通時変化だけでなく，方言や語彙層 (lexical stratum) に基づく下位文法 (subgrammar) の類型や，その文法が獲得される過程をも説明することができる．以下では，変異や変化だけでなく，類型や獲得も考慮に入れつつ序列替えのメカニズムを概観し，なぜ序列替えまたは再序列化が最小でなければならないのかを考えていこう．

3.2.2 制約の再序列化：類型と変化と獲得

いったん制約を序列化した個別文法の体系を，最小性という一定の原則に従って序列替えすることには，さまざまな機能がある．今まで示してきた共時変異(や，その結果としての通時変化)のほかに，その個別言語の文法の中に存在する，いくつかの方言や語彙層などの下位文法の類型を捉えられることも，重要な機能の1つである．逆に言えば，序列替えの最小性が成り立つかぎりにおいて，可能な下位文法や変異や変化は，体系ごとの近似を保持しており，1つの言語の範囲内にあるということである．もちろん，最小性の成り立たない序列替えでは，通言語的な類型を捉えることが可能である．一般に，類型の中には，個別言語内の類型と，言語間の類型，通言語的な類型の3つが含まれるが（⇒ 3.4.1節)，ここで問題としているのは最初のものであり，それが導き出される過程を図式化したのが (8) である．まず，普遍文法が序列化されていない3つの制約 A, B, C を持つと仮定しよう．その場合，可能な制約序列の組み合わせは，{ABC, ACB, BAC, BCA, CAB, CBA} の6通りとなる．

（8） 不完全序列を含む文法構成（Anttila 2002）

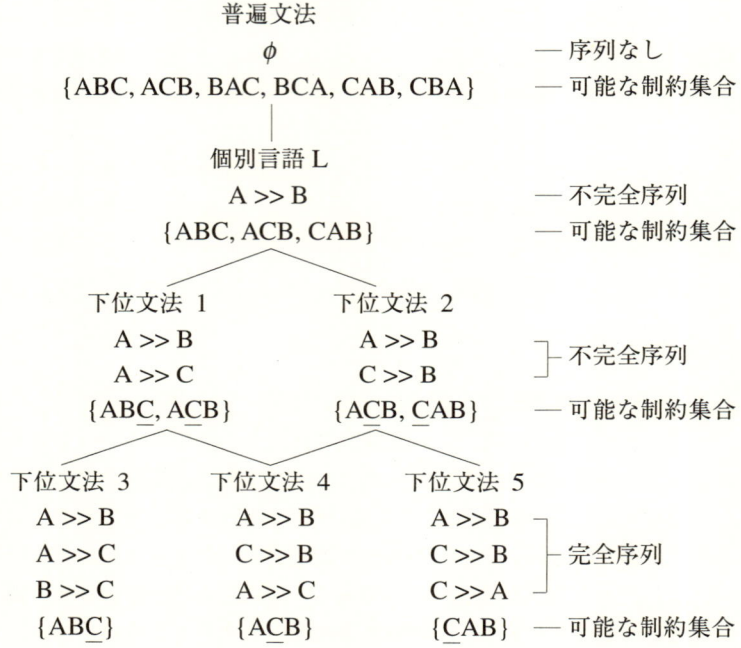

```
                         普遍文法
                           φ                    ── 序列なし
         {ABC, ACB, BAC, BCA, CAB, CBA}         ── 可能な制約集合
                           │
                         個別言語 L
                          A >> B                ── 不完全序列
                      {ABC, ACB, CAB}           ── 可能な制約集合
                     ┌──────┴──────┐
                 下位文法 1        下位文法 2
                  A >> B            A >> B
                  A >> C            C >> B       ┐── 不完全序列
                {ABC, ACB}        {ACB, CAB}     ┘── 可能な制約集合
               ┌────┴────┐      ┌────┴────┐
          下位文法 3    下位文法 4    下位文法 5
           A >> B        A >> B        A >> B
           A >> C        C >> B        C >> B    ┐── 完全序列
           B >> C        A >> C        C >> A    ┘
           {ABC}         {ACB}         {CAB}     ── 可能な制約集合
```

次に，ある個別言語 L に A >> B という序列のみがあり，A と C そして B と C の間は序列が決まっていないという不完全序列（partial order）の状態だとすれば，可能な組み合わせの集合は {ABC, ACB, CAB} の 3 通りにしぼられてゆく．さらには，C >> A の序列が決まると {CAB} の 1 通りしか残らないが，仮に A >> C または C >> B のような序列があるとすれば，それぞれ可能な制約の組み合わせは 2 通りとなり，{ABC, ACB} または {ACB, CAB} の組み合わせを持つ下位文法が，2 つできる．この段階でも，下位文法が持つ序列は不完全だが，最後に残された制約の序列が決まれば完全序列（total order）となり，可能な制約の組み合わせが 1 つしかない下位文法が，{ABC}，{ACB}，{CAB} の 3 つできる．

この場合，不完全序列を持つ個別言語 L または下位文法 1, 2 は，それ

ぞれ可能な制約の組み合わせが3つ，または2つできることになるので，共時変異を呈することになる．また，個別言語Lは完全序列を持つに至って下位文法が3つできるので，それだけの方言または語彙層を持つことになる．ここで注目したいのは，下線を引いた制約Cの位置である．下位文法1, 2の集合内においても，下位文法3, 4, 5の関係においても，Cを基点とする序列替えの最小性が保たれていることがわかる．つまり，共時変異や下位文法の関係は，不完全序列から完全序列に至る過程の論理的帰結として，原理的に最小の序列替えによって捉えられるということである．もちろん，個別言語Lの段階で完全序列を持てば，共時変異や下位文法の存在しない文法を持つことになるが，文法が不完全序列を持ちうるという仮説に立てば，このような文法内の豊かな機構を捉えることができるのである．

　もちろん，(8)のモデルは個別言語の中の類型だけでなく，言語間の類型にも当てはめることができる．つまり，世界のあらゆる言語は，ある言語からさまざまに派生したものであり，(8)の下位文法が独立した言語となっているだけのことである．その意味で，可能な制約序列の組み合わせから，可能な個別言語の文法を予測することができ，現実の言語の類型を打ち立てることができる．このことについては，3.3.3節や3.4.1節で詳しく論ずることにする．

　さて次に，通時変化と獲得の関係に目を向けよう．通時変化というのは，共時変異の次の段階の過程であり，通時変化の前に必ず共時変異の存在を含意する．(6)で言えば，アクセントと無アクセントのゆれを経て，無アクセントへと変化しているということである．しかし，その逆は成り立たない．つまり，通時変化の方向性は常に不可逆的であるいうことである．この不可逆性は，忠実性制約 (⇒ 3.3.1節) の下降 (demotion) という仮説から導かれる．上の例で言えば，共時変異は3通りにゆれる {ABC, ACB, CAB} や，2通りにゆれる {ABC, ACB}, {ACB, CAB} のような事例が観察されるが，これには，制約Cの上昇 (promotion) と下降の両方が含まれる．つまり，上昇は {ABC → ACB} と {ACB → CAB} であり，下降は {ACB → ABC} と {CAB → ACB} である．しかし，通時変

化は後者のようにしかならないということである．

　通時変化が制約の下降として特徴づけられるということは，獲得過程と密接な関係がある．一般に，初期状態の文法（initial state grammar）は，{M1, M2, M3, ... Mn-1, Mn} >> {F1, F2, F3, ... Fm-1, Fm} のように，すべての有標性制約 M（⇒ 3.3.2 節）がすべての忠実性制約 F の上に序列化されていると言われている（Demuth 1995; Gnanadesikan 1995; Pater and Paradis 1996; Tesar and Smolensky 2000; etc.）．それゆえに，新生児の発話は一様に，最も無標な性質を持ち，どの言語の話者であれ似通っているわけだが，獲得の過程で M が下降してゆく（その結果として，F が上昇してゆく）ことになる．このことを簡単に示したのが（9）である．実際には，M が別の M の下に下降する過程を含むが，ここでは M 同士の序列は所与のものとし，M と F の関係のみに注目する．

（9）　獲得過程と通時変化の関係
　　　a.　世代 1: 大人の文法
　　　　　M1 >> F >> M2 >> M3 >> M4　　　　　— 目標
　　　b.　世代 2: 子供の文法の発達
　　　　　（ⅰ）　M1 >> M2 >> M3 >> M4 >> F　　— 初期状態
　　　　　（ⅱ）　M1 >> M2 >> M3 >> F >> M4
　　　　　（ⅲ）　M1 >> M2 >> F >> M3 >> M4　　— 不完全
　　　　　（ⅳ）　M1 >> F >> M2 >> M3 >> M4　　— 完全

初期状態は（9b）の（ⅰ）だが，（9a）を目標に M が下降（F が上昇）してゆく．普通は（ⅱ），（ⅲ）を経て（ⅳ）に至るが，（ⅲ）の段階で（ⅳ）に行きかねて，迷ったまま中途半端に（ⅲ）で発達が止まってしまうことがある．つまり，（ⅲ）と（ⅳ）でゆれたまま（ⅲ）が定着してしまうという事態であるが，これが通時変化の正体であり，（ⅳ）から見て（ⅲ）は忠実性制約の下降が生じていることがよくわかる．そして，M1 が F の下に下降する事態，つまり通時変化から見た F の上昇は，目標が（9a）であるかぎり学習ストラテジーの関係上ありえないのである．

　さらに F の下降は，通時変化は無標な方向に進んでいくという，われ

われの直観も捉えてくれる．なぜなら，忠実性制約が下降すればそれだけ有標性制約が上昇し，無標性が発現するからである．

なお上の (8) で，制約 C が忠実性制約だとすれば，普遍文法(初期状態の文法)は A, B >> C で始まる(つまり，一番下にある)のだから，制約序列の集合は初めから {ABC, BAC} となっていて，忠実性制約は変異とは無関係なのではないかと思われるかもしれない．しかしながら，(8) と (9) で想定されている「初期状態」には意味の違いがあり，上のことは (8) にとって問題とはならない点に注意しなければならない．なぜなら，本当の意味での初期状態は，たしかに A, B >> C に間違いないが，実際の学習ストラテジーにおいては A や B が下降するなどして，初期状態の序列が入れ代わる可能性が開かれており，A, B, C の可能な組み合わせは 6 通りに変わりはないからである．そして，(8) はまさに，その学習ストラテジーにより序列が定着すれば，不完全序列や完全序列により可能性がしぼられてゆくことを示しているにすぎない．つまり，(8) で想定する初期状態は，あくまでそのような学習途上の可能性を考慮に入れつつ，序列が定まる以前の段階という意味での初期状態であって，A, B >> C が成り立つような (9) で示される最初期の段階とは異なるものと解釈しなければならない．

ちなみに，言語の「獲得」(acquisition)と「学習/習得」(learning)という用語には意味の違いがあり，前者は意識的な努力や時間的推移を伴わない「結果」を意味するのに対し，後者は意識的な努力や時間的推移を伴った「過程」を意味することが多い．それゆえ，「母語獲得」，「外国語学習/習得」などのコロケーションで用いられる．ただし，上のように母語獲得の過程を問題にしたり，コンピュータ上のシミュレーションで母語獲得のアルゴリズムを考える場合には，時間的な推移の中で個々の操作を捉えるので，獲得の話であっても，その過程を指して学習/習得という用語が使われる場合もある．

以上から，共時変異と下位文法を捉える類型や，共時変異と通時変化との関係，通時変化と獲得過程との関係などが明らかにされたことと思う．その議論の中で，1) 可能な変異や下位文法が，忠実性制約の最小序列替え

により捉えられること，2) 可能な通時変化は，忠実性制約の最小下降により捉えられること，3) いずれに場合も序列替えは「忠実性制約のみ」という原則が働いており，それは獲得過程のメカニズムに起因していること，などがわかった．

これまで述べてきた OT の文法観を (10) にまとめておく．

(10) OT の文法観
    a. 普遍文法
- 有限個の制約から成るシステム（C$_{ON}$）
- 入力から出力候補を無限に生成するシステム（G$_{EN}$）
- 序列化された制約により出力候補を評価し，最適な出力を決定するシステム（E$_{VAL}$）

    b. 個別文法
- 序列化された制約の集合
- レキシコン

    c. 文法の諸相
- 言語間の類型： 制約の組み合わせ
- 言語内的な類型（下位文法，共時変異，音韻過程の随意性）： F の最小序列替え
- 通時変化： F の最小下降
- 獲得： M の最小下降（F の最小上昇）
- 相互作用： 制約の支配関係

アクセントに関して補足すれば，さまざまな言語のアクセントの位置計算は，序列化された制約の具合によって決まってくると言える．そして，もしある言語のアクセントの分析が正しいものだとすれば，その序列化された制約の集合において，他言語との類型の関係や，下位文法，共時変異，随意性，通時変化，獲得なども，序列替えによって正しく捉えることができるはずである．逆に言えば，序列替えによりそうした諸相が説明できなければ，位置計算が正しく捉えられてもまったく不十分だということになる．このように，制約の序列替えがそのまま個別文法の分析の証拠や反証になる点が，OT の醍醐味であり，また分析者の留意せねばならない点で

あることを銘記しておきたい（⇒ 3.4.1 節）．

なお，(10c) のアクセントと分節音現象との相互作用についてはまだ論じていないが，これは関連する制約の支配関係によって決まる．詳しくは，3.5 節の冒頭を参照されたい．そのほか，(10c) に見られる諸相の具体例についても，言語間の類型は 3.3.3, 3.4.1 節で，英語のリズム規則の随意性は 3.6 節で，日本語のアクセントの下位文法，共時変異，通時変化は 3.7 節で，それぞれ詳述する．

3.2.3　派生理論を越えた 3 つの特徴

ここで，派生理論の問題を克服して OT が成功をおさめることにつながった文法の，主な特徴をあげておこう．それは次の 3 つに集約される．

(11)　派性理論の問題解決につながった OT の特徴
　　　a.　C$_{ON}$ の違反許容性
　　　　　制約の序列化にともなって制約違反が許容されるため，原理同士の矛盾や例外規定が解消されたこと．
　　　b.　G$_{EN}$ と E$_{VAL}$ の並列性
　　　　　入力から出力の生成と出力の評価が並列的に行なわれるため，無駄な段階的派生が解消されたこと．
　　　c.　G$_{EN}$ の包括性
　　　　　いかなる構造を持つ出力であっても，入力から包括的かつ無限に生成してよいため，表示論争が解消されたこと．

以下では，これら違反許容性（violability），並列性（parallelism），包括性（inclusiveness）を 3 つのキーワードとして，それぞれの意味するところを論じてみる．

違反許容性

多様性と普遍性の話が以前に出てきた（⇒ 2.4, 3.2.1 節）．派生理論では，前者は個別言語ごとのパラメータ値の設定や規則で，後者は普遍的な原理で，それぞれ説明しようとしたわけである．しかし，原理の存在が裏

づけられ，普遍性の実体が明らかにされる一方で，通言語的な一様性を普遍的な原理の観点から追い求めようとするあまり，研究が進めば進むほど，それに従わない言語も次々と発掘されるに至った．普遍原理とは侵すべからざるものであり，違反してはならないという信念が暗黙裏に存在したからである．その結果，2.5節で見たように，原理に例外規定を設けたり，原理同士が矛盾を起こしたりするか，あるいは原理に従わない言語現象は例外として放置されたり，分析を疎まれたりするしかなかったのである．このような原理の「相互矛盾」と「例外規定」は，その「融通のなさ」に起因すると考えられる．違反してはならないからである．つまり，「融通のなさ」→「相互矛盾」→「例外規定」という悪循環に陥り，「あちら立てればこちら立たず」の状況であった．

しかし，OTは制約を違反可能とすることで，この問題を克服した．すなわち，制約同士の矛盾が起きても，序列化によって一方を優先し他方を犠牲にする（犠牲にされたほうの違反を許容する）ので，理論的に問題が起こらないのである．また，序列化の結果，ある一般的な制約よりもその例外規定に関する特殊な制約を優先することにより，犠牲にされたほうの一般的な制約違反が起こりうる一方で，例外規定が当てはまらないかぎりはデフォルトの制約が充足されるというように，特殊なものと一般的なものとの上下関係を，ランキングにより明確に表現できる．

ただし，最適な候補となるためには，制約序列から見て，違反は最小限（minimal）なものでなければならないことをつけ加えておく．

並 列 性

たとえば，複数の電池をつなげて仕事をさせる回路の場合に，直列では電圧が大きくなる．つまり，少数の力持ちが協力して一気に仕事をするようなもので，つないだ電池のぶんだけパワーが大きくなるが，寿命は1個のときと変わらない．同じ電池の個数なら，並列より早く果ててしまう．パワーが大きいということは，エネルギーの消耗も大きいということであり，あまり効率的とは言えない．大学も，教養課程教育が終わってから専門課程教育を施すことは，課程が1つの場合と比べて，組織全体としては

2倍のエネルギーがかかるということである．一方，並列では電流がたくさん流れる．つまり，多勢が交替しながら仕事をするようなもので，つないだ電池のぶんだけ寿命が長くなるが，パワーは1個のときと変わらない．同じ電池の個数なら，直列より仕事量が少ない．大学も，教養課程と専門課程を並存させれば，課程が1つの場合と比べて同じエネルギー量で，しかも永く機能的な教育ができると考えるのは，楽観的であろうか．

　喩え話はともかく，入力から出力を導き出すための文法アルゴリズムの場合でも，複数の規則による直列の段階的な派生だと，入力と出力の対応関係は1対1だが，そこに行き着くための途中段階(中間表示)は，無数にある．入力形を1つ1つ丹念にステップ・バイ・ステップで派生してゆくので，たくさんある規則のそれぞれの役割が重く，人件費(コスト)がかかる．また，規則の働き具合を監視する原理や条件にも，コストを払わねばならなかった．しかし，並列の生成や評価では，入力から出力に直接結びつくので，途中段階は皆無である．ただ，その関係は1対無数となり，無数の候補からどれを最適と決めるかの評価が重要になるが，上位の制約に違反しているか否かが問題であり，上層部の制約のみ優遇されるので，言い換えれば下層部の制約は評価に関わらないので，比較的コストが少ない($\Rightarrow$ 3.4.4節)．

　もちろん，並列性と言っても，(1b)の生成と評価が並列的に行なわれているという「仮説」であることを理解しておかねばならない．実際に並列的に生成と評価を行なっているかどうかは，文法の運用に関する問題であり，そのレベルでの検証を待たねばならないが，言語能力のレベルにおける文法モデルとしては，並列性が成り立っていると考えられている．

包　括　性

　これについては一般にわかりにくいところがあったりするので，やや詳しく論じてみよう．包括性とはGENの性質を言うものであり，「分析の自由」(freedom of analysis)などとも呼ばれる．ここで「分析」とは，入力から出力の生成に際して構造的な変更を加えることを意味し，これが「自由」であって，どんな変更を加えた出力であれ，無限に生成してよい

というのである．ただし，変更が自由と言っても，実際には分節音やそれが持つ素性・韻律構造は，あくまで音韻論が仮定する表示で示せる範囲に限られてはいる．また，無限の出力と言っても，(3)–(5) や 3.3.3 節以下の具体分析の出力評価表のように，通常は分析にとって関連の深い，意味のある出力候補のみあげれば十分である．ともあれ，この包括性により，入力から出力へのステップが 1 段階になったので，OT をして「派生がない」ことを可能ならしめたことは大きい (⇒ 3.4.2 節)．また，どの構造表示を持った出力が最適かは EVAL が決めてくれるので，そもそも表示が問題とならなくなり，表示論争が解決された．つまり，構造表示をめぐって論戦していた素性階層理論も不完全指定理論も韻律強勢理論も，これにより終止符を打たれたというわけである．

なお，この包括性について，McCarthy and Prince (1993, 1) は次のように定義している．

(12) Inclusiveness (包括性)： "The constraint hierarchy evaluates a set of candidate analyses that are admitted by very general considerations of structural well-formedness. There are no specific rules or repair strategies." (制約階層(序列)が評価するのは，構造の適格性に関してかなり一般的(概括的)な性質を持つ操作によって出力された，候補分析の集合である．この出力過程には，個別的な性質を持つ規則や修復措置なるものは存在しない．)

これを受けて，窪薗 (1996, 89) は "inclusiveness" のことを「内包性」と訳し，(12) の "very general considerations of structural well-formedness" という部分を捉えて次のように定義しているが，これでは GEN の性質を表すことにはならないと思われる(以下では，下線は引用者によるものである)．

(13) 内包性：「最適性は適格性制約によってのみ決定される．」

この定義では制約の重要性に焦点が置かれているが，制約のどのような内包性のことを言っているのかよくわからない．また，宮腰 (1995, 4) は次のように，GEN と絡めて定義している．

(14) 包括性:「UG には,入力に対して構造を付与する,非常に一般的なメカニズム——これを GEN (Generator の略)と呼ぶ——があり,それによって入力にそれぞれ一組の包括的な候補分析 (candidate analyses) が付与される.その中で,優先順位のつけられた制約群と最も調和している (most harmonic) 候補が最適 (optimal) 候補として出力される.」

ここでは,「包括的な候補分析」というように,包括性が候補分析の性質であるような言い方をしている.しかし,もしそうだとすると,(12) の "There are no specific rules or repair strategies." という部分が何を意味するのかがよくわからない.個別規則や修復措置と対比させるべきは,制約でも候補分析でもなく,ほかならぬ GEN だからである.

個別規則や修復措置と GEN は,ステップの数は違えども,入力と出力の対応づけを実現するという意味では,同じ働きを持つ.しかしながら,その性質は大きく異なっている.前者は,特定の出力しか産まない特殊なものであり,後者は,無限の出力を産む一般的なものである.このように考えると,"inclusiveness" とは,個別規則や修復措置との対比において,GEN についての包括的な性質を言うものであることがわかる."generality"(概括性)と言ってもよく,現に (12) では "very general considerations"(かなり概括的な性質を持つ操作)と述べられている.1 つの入力に対し,無限の出力の候補を生成しうるからである.その意味で,包括性は「一般性」,「無限性」と言い換えてもさしつかえないであろう.このことは次の定義からも明らかであろう (McCarthy and Prince 1993, 5).

(15) Inclusiveness: "The candidate analyses, which are evaluated by the constraint hierarchy, are admitted by very general considerations of structural well-formedness; there are no specific rules or repair strategies with specific structural descriptions or structural changes or with connections to specific constraints."(制約階層により評価される数々の候補分析は,構造の適格性に関してかなり一般的(概括的)な性質を持つ操作によって出力されたものである.これに対し,個別規則や修復措置は,特定の構造

記述または構造変化を組み込んだり，特定の制約との結びつきを持っていたりするが，上の出力過程にはそのような操作はいっさい存在しない．）

これは (12) と同じく McCarthy and Prince (1993) のもので，別のところから引用したものだが，こちらのほうが一般的なプロセスと特殊なプロセスの対比が明らかで，わかりやすい．第1文は，「分析の自由」のことを言っているのであろう．

3.3　2つのタイプの制約

　科学におけるある種の証明の難しさについて，養老孟司氏は『スルメを見てイカがわかるか！』(2003) の中で，次のような興味深いことを述べている．いわく，あるもの（こと）が「ある」ことを証明するのは簡単だが，「ない」ことを証明するのははるかに難しい．なぜなら，「ある」ということは事例が1つでもあればその（存在）証明になるが，「ない」ということは，事例が見つからないことがその証明にはならないからである．言語学でも，ある事例が存在しないからといって，偶発的ギャップでなく体系的ギャップであると断定するためには，根拠が必要である．同様に，ある2つのものが「違う」ことを証明するのは簡単だが，「同じである」ことを証明するのは難しい．まったく異なったり多少異なったりの程度の差こそあれ，「違う」ということは1つでも異なる特徴があればその証明になるが，「同じである」ということは，似た特徴が1つあってもその証明にはならないからである．要は，「違う」ということは見た目でもわかるが，「同じである」ことは見た目ではわからないものであり，言語学に関しても，言語の多様性より言語の普遍性のほうが証明が難しいことは，言語学者なら経験していることであろう．

　なぜこのような証明の難易が出てくるかというと，議論の具体性／抽象性に関連があるのではないかと思われる．つまり，「ある」とか「違う」とかは具体的なレベルで事例を集めればよいのに対し，「ない」とか「同じである」とかは抽象的なレベルで議論するしかなく，理論から証明したり，理論が決めるしかないのである．前者は「論より証拠」で攻められる

が，後者は「証拠より論」で証明するしかないというわけである．

さて，OTの文法システムは精緻にできていて，あるものが「ない」とか「同じである」とかを導く術がきちんと備わっている．まず，ある言語(のタイプ)が「ない」ことは，制約のランキングが一定の秩序に従って決まること(恣意的またはランダムに決まるわけではないこと)から証明できるようになっている (⇒ 3.4.6 節)．すなわち，体系的空白は，制約の序列化の仕方から明確に予測できるということである．また，2つの言語(のタイプ)が「同じである」ことも，制約のランキングが同じであれば自動的に帰結する．さらに，ある語形が「ない」とか「同じである」とかも，この理論では明確に捉える術が用意されている．その仕事を担当するのが，それぞれ有標性制約 (Markedness Constraint) と忠実性制約 (Faithfulness Constraint) である．有標性制約は，出力の有標性を排除するものであり，有標なものは「ない」とする制約である．一方，忠実性制約は，入力と出力などの対応を見て，その同一性を要求する制約であり，これが2つの語形が「同じである」ことを捉えようとするのである．

もし有標性制約がなければ，いろいろな対立を含んだ入力がすべてそのままの形で出力として忠実に出てきてしまうため，言語一般に備わる無標性を捉えられなくなるばかりか，可能な言語形式と不可能な言語形式を含め，何でもありになってしまう。たとえば，世界中の言語において子音の種類は約50，母音の種類は約30と言われているが，だとすると，2つの分節音から成る語は $80^2 = 6{,}400$ 語，3つの分節音から成る語は $80^3 = 51$ 万 2,000 語，6つの分節音から成る語は $80^6 = 2{,}621$ 億 4,400 万語などとなり，6つまでの分節音を持つ語彙の合計は，$80 + 80^2 + 80^3 + 80^4 + 80^5 + 80^6$ となって途方もない数字になる．しかし，実際には何でもありということはなく，許容される有標性の範囲が定められており，不可能な言語形式は観察できない．現に，自然言語の語彙数の平均は，約10万語程度しかないのである．逆に，もし忠実性制約がなければ，ある1つの言語(のランキング)では，どんなに入力がいろいろあっても，出力は無標なものただ1つになってしまう．なぜなら，有標性制約がその他すべての出力を排除し，入力に反映された語彙の対立が保持されないからである。3.2.2

節の (9b) の (i) で示した初期状態はまさにこれに近い状況を示しており，新生児の音の獲得が言語の種類にかかわらず最も無標な /m/ から始まることは，よく知られた事実である．また通言語的に見れば，可能な言語形式の中には一様に無標な言語形式というものが確かに存在しており，最も無標な子音は類型的には /p/，最も無標な母音は /a/，最も無標な音節構造は CV，最も無標な語の音節数は 2 音節まで，などと決まっている．だとすると，すべての言語における語彙は，/ma/, /pa/, /mama/, /papa/ などごく少数に限られてしまう．しかし，大人の健常者の言語であればこのようなことはありえず，語彙の対立を捉えるために一定数の音素の目録と語彙を持っているはずである．

つまり，忠実性制約は「語彙の多様性」を，有標性制約は「語彙の普遍性」を，それぞれ捉える役を担っており（⇒ 3.3.2 節 (17)），どちらも欠くべからざるものであることがわかる．文法とは，このように，通言語的に一様な無標形式に向かおうとする複数の力と，ある言語内部の対立形式を増やそうとする複数の力との「せめぎ合い」であり，その落としどころによって言語の個性が決まってくるというのが，「相互矛盾」を逆手にとった OT の考え方である．これが，個別文法を序列化された制約の集合と定義する所以である．

このように忠実性制約と有標性制約は，証明の難しい「ない」とか「同じである」とかを捉える術を理論的に保証するだけでなく，それぞれとの兼ね合いによってあらゆる言語の特徴を捉える重要な機能がある．以下のセクションで，これらの機能を具体的に見てゆこう．

3.3.1　忠実性制約の働き：対応関係と文法の諸相

忠実性制約は，「関係」を見る制約である．そして，この制約の働きの根底にあるのは，知覚の機能に関するものである．耳で聞いて語彙の意味の違いを認識するためには，語彙形式の違いがハッキリしていたほうがよい．意味が異なる単語なら，形も異なっているほうが弁別しやすく，わかりやすいからである．そこで，レキシコンから投影される入力での形式上の語彙対立（lexical contrast）を，出力を含むどのレベルでもしっかり確

保することを保証する役を与えられたのが，忠実性制約というわけである．知覚上の弁別の最大化（maximization of perceptual distinctiveness）を反映する制約と言ってもよい．基本的には，入力と出力との対応関係（input-output correspondence）を見てその同一性を要求するが，理論が進むにつれ，基体と反復体との対応関係（base-reduplicant correspondence）や，出力と出力との対応関係（output-output correspondence）における同一性をも要求することがわかってきた．

出力と出力との対応関係には，たとえば *órigin–oríginal–originálity* や *háppy–unháppy–unháppiness* のような，単一形態と派生形態との関係が含まれ，同じ語幹からなるパラダイムにおいては，形態の相違を許しながらもなるべく形式を統一しようとする力，または，単一形態の形式が派生形態に転移する力が働くが（意味が共通なのだから当然だが），こうしたパラダイムの統一性（paradigm uniformity），または派生関係に転移する同一性（transderivational identity）を捉えるのに，忠実性制約が役立つ（Benua 1997）．また，*híme–mononokéhime*（姫 / もののけ姫）や *hámu–roosuhámu*（ハム / ロースハム）のような，単語と複合語の関係も，この範疇に入るものである（⇒ 3.7 節）．

Prince and Smolensky（1993）で打ち出された古典的 OT（Classic OT）と呼ばれる包含理論（Containment Theory）では，入力の情報がすべて出力に投影されていたので，忠実性制約と有標性制約の役割分担は未分化で，出力のみを見れば最適性が決まっていた．しかし，それでは削除や挿入などの現象を捉えきれないことがわかり，McCarthy and Prince（1995）に至って，忠実性制約の役割を明確にして入力と出力の対応関係を見直すとともに，その機能を基体と反復体との対応関係にも拡充させた．これが対応理論（Correspondence Theory）である．そしてこれを機に，さらに出力と出力との対応関係にも応用する新しい理論が出てきたのは，今見たとおりである．このように，OT での理論の脱皮は，忠実性制約の機能拡充に支えられてきたと言っても過言ではない．3.8 節でふれる「位置別の忠実性」（positional faithfulness）や「指標つき忠実性」（indexed faithfulness）に関する理論も，この制約の機能拡充であるし，3.2.2 節で述べた

ような下位文法や共時変異，通時変化，獲得への応用も，この制約が鍵を握っていたのである．3.2 節では，派生理論から OT に至って構造論から関係論に移行したと言ったが，その意味には，文法が制約の支配関係で決まるという側面だけでなく，文法内の諸相が音韻表示レベル間の対応関係で決まるという側面も，当然含まれていると見るべきであろう．

　最後に，最も基本的な忠実性制約を，いくつか紹介しておく．下の (16) の定義にある S1 と S2 は，S1 から S2 への対応関係が成り立つ，2つの音連鎖（phonological string）を示している．入力と出力，出力と出力，基体と反復体などの対応関係における，形態や語などを含む音連鎖である．したがって，「要素」は，通常は 1 つ 1 つの分節音のことを言うことが多いが，アクセントも音連鎖に付随する「要素」と解釈することができる．

(16)　忠実性制約
　　a.　MAX: 削除の禁止（S1 に含まれるどの要素も，S2 においてその対応要素を持つ）
　　b.　DEP: 挿入の禁止（S2 に含まれるどの要素も，S1 においてその対応要素を持つ）
　　c.　IDENT: 素性値変更の禁止（S1 と S2 との間で対応関係にある 2 つの要素は，同一の素性値を持つ）

話をわかりやすくするために，S1 と S2 をそれぞれ入力と出力のことだと仮定すると，まず (16a) は，入力の要素すべてが出力に対応する要素として，最大限（maximal: MAX）に投影されていなければならないとするもので，分節音や（語彙的に指定された）アクセントを，出力の段階で勝手に「削除」してはならないということである．逆に (16b) は，出力の要素すべてが入力に対応する要素に依存（dependent: DEP）しているということで，入力にない分節音やアクセントを出力の段階で勝手に「挿入」してはならないことになる．そして (16c) は，入力と出力間で対応する要素の素性値，つまり [αF] の±が同一（identical: IDENT）であることを要求するものであり，アクセントは音韻的な素性値を持たないので，通常は分節音を問題とする制約である．

なお，1つの出力評価表の中で複数の対応関係を問題とする場合は，たとえば MAX-IO（入力と出力），DEP-BR（基体と反復体），IDENT-OO（出力と出力）のように，どの対応関係に関するものかをハイフンをつけて明記するが，入力と出力の忠実性のみを問題とするときは，単に MAX などと略記することが多い．また，MAX, DEP は通常は分節音を問題とするが，削除や挿入の禁止対象がアクセントである場合，MAX (accent), DEP (accent) などと括弧づけで指定するのが慣例となっている．IDENT の素性の指定も同様で，IDENT (voice), IDENT (nasal), IDENT (coronal) などと書く．

アクセント付与との関連で述べると，単語のアクセント付与の場合のように入力と出力のアクセントを問題とするかぎり，入力にはアクセントの情報がない（アクセントは基本的に弁別機能を持たず，文法から予測可能な性質を持つ；⇒ 1.3.2 節）ので，通常は忠実性制約は用いられない（語彙的アクセントを保持する場合は MAX (accent) を用いるが）．また DEP も，支配的な位置にあるとアクセントを付与できなくなるし，IDENT は上に述べた理由でアクセントに関わってこない．ただし，3.6 節で論ずるリズム規則や，3.7 節で扱う単語と複合語のアクセントの関係は，出力と出力の対応関係の同一性が問題となるので，MAX (accent) が重要な役割を果たす．これが，下位文法，共時変異，通時変化の説明にからんでくることも見逃せない．

3.3.2　有標性制約の働き：有標性と普遍性との関係

忠実性制約が音韻表示レベルの「関係」を見る制約だとするなら，有標性制約は出力の「構造」を見る制約だと言える．つまり，構造論としての派生理論の利点はここを通して受け継がれ，この節で後に述べるような理由で進化(深化)されている．また，機能的な観点から言えば，忠実性制約は知覚上の弁別の最大化をはかるものであったが，有標性制約は知覚と産出の両方の機能に関わるもので，知覚上の弁別の最大化と，調音上の労力の最小化（minimization of articulatory effort）の両方を満たすよう，構造に要求する．聞こえ度やアクセント，リズム，音調など韻律に関しては，

聴者にとってこれらの手掛かりがなければ語彙対立の弁別がうまくいかないので，効率的にできるよう求めるのが，知覚上の弁別の最大化である．一方，分節音に関しては，調音上の労力の最小化の機能が働く．弁別の必要が増えれば増えるほど，そのために分節音の構造が複雑になり，調音上の労力が増えてゆくが，有標性制約はそういった分節構造の有標性を排除し，なるべく諸言語に共通な無標の構造に向かわせるものである．一定のランキングを持つある言語の制約集合に有標性制約しかなければ，労力が最小な，無標な構造ただ1つになってしまう所以である．(同様のことは，有標性制約が支配的な新生児の文法にも言えることである．⇒ 3.2.2, 3.3 節).

　分節音では，忠実性制約で弁別の最大化をはかり，有標性制約で労力の最小化をはかるのに，アクセントでは出力にかかる有標性制約にその両方が担わされているのは，アクセントは，普通は（派生形や複合語でないかぎり）入力に存在しないので，出力でもってその両方を調整するしかないということが主な理由となっている．

　ともあれ，有標性は，これまでの派生理論のように音韻表示の問題ではなく，制約の問題に還元された．理論内部にこの概念を捉える道具立てがハッキリと位置づけられたので，明確に定義しやすくなったのである．加えて，GEN の包括性により構造は何でもありになったので，派生理論では有標性を捉えるための豊かな「表示」が OT では問題とならなくなり，結果として，素性表示や韻律表示などをめぐる表示論争は，まったく問題にならなくなった (⇒ 3.2.3 節).

　「有標性」は，言語学にとって重要なキーワードの1つである．同じく重要なキーワードに，「普遍性」，「多様性」があり，言語学がこれらの解明を目指して発展してきたことは間違いない．派生理論では，これら3つは，「構造表示」，「原理」，「規則・パラメータ」に対応していた (⇒ 2.4 節).しかし，普遍性を捉えるべき原理は言語によってはしばしば成り立たないことがあり，例外規定がつけられたり，原理同士の矛盾が見られたりなど，問題が多かった (⇒ 2.5 節).また，有標性と普遍性との関係が曖昧で，そもそも，なぜ有標性が重要なのかがわかりにくかった．

言うまでもなく，有標性が重要なのは，普遍性を説明するために欠くべからざるものだからである．そして，有標性と普遍性との接点は，有標性の反対の極である無標性こそが，普遍性を反映しているという点にあるはずである．無標性の解明が，普遍性の解明になるのである．しかし，派生理論であれOTであれ，普遍性を反映しているはずの制約が，（派生理論では）違反せざるをえなかったり，（OTでは）違反してよいことになっていたりするので，「言語によって成り立たない普遍性」が「本当の普遍性」なのかどうかという疑問が残っていた．

このことを解く鍵は，実は，普遍性には2つのレベルがあるという事実にある．形式的普遍性（formal universality）と実質的普遍性（substantial universality）である．前者は理論上の抽象的なレベルでの普遍性だが，後者は，実際に言語事実に反映される普遍性だと言ってよいだろう．このことは，言語の普遍性と語彙の普遍性に分けて考えると，わかりやすい．この2つの普遍性と有標性との関係を，多様性との関連も含めて示したのが(17)である．

(17) 普遍性と多様性の2つのレベル
    a. 言語の普遍性： 制約の内容と集合の共通性
         → 形式的（絶対的）普遍性
      言語の多様性： 制約集合の組み合わせの可能性
    b. 語彙の普遍性： 有標性制約による出力の無標性の確保
         → 実質的（相対的）普遍性
      語彙の多様性： 忠実性制約による入力の弁別性の確保

「言語の普遍性」とは普遍文法に属するもので，Con（やGenやEval）が言語に共通である点にある．この点は形式的なものであり，絶対的なものだと言える．「本当の普遍性」とはまさにこのことであり，違反することは仮説上ありえない．それに対し，「言語の多様性」は，Conに属する制約集合の組み合わせの可能性から導かれるものである．これら言語の普遍性と多様性は仮説であり，理論（ここではOT）が決めるものである．一方，語彙の普遍性と多様性は実際の言語内部で起こっていることで，言語

事実に反映されるものである．理論はどうあれ，この普遍性と多様性は別個に存在している．このうち，OTでは「語彙の普遍性」を，有標性制約により有標性を排除して，無標性という形で捉える．実質的普遍性＝無標性ということであり，上で述べた「言語によって成り立たない普遍性」もこれにあたる．なぜ成り立たない場合があるかというと，言語によって有標性制約のランキングが異なるので，語彙の普遍性は普遍性と言いつつも，ランキングの兼ね合い・相互作用により，相対的に決まってくるからである．なお，言語によって実際のレキシコンの内容も異なるのは当然だが，そのような「語彙の多様性」は忠実性制約により保証され，言語内部で弁別性という形で表面に現れる．

　これらが，有標性と普遍性との関係のカラクリであり，レベルを2つに分けることにより，「言語によって成り立たない普遍性」が「本当の普遍性」なのかという謎も解けることがわかる．また，有標性という概念が実質的普遍性を捉えるうえでいかに重要な役割を果たすかが，理解されるであろう．

　いずれの普遍性も，理論で捉える場合には検証と証拠づけが必要であるのは，言うまでもない．「言語によって成り立たない普遍性」としての実質的普遍性は，有標性制約による出力の無標性の確保が正しいものかどうか，実際の言語事実に照らし合わせて，通言語的な類型や通時変化，獲得により，検証することになる．「本当の普遍性」としての形式的普遍性は，仮説としての制約の内容と集合が正しいかどうかを，そのランキングの組み合わせが実際の言語に対応しているかどうかによって，つまり，組み合わせ類型によって検証することになる．通言語的な類型と組み合わせ類型の違いと，それぞれの意味については，3.4.1節で論ずることにする．

　さて具体的に，アクセントとリズムに関する有標性制約を，ごく基本的なもののみ見ておこう．(18b, d, e, f, g)のスラッシュ(/)で区切られた項目は，言語によっていずれかに該当することを表すが，パラメータ値になっているのではなく(⇒ 3.4.3節)，各制約に項目の数だけ種類があって，いずれか1つが他のものより序列において支配的であるというにすぎない(制約集合はどの言語でも同じなので，種類は共通である)．

（18）　アクセント・リズムに関する有標性制約
　　　　a. PARSE-SYL:　フットの徹底的な付与（どの音節もあますところなくフットに組み込まれる）
　　　　b. FTTYPE:　フットの種類決定（フットは強弱格（Trochee）/ 弱強格（Iamb）である）
　　　　c. FTBIN:　不完全フットの禁止（フットはモーラまたは音節のいずれかの分析レベルのもとで2項的になっている）
　　　　d. ALLFT-X:　フット付与の方向性（すべてのフットの左端（L）/ 右端（R）は，ある音韻語の左端（L）/ 右端（R）に一致するように配置される）
　　　　e. ALIGNHD-X:　主要アクセントの末端性（主要部フットの左端（L）/ 右端（R）は，ある音韻語の左端（L）/ 右端（R）に一致するように配置される）
　　　　f. *FINAL (NON-FINALITY):　韻律外性の確保（韻律主要部（主要部モーラ（μ'）/ 主要部音節（σ'）/ 主要部フット（Ft'）など）が，韻律語の末尾の位置にくることはない）
　　　　g. WEIGHT-TO-STRESS:　重音節のアクセント牽引性（重音節（CVV, CVC）/ 長音節（CVV）は強勢（アクセント）をもつ）
　　　　h. *CLASH:　強勢衝突の禁止（強音節同士が互いに隣接する位置にくることはない）
　　　　i. *LAPSE:　強勢間隙の禁止（どの弱音節も強音節または語境界に隣接する位置にある）

（18a）は，そもそもフット構築せねばならないとするもの，（18b）は，そのフットの種類を決めるもの，（18c）は，モーラ格であれ音節格であれ2項的であることを要求するものである．（18a）は徹底性条件，（18c）は最大性条件または不完全フット禁止条件の機能を含んでいる（⇒ 2.4.1, 2.4.2節）．（18d, e）はいずれも，2つの韻律範疇（または形態範疇）の端を一致させることを要求するALIGN（配置制約）の一種で，（18d）はフット付与の方向性を決めるもの，（18e）は主要アクセントを韻律語の末端位置に付与する，EDGEMOST（派生理論では「終端規則」; ⇒ 2.4.2節）とも

呼ばれるものである．つまり，前者では AllFt-L / AllFt-R のどちらが上かでフットの方向性が決まり，後者では AlignHd-L / AlignHd-R のどちらが上かで主要アクセントの位置が決まる．この (18e) で「主要部フット」と呼んでいるのは「主要アクセントを持つフット」のことで，(18f) にもその言及がある．この制約は韻律外性の役割を担っており，アクセントが末端にあることを要求する (18e) とは，反対の要求をするものである．(18g) は，重音節 CVC, CV または長母音・二重母音 CVV に強勢を置くことを要求するもので，音節量に左右される言語は，この制約が支配的な位置を占める(派生理論で言う「アクセント規則」；⇒ 2.4.1, 3.6 節)．最後に，(18h, i) はそれぞれ，強勢の衝突と間隙を禁止するという，リズムに関するものである．

　Parse-Syl は，わざわざ調音上の労力を用いて，何もない音連鎖に韻律構造を構築することを求めるという意味で，知覚上の弁別と関係あるものと思われる．つまり，有標性制約でありながら忠実性制約の役割を持つところがあって，他の有標性制約との支配関係において重要な効果を生む．その中には次のようなものが含まれており，一般に Parse-Syl が下位に位置するのが無標のパターンである．それぞれの具体例では，上位にある制約の違反の数を示している．

(19) アクセント・リズムに関わる効果のランキング・スキーマ
 a. FtType (Trochee) >> Parse-Syl： 強弱・弱強いずれか
  *(CV́CV)(CVCV́) / (CV́CV)CV(CV́)
  Parse-Syl >> FtType (Trochee)： 強弱・弱強の混在
  (CV́CV)(CVCV́) / *(CV́CV)CV(CV́)
 b. FtBin >> Parse-Syl： 完全フットのみ（韻律外性あり）
  *(CV́CV)(CV́) / (CV́CV)CV
  Parse-Syl >> FtBin： 不完全フットあり（韻律外性なし）
  (CV́CV)(CV́) / *(CV́CV)CV
 c. AllFt-L >> Parse-Syl： 1 回のみ適用
  , **(CV́CV)(CV́CV)(CV́) / (CV́CV)CVCVCV
  Parse-Syl >> AllFt-L： 繰り返し適用

(CÝCV)(CÝCV)(CÝ) / ***(CÝCV)CVCVCV
　　d. *Clash >> Parse-Syl:　強勢衝突禁止
　　　 *(CÝ)(CÝCV) / (CÝ)CV(CÝ)
　　　 Parse-Syl >> *Clash:　強勢衝突許容
　　　 (CÝ)(CÝCV) / *(CÝ)CV(CÝ)

　これらのうち，(19a) の強弱／弱強の混在の有無は 3.7 節で，(19b) の不完全フット（とそれに関連した韻律外性）の有無は 3.3.3 節や特に 3.5.2 節で，(19c) は FtBin とも関連して 3.3.3 節で，(19d) の強勢衝突禁止の問題は 3.3.3，3.6 節で，それぞれ具体的に論ずる．1つだけ，(19c) の違反の数について補足しておくと，AllFt-L は基本的にはフット付与の方向性に関わる制約で，すべてのフットが左端にそろっていなければならないので，上の (CÝCV)(CÝCV)(CÝ) では，真ん中のフットが違反を2つ，右端のフットは違反を4つ，合計6つの違反を生ずることになる．左端からずれている音節の数だけ，違反マークがつくのである．ただ，(CÝCV)(CÝCV)CV は右端のフットを作らないので，違反の数が4つ少なくてすむ．これにより，結果として韻律外性の効果も生むというわけである．なお，FtBin や AllFt-L では，音節レベルの韻律外性しか捉えられないが，(18f) はモーラ・レベルやフット・レベルの韻律外性を捉えられる点で，これらとは異なる．また，これら2つの制約は，あくまで Parse-Syl との関連で韻律外性の効果が出てくるが，(18f) は Parse-Syl に関係なく，さまざまなレベルでの韻律外性を確保するものである．(18f) の詳細は 3.4.6，3.7 節で論ずる．

3.3.3　2項リズムの類型とランキング・スキーマ

　これまでは抽象的な理論の話が多かったので，ここで2項リズムを持つ言語の類型を取り上げて，(18a–e) の制約がどのように働くか具体的に見てゆこう．前に取り上げたマラヌンク語，ガラワ語のほかに，ピントゥピ語 (Pintupi) を含め，それらのアクセントの関係を示したのが (20) である．これらは強弱フットを持つ言語であり，わかりやすさのためフットはすでに与えてある．

(20) 強弱フットを持つ 2 項リズムの例
   a. マラヌンク語: 主要アクセントは語頭音節に，副次アクセントは前から数えて奇数音節ごとにくる．
      (tíralk) ('saliva')   (mére)(pèt) ('beard')
      (yángar)(màta) ('the Pleiades')
      (lángka)(ràte)(tì) ('prawn')
      (wéle)(pène)(mànta) ('kind of duck')
   b. ピントゥピ語: 主要アクセントは語頭音節に，副次アクセントは前から数えて奇数音節ごとにくる(語末音節にはこない)．
      (tjúṭa)ja ('many')   (máḷa)(wàna) ('from behind')
      (púḷiŋ)(kàla)tju ('we sat on the hill')
      (tjámu)(lìmpa)(tjùŋku) ('our relation')
      (tjíḷi)(rìŋu)(làmpa)tju ('the fire for our benefit flared up')
   c. ガラワ語: 主要アクセントは語頭音節に，副次アクセントは後ろから数えて偶数音節ごとにくる(前から 2 番目の音節にはこない)．
      (yámi) ('eye')   (púnja)ra ('white')
      (wátjim)(pàŋu) ('armpit')   (káma)ra(ṛìŋi) ('wrist')
      (yáka)(làka)(làmpa) ('loose')
      (ŋánki)ri(kìrim)(pàyi) ('fought with boomerangs')
      (nári)ŋin(mùkun)(jìna)(mìra) ('at your own many')

フットの種類に加えて，語頭音節に主要アクセント持つ点は共通だが，副次アクセントの分布にはいくつかの重要な相違がある．まず，(20a, b) は，主要部フット (head foot; 主要アクセントを持つフット) とともに，他のフットも左から右へ一様に与えていく一方向性 (unidirectional) の言語だが，(20c) は，主要部フットは左から右に 1 つ与えて，他のフットは逆方向の右から左に与える，両方向性 (bidirectional) を持つ言語である．さらに，(20a) は不完全フットを許容する言語だが，(20b, c) はそれを許さない言語であることも重要な違いである．

これらの言語のアクセント・パターンは，共通の制約を (21) のように

序列替えすれば簡単に説明することができる(出力評価表に関して，最適候補決定に無関係な評価領域にかける網の部分は「！」から類推できるので，最近では余剰的であるとして省略する傾向にあるが，以下ではわかりやすさのために網をかけてある)．

(21) 2項リズムの制約序列の関係
　　a. マラヌンク語

/langkarateti/	ALIGNHD-L	PARSE-SYL	FTBIN	ALLFT-L
☞ (lángka)(ràte)(tì)			*	**,****
(lángka)(ràte)ti		*!		**
(lángka)rateti		***!		
(làngka)(ràte)(tí)	****!		*	**,****
(lángka)ra(tèti)		*!		***

　　b. ピントゥピ語

/tjiḷiriŋulampatju/	ALIGNHD-L	FTBIN	PARSE-SYL	ALLFT-L
(tjíḷi)(rìŋu)(làmpa)(tjù)		*!		**,****,******
☞ (tjíḷi)(rìŋu)(làmpa)tju			*	**,****
(tjíḷi)(rìŋu)lampatju			***!	**
(tjìḷi)(rìŋu)(lámpa)tju	****!		*	**,****
(tjíḷi)ri(ŋùlam)(pàtju)			*	***,*****!

　　c. ガラワ語

/ŋankirikirimpayi/	ALIGNHD-L	FTBIN	PARSE-SYL	ALLFT-R
(ŋánki)(rìki)(rìmpa)yi			*	*,***,*****!
☞ (ŋánki)ri(kìrim)(pàyi)			*	**,*****
(ŋánki)(rì)(kìrim)(pàyi)		*!		**,****,*****
(ŋánki)rikirim(pàyi)			***!	*****
(ŋànki)ri(kìrim)(páyi)	*****!		*	**,*****

(21a)は不完全フットを許すので，PARSE-SYL >> FTBIN からフットを持たない音節はすべて厳しく排除されることがわかる．ALIGNHD-L も支配

的で，右端のフットに主要アクセントがくるものは排除されている．一方，(21b, c) は FTBIN >> PARSE-SYL により不完全フットが排除され，主要アクセントが ALIGNHD-L により左端のフットに与えられる点は共通だが，(21b) は他のフットも ALLFT-L により左寄りにそろうが，(21c) は他のフットが ALLFT-R により右にそろっている点が異なっている．以上のランキングの関係をまとめると，(22) のようになる．ピントゥピ語を中心に，マラヌンク語とガラワ語は，☐で囲まれたランキングの部分で序列替えが起こっている．

(22) 3 言語の制約ランキングの類型
    a. マラヌンク語
        ALIGNHD-L >> ⌞PARSE-SYL >> FTBIN⌟, ALLFT-L >> ALLFT-R
    b. ピントゥピ語
        ALIGNHD-L, ⌞FTBIN >> PARSE-SYL⌟ >> ⌞ALLFT-L >> ALLFT-R⌟
    c. ガラワ語
        ALIGNHD-L, FTBIN >> PARSE-SYL >> ⌞ALLFT-R >> ALLFT-L⌟

上の 3 言語のアクセントと鏡像関係 (mirror image) にある言語も存在するが，それらは ALIGNHD と ALLFT の X (= L / R) を逆にすれば捉えることができる．そのうち，3.5.1 節でピントゥピ語と鏡像関係にあるワラオ語の分析と，3.5.4 節でガラワ語と鏡像関係にあるピロ語の分析を提示するが，Kager (1999) でも，鏡像関係にあるその他の類型が詳しく取り上げられている．

  なお，ガラワ語の他の分析の可能性として，(23a) のように強弱フットを一様に右から左へ構築し，奇数音節語の場合には下線部の強勢衝突を排除する方法もないわけではない．この場合，前から 2 番目のフットを取り除くことになる．しかし，*CLASH ((18h)) を用いて OT 分析してみても，(21c) の韻律構造と何ら変わりのない候補が最適となる (重音節のフットはモーラ・レベルで 2 項となるために，FTBIN に違反しない点に注意したい)．

（23）　ガラワ語フット構築の他の可能性
　　　a.　偶数音節　　　　　　　　奇数音節
　　　　　(yámi)　　　　　　　　　(pún)(jàra)
　　　　　(wátjim)(pàŋu)　　　　　(ká)(màra)(r̥ìŋi)
　　　　　(yáka)(làka)(làmpa)　　 (ŋán)(kìri)(kìrim)(pàyi)
　　　b.　分析

/ŋankirikirimpayi/	ALIGNHD-L	*CLASH	FTBIN	PARSE-SYL	ALLFT-R
(ŋán)(kìri)(kìrim)(pàyi)		*!			**, ****, ******
(ŋán)kiri(kìrim)(pàyi)				**!	**, ******
☞ (ŋánki)ri(kìrim)(pàyi)				*	**, *****
ŋan(kíri)(kìrim)(pàyi)	*!			*	**, ****

　したがって，上で見たように *CLASH は必ずしも必要ないので，(21c) の分析が支持されるであろう．このことは，OT には (23a) のような韻律構造を作る分析は存在しえず，表示の余剰性がないことを雄弁に物語っている．しかしながら，派生理論ではこのような表示の余剰性や分析の曖昧性が問題となってくる（⇒ 3.5.1 節）．

3.4　重要な仮説

　このセクションでは，OT の仮説で特に重要なものを，いくつか導入する．もちろん，これまでの 3.2 節や 3.3 節でも重要な仮説は出てきたのだが，今までのが OT の「骨格」だとすれば，以下に見るのは「肉付け」に関するものである．そして，これらでもって OT の「精神」，「こころ」が，より浮き彫りになるだろう．OT も出現以来 10 年の時を経てきたが，その間いろいろな批判に耐えてきた．なかには，とんでもない誤解もある．人間関係と同様に，「精神」や「こころ」が理解できれば誤解は解け，批判もやわらぐことであろう．

　たとえば，よくある批判・誤解に，「OT の制約は本当に普遍的なのか」というものがある．あまりにも個別的で特殊に見える（とってつけたような）制約が使われているのを目のあたりにし，こうした疑問を持つこともあるだろう．その理屈はこうである．つまり，OT 支持者たちは，た

とえどんな(へんな)制約であっても平気で使い，「こんな特殊な制約が他の言語にも使われるのか」と問えば，「OTでは制約が違反可能なので，他言語ではランキングが低くて問題とならないだけで，普遍的な制約には変わりない」というようにかわされてしまうというものである．下位ランクの制約の違反許容性を逃げ道として用意しているというのである．また，そういった制約を用いて打ち立てた文法または制約自体について，かつてのような評価基準（evaluation metric）はないので，可能な制約と文法の善し悪しが確認できないという理屈もありうる．要は，制約の違反許容性と文法や制約の評価基準の欠如は，OTの方法論的欠陥ではないかということである．まるで，OTが「タブロー遊び」，「制約のつじつま合わせ」の文法理論であるかのように．

　しかし，このような批判や誤解が生まれる背景には，2つの要因があると思われる．1つは，文法理論とそれに基づく分析との混同である．目にしたある分析が悪くとも，理論に対する批判にはならないのである．つまり，見当違いで的外れな批判である．もう1つは，理論内の仮説があまり理解されずに，先入観や思い込みから生ずる誤解である．これについては，情報さえあれば，OTの精神が理解されることと思われる（理解しようとする前向きな努力とこころを持つことが条件だが）．以下では，そうした先入観や思い込みにより誤解されがちな仮説に焦点を置くが，まずは，上で見た制約の普遍性に関する誤解に答えてみよう．

3.4.1　なぜ最適性理論は科学たりうるのか：演繹と帰納

　「すべての制約は（その内容も集合も）普遍的である」というのは，仮説である．その仮説でもって現象を説明するだけでは（OTが現象説明の道具にとどまっていれば），もちろん科学とは言えない．そこにとどまらず，そもそもその仮説が正しいかどうかを検証しなければ科学的な方法論とは言えないが，そのためにOTは演繹的なものと帰納的なものの2つを，方法論としてきちんと備えている．

　まず，演繹的方法論としては，組み合わせ類型（factorial typology）がある．これは，トップダウン式の類型で，次のような段階を持つ．

(24) 組み合わせ類型
    a. 公理(仮説)の設定：　制約の設定
    b. 演繹的推論：　再序列化
    c. 経験的検証：　類型論(組み合わせ類型)

つまり，たとえば A, B, C の3つの制約を普遍的な公理として仮定したとして(そして，それでもってある言語の現象を説明したとして)，もしそれが正しいとするならば，演繹的な推論として A, B, C の組み合わせが，(8)でやったように6通り {ABC, ACB, BAC, BCA, CAB, CBA} あるはずである．そこで，可能な組み合わせで予測される現象が，実際の言語に見られるかどうかを経験的に検証するというものである．この場合，そうした言語間類型（interlinguistic typology）だけでなく，下位文法や共時変異，通時変化などの言語内類型（intralinguistic typology）も含まれる．ただし，ランキングの不変性や序列替えの最小性（⇒ 3.2.2, 3.4.6 節）など，理論の他の原則により，可能な組み合わせがある程度しぼられるという事実は，忘れてはならない．つまり，可能な組み合わせの中には体系的空白が含まれており，それはそれで予測可能ということである．

ともあれ，特定の言語現象の説明にとどまらず，それがどのように類型や下位文法，共時変異，通時変化，獲得などと関係があるかを突き止めるべく，序列替えのメカニズム解明に取り組んでいるのは，方法論的に当然のことなのである．

上の演繹的方法論は，制約の「関係」の観点から普遍性を検証するものであり，いわば(17)で見た「形式的普遍性」を検証するものであったが，帰納的方法論は，制約の「内容」の観点から「実質的普遍性」を検証するものである．これには，ボトムアップ類型と音声的根拠づけ（phonetic grounding）が含まれる．ボトムアップ類型は，一般的には通言語的類型（cross-linguistic typology）と呼ばれるものである．たとえば，分節音やその配列，音節構造や韻律構造など，音韻的な要素についてさまざまな言語を調べて，「A があれば B もあるが，B があるからといって A があるとはかぎらない」といった含意的有標性（implicational markedness）の観点から，その要素の無標性(この場合は B)を突き止め，有標性制約が

その無標性をうまく捉えているかを検証するものである(含意的有標性については3.4.6節を参照のこと)．そして，もしその制約が正しく無標性を表現できているとすれば，音声学的な観点からもそれが裏づけられるはずである．人間の口の中の構造が人類共通である以上，何が普通で何が特殊であるかは，定量的に測ることができるはずで，音声的根拠づけとは，そのような観点から制約の内容を検証するものである (Hayes 1999; Hayes and Steriade 2004).

以上の議論から，OTに内在する科学的方法論を整理すると，次のようになるであろう．

(25) OTの科学的方法論
   a. 制約の関係から見た形式的普遍性の検証（演繹的）
      - 組み合わせ類型(トップダウン類型)：　言語間類型，言語内類型
   b. 制約の内容から見た実質的普遍性の検証（帰納的）
      - 通言語的類型(ボトムアップ類型)：　含意的有標性からの無標性
      - 音声的根拠づけ：　無標性の定量化

たしかに，OTが現象説明のための単なる道具となっている場合もありうるが，実際の分析の出来・不出来に関係なく，理論全体としてはこのような方法論を持ち，実践されているということを銘記すべきであろう．そして，こうした方法論は，「個別言語の制約ランキングは，規則の外在的順序づけと何ら変わりない」，「制約なんて，個別規則と何ら変わりない」という誤解への，確固たる反論にもなるのである．規則の順序づけと内容には，上のような検証はできないからである．

3.4.2　なぜ派生がないと言えるのか：Genの包括性

OTでは「派生がない」と言われている．派生を「何らかの関数による入力と出力の対応づけ」と定義するなら，「派生がない」という主張の意味するところには，次の2つの観点があると思われる．

まず1つは，派生理論のように，複数の「段階的派生がない」ということ

とである．派生理論では基底構造から表層構造に至るまでに，入力がある規則を通して出力となり，この出力が次の規則の入力となって別の出力となる，という1対1の派生が，規則の数だけ段階的に繰り返される（⇒ 3.1節）．OTでは，そういった複数の段階がないという意味で「派生がない」と言っているのである．

さらには，「何でもありの派生は，派生がないに等しい」という意味もある．つまり，入力から出力への対応はGENによってなされるが，その対応ですら1対1ではない．1対無限である．入力から出力候補への構造分析には，無限の可能性がある，すなわち分析の自由があるので（⇒ 3.2.3節），定まった形式の出力しか生成しない規則による派生と比べて，GENによる出力の生成は文字どおり「何でもあり」なのである．何でもありの派生なら，派生がないのと同じだということである．

派生理論とOTとの違いは，さまざまな細かい条項から成る法律のある国と，どんな場合でも何をやってもよいという法律が1つだけある国との違いに似ている．後者は，法律のない国となんら変わらず，何をやってもよいという法律なら，法律がないに等しい．

3.4.3 パラメータ値とランキングはどこが違うのか

パラメータは，主要部の位置指定など「構造」に関するものであり，その意味でOTでは，有標性制約と機能が似ているところがある．そして，パラメータの値（たとえば，フット付与に関する［left-to-right / right-to-left］など）は，個々の有標性制約（たとえば，ALLFT-LとALLFT-Rなど）のランキングに相当する．パラメータ値もランキングも，個別言語ごとに決まってくるのは共通なのである．

しかし，OTにはパラメータは存在しない．たとえば，ALLFT-Xは表面的にはLとRの値を持つパラメータに見えなくもないが，実際には3.3.3節の(22)で見たように，どの言語にもALLFT-LとALLFT-Rの両方が普遍的に存在している．ランキングにより，どちらが顔を出すかで違ってくるだけである．これに対し，パラメータは1つの言語が両方の値を持つことはありえない．

さらにこのことは，両者の間に非常に重要な違いを生むことにつながり，そのポイントは次のようにまとめられる．まず，パラメータ値は純粋に，ある構造や作用のオン/オフを決めるのであって，ある言語内でいったん指定されたら値が変わることもないし，その値に違反したり両方の値が存在することはない．簡単に言えば，ある言語内で「いずれか一方」を厳しく遵守することになる(いずれか一方がオンなら他方は必ずオフ)．一方，ランキングとは有標性制約の優先順位であり，(下位文法や共時変異や通時変化の話でないかぎり)いったん指定されたら変わらないが，制約の違反可能性に左右されながらオン/オフの効果を出すものである．つまり，どの言語にも制約は共通であるだけに，個別言語内で「基本的にはいずれか一方だが，ときには他方も可」ということもありえる(上のものがオンだが，下のオフのものが突然オンになりうる)．「ときには」とは，通常オンのものが違反される場合が考えられる．

たとえば，(26)の表を見てもらいたい．まず，ランキングによって捉えられるオン/オフの関係は，(19)で見たように忠実性制約との兼ね合いで，有標性制約が上にあるか下にあるかで決まる(Parse-Syl は有標性制約だが，これが忠実性制約の役割を果たし，オン/オフの基点になりうる．その理由については，3.3.2節を参照のこと)．上ならオン，下ならオフである．しかし，制約は違反可能なので，(26)のようにオンであるはずの上の制約 M1 が同時に違反されるなど，条件が同じになる場合には，忠実性制約の下にある制約 M2 の効果が，ときとして顔を出す場合がある．無標性の表出 (the emergence of the unmarked: TETU) である．

(26) 無標性の表出

/input/	M1	F	M2
output 1	*		*!
☞ output 2	*		

つまり，通常はオフとなっているものが，突然表出する(M2 に基づいた output 2 の構造が認可される)ことがあるところが，パラメータ値とは異

なる，ランキングの重要な特徴であろう（⇒ 3.4.5 節）．

3.4.4　無限の候補を有限時間で評価できるのか

GEN が生成する無限の候補の中から，有限時間で評価し，最適なものを正しく算出できるのかという疑問も，一般にある．しかし，生成文法は言語知識や言語能力の性質を捉えるモデルであり，実際にその知識が脳の中でどのような物質的基盤を持ち，どのように心理的に運用されているかということは，重要な関連を持つことは確かだが，互いに独立した問題である（⇒ 1.3 節）．たとえば，統語論でも，人間は無限の文を生成する能力があると言われながら，実際の日常会話では一定範囲の有限の文しか使っていない場合は，いくらでもある．能力と運用は，切り離して考えねばならない．OT も同様で，入力から出力を無限に生成させながら，その中から制約ランキングにより最適なものを選び出すという評価までを並列的に行なうという，言語能力レベルでのモデルを提示しているのであって，それがどう効率的に運用されるかは別問題である．簡単に言えば，数学的関数を含んだ文法モデルと，その効率的計算のためのアルゴリズムとを混同するのは，避けねばならない．

　ただし，OT にも次のセクションで述べるような，ランキングの絶対支配（strict dominance）の原則がある．そして，制約によっては常に上位に序列化され，違反されることがめったにないものもあり，そういったものに違反する出力候補は次々にはじかれ，決定的な違反マークがついた時点で下位の制約違反は見ないので（(3)–(5) の網をかけた部分），最適候補のしぼり込みの計算は，かなり早い段階で（時間的観念のない文法モデルにおいて，この言い方は実は正確ではないが）できるのではないかという見込みもある．実際のところ，抽象的な文法モデルとしての OT がどのように効率的な計算をしているかを立証した研究もあり，無限の候補の中から有限部分のみを取り出してしぼり込んでいることがわかっている．OT 一般については Tesar (1995)，アクセントの計算に関しては Tesar (1999) を参照すればよいだろう．

3.4.5　コネクショニズムとの違いは何か

OT の制約序列には，絶対支配の原則がある．上にランクされた1つの制約違反は，下の 100 の制約違反より重い（上の制約には，下の制約が束になってもかなわない）．これはちょうど，会社でも組織の原理があり，課長より部長，部長より社長の命令が絶対であり，それを忠実にこなすのが協調性を保つ秘訣であるのと同様に，OT も調和理論（harmonic theory）の一種であり，序列の観点から最も調和的な出力が最適候補となる．「上の制約の違反を下の制約でもって埋め合わせることができない」と言い換えてもよい．この「埋め合わせることができない」という点には，次のような2つの意味がある．

(27)　絶対支配（絶対優位）の原則
　　a.　違反の数

/input/	C1	C2
output 1	*!	
☞ output 2		**

　　b.　違反する制約の数

/input/	C1	C2	C3
output 1	*!		
☞ output 2		*	*

1つは，(27a) のように，下の制約違反がいくら多くとも，上の制約違反1つにはかなわないというものである．部下が，いくら output 1 のほうがよいと声を大にして言っても，上司の「ダメ！」の一言で output 2 が選ばれてしまう．もう1つは，(27b) のように，先輩と後輩がいくら結託して謀反を起こそうとしても，「下克上」は許されないというものである．

　一般に言われるコネクショニスト・モデルも制約の序列を仮定しているので，その意味で "dominance"（支配）の原則はある．基本的には，上の制約が勝つ．しかし，個々の制約に数量的な値を付して，違反する制約の合計点によって最適候補が決まるので，たとえば，本来優先されるべき 4

点の制約の1つの違反より，3点と2点の2つの制約違反のほうが深刻となる．つまり，排除されるべき候補が絶対優位の制約で決まるのではなく，優先順位と違反する制約数の相関で決まるので，交通違反の点数制みたいなもので，下の制約が束になってかかれば，「埋め合わせ」，「下克上」がありうるのである．つまり，"strict dominance"（絶対支配）のないところが OT との大きな違いである．

ただし，OT の絶対支配の原則のもとでも，部下の言い分が通る場合もある．それが (26) のような無標性の表出の場合であり，上司の判断では候補を決めかねるときには，部下の判断が尊重される（⇒ 3.4.3 節）．

また，絶対支配の原則は，3.2.2 節で論じた完全序列を持つ文法において成り立つ原則であり，不完全序列を持つ場合には成り立たないのではないか，という疑問があるかもしれないが，実際に最小の序列替えが起こっても，2つの文法を規定することになるので，それぞれの文法において序列が完全であり，絶対支配の原則が成り立っていると言える．

3.4.6　無数のランキングは恣意的なのか

個別言語の文法が制約の序列化によって決まるといっても，いったい制約はいくつあるのか，そして制約のランキングをいくつ決めれば個別言語の文法が完成するのか，といった疑問もあるかもしれない．n 個の制約から $n!$ 通りのランキングがありうるわけだから，10 個の制約だけでも 362 万 8,800 通りのランキングになる．もちろん，制約の数はこれにとどまらないだろうから，可能なランキングとしては途方もない数になるはずで，その中からどうやって特定のランキングが決まり，つまり個別文法ができ上がるのかということである．

まず，制約の数の問題は，組み合わせ類型や通言語的類型などから検証できる種類のものである．分析者の提案する制約の数だけ制約が存在するわけではない．そして，ランキングの数にしても，制約ランキングは恣意的に決まっているわけではないので，実際のランキングは，理論上可能な組み合わせ数よりもかなり少なくなる．たとえば，A, B, C, D, E の 5 個の制約があって，その組み合わせが 120 通り可能だとしても，B >> C >>

D >> E が常に成り立つならば，実際には5通りしかない．このように，ランキングには，データにさらされて経験的に習得する部分と，生得的に（つまり普遍的に）決まっている部分がある．後者の性質は，ランキングの不変性（ranking invariance）と呼ばれている．

ランキングの不変性には，形式的普遍性に基づくものと，実質的普遍性に基づくものの2つがある．前者は，調和的制約配列（harmonic alignment）によってトップダウンで決まる形式的なものであるが，後者は，調和的完全性（harmonic completeness）または含意的有標性によって決まり，通言語的類型からボトムアップ式に得られるものである（⇒ 2.4.1節）．

まず，調和的制約配列は次のように定義されている（Prince and Smolensky 1993, 136; ここで，＞は左のものが「卓立性が高い」(prominent) ことを，⊃は左のものが「調和的」(harmonic) であることを表している）．

(28) 調和的制約配列
X＞Y のスケールを持つ2項的次元 D1 と，a＞b＞...＞z のスケールを持つ別の多項的次元 D2 があるものと仮定して，D1 と D2 を調和の観点から配列すると，次のような調和スケールのペアとなる．
　　Hx = X / a ⊃ X / b ⊃ ... ⊃ X / z
　　Hy = Y / z ⊃ ... ⊃ Y / b ⊃ Y / a
また，これらを制約の観点から配列すると，次のような制約階層（制約序列）のペアとなる．
　　Cx = *X / z >> ... >> *X / b >> *X / a
　　Cy = *Y / a >> *Y / b >> ... >> *Y / z

たとえば，CV という音節の例を取り上げると，位置的な卓立として Nucleus > Onset という次元と，分節音の聞こえ度の卓立として vowel > glide > liquid > nasal > fricative > stop という次元が考えられるが（⇒ 1.4節(24b)），これらは(28)によって掛け合わされると(29)のような調和スケールができ，(30)のような制約階層が成り立つ．

第 3 章　最適性理論の展開　159

(29)　音節の卓立の調和スケール
　　　a.　Nucleus / vowel ⊃ Nucleus / glide ⊃ . . . ⊃ Nucleus / stop
　　　b.　Onset / stop ⊃ . . . ⊃ Onset / glide ⊃ Onset / vowel
(30)　音節の卓立の制約階層
　　　a.　*Nucleus / stop >> . . . >> *Nucleus / glide >> *Nucleus / vowel
　　　b.　*Onset / vowel >> *Onset / glide >> . . . >> *Onset / stop

つまり，CV音節における分節音の位置として，Vには母音がくるのが普通で閉鎖音がくるのはまれだが，逆にCには閉鎖音がくるのが普通で母音がくることはないというお馴染みの事実は，この不変的な制約階層から帰結するということである．同様に，アクセントに関しても，不変的な階層が調和的制約配列から導かれる．まず，位置的な卓立として Final > Initial という次元があり（語末や文末のほうがエネルギーが高い），アクセントを付与された韻律範疇の卓立としては PrWd′ > Ft′ > σ′ > μ′ という次元が成り立つ（アクセントを持つ語は下のすべての範疇を含意するので，最もエネルギーが高い）．ゆえに (28) から，(31) の調和スケールと (32) の制約階層が導かれる．

(31)　語の卓立の調和スケール
　　　a.　Final / PrWd′ ⊃ Final / Ft′ ⊃ Final / σ′ ⊃ Final / μ′
　　　b.　Initial / μ′ ⊃ Initial / σ′ ⊃ Initial / Ft′ ⊃ Initial / PrWd′
(32)　語の卓立の制約階層
　　　a.　*Final / μ′ >> *Final / σ′ >> *Final / Ft′ >> *Final / PrWd′
　　　b.　*Initial / PrWd′ >> *Initial / Ft′ >> *Initial / σ′ >> *Initial / μ′

ここからわかることは，（英語の中核強勢規則のように）末尾にはアクセントのある語がくるのが最も普通で，アクセントのあるモーラがくるのが最も嫌われる，ということである．逆に，語頭の位置には，アクセントのあるモーラがきやすい．英語の複合語アクセントは，複合された2つの語のうち前の語に付与されるが，それは *Final / PrWd′ >> *Initial / PrWd′

が成り立つからである．つまり，(32a) >> (32b) ということである．なお，(32a) が実際にどのように働くかは，3.7 節で詳述する．

いずれにしても，制約ランキングはこのようにトップダウンで決まってくるので必ずしも恣意的ではないということである．さらには，通言語的類型から含意的有標性を割り出し，ボトムアップで制約ランキングの不変性が証明されることもある．たとえば，分節音に関しては，有声閉鎖音を持つ言語は必ず無声閉鎖音も持つとか，/e/ か /o/ を持つ言語は必ず /a, i, u/ も持つとか，音節構造であれば，CVC を持つ言語は必ず CV も持ち，VC を持つ言語は必ず CVC も CV も持つとか，といった具合である．アクセントに関しては，音節量に左右される性質として CVC に牽引性があるなら必ず CVV もあるということが知られている（⇒ 1.6.2 節）．

これらの含意関係は，すべて逆は真ではないものである．つまり，有標なものは無標なものを常に含意するという関係が成り立ち，逆に，無標なものは有標なものを含意しない．無標なものが有標なものの下位集合（または部分集合 (subset)）を形成している，ということである．一般的な定式に置き換えると，「B があれば A もあるが，A があるからといって B があるとはかぎらない」，「C があれば B も A もあるが，B があるからといって C があるとはかぎらない」という関係が成り立つなら，A が最も無標で，C が最も有標な要素だということになる．これらの関係を図示すると (33) のようになり，不変的なランキングとしては (33b) が成り立つ．

(33) 含意的有標性と不変的制約ランキング
    a. 含意的有標性

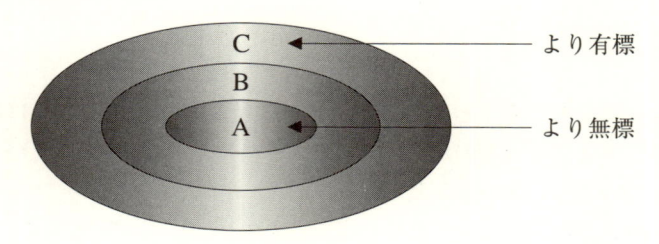

    b. ランキング： *C >> *B >> *A

以上の議論から，ランキングの不変性は，通言語的な類型調査を通して，含意的有標性からも決まってくることが明らかになった．

このように，ランキングは恣意的なものではなく，膨大な数の組み合わせのうち，かなりの部分が形式的普遍性や実質的普遍性に関するものから導かれ，実際に個別言語で決めねばならないランキング数は，しぼられてくることがわかる．しかも，3.2.2節で論じたように，獲得でも初期状態は M >> F で決まっており，その獲得の過程や下位文法，共時変異，通時変化でも，序列替えには最小性の原理が成り立ち，下位文法，共時変異，通時変化では忠実性制約しか再序列化しないので，恣意的であるはずがない．これらの過程では，ちょうど上で見た5種類の有標性制約 A, B, C, D, E の組み合わせが120通りあったとしても，ランキングの不変性 B >> C >> D >> E が常に成り立ち，忠実性制約 A のみが序列替えできるとすれば，実際には5通りしかないのである．さらに，A が忠実性制約でなく有標性制約であったなら，序列替えは起こらない（組み合わせがしぼられる）ことになる．

これまでの議論をまとめると，(34)のようになるであろう．

(34)　可能なランキング数をしぼる2つの原理
　　　a.　ランキングの不変性
　　　　　• 調和的制約配列：　形式的普遍性に基づいてトップダウン式に計算
　　　　　• 調和的完全性（含意的有標性）：　実質的普遍性に基づいてボトムアップ式に構築
　　　b.　序列替えの最小性
　　　　　• F のみ移動の原理（下位文法・共時変異・通時変化）

(34a)で言われている不変性は，調和的なものを定義する以上，すべて有標性制約に関するものだということをつけ加えておく．

3.4.7　入力形は恣意的なのか

最後に，入力の設定に関する原則にふれておこう．入力が蓄積されているレキシコンは，豊かで無限の可能性を秘めており，何の制限もない．レ

キシコンのことを基底と言ってもよいが，この「入力に制限がない」性質のことを，基底の豊穣性（richness of the base: ROB）と呼ぶ．つまり，入力としてどんなものでも設定してよい，ということである．

　この仮説は，OT が出力志向の理論であることを特徴づけている．すなわち，GEN と同様に，何でもありというのは一見パワーがあるように見えるが，実は何も決定権がないということである．つまり，入力が何でもありということは，言語学的に意義のある一般化はすべて文法から導かれ，レキシコンから導かれることはないということを意味している．その点で，ROB の仮説は，「文法機能の最大化」と「レキシコン機能の最小化」を実現するものである．ただし，下で述べるように，語彙対立を保つための弁別性のみは，レキシコンの機能として残されている．だからこそ，忠実性制約がその役割を果たせるのである．

　さて，「入力に制限がない」といっても，その言わんとするところには2つの意味がありうる．1つは「可能な入力に制限はない」ということで，どんなものでも入力として可能であり，その点では「可能な入力はすべての言語に共通で，普遍的である」と言い換えられる．そして，ROB の本来の意味もここにある．ただ，ROB にはもう1つ，「実際の入力に制限を設けてはならない」という重要な意味があり，それは「入力形に個別言語的な制限や指定を課してはならない」とも言い換えられる．というのも，個別言語的な制限や指定はすべて文法（制約ランキング）が決める仕事なので，それを入力レベル（レキシコン）に設けてはならないからである．もし設けてしまうと，入力レベルにおけるレキシコンの制限と出力レベルにおける文法の制約の2つにわたって，言語学的に有意義な一般化を導き出す部門が重複し，文法モデルとしては余剰性をはらむことになる（重複問題（duplication problem））．これを避けるのが ROB の仮説というわけであり，上で「文法機能の最大化」と「レキシコン機能の最小化」と言ったのは，まさにこの点を指す．

　ROB には以上述べたような2つの意味があるが，理論上の意味合いはともかく実際の分析上は，入力形の設定は何でもありというわけではなく，当然ながら，何らかの意味と対応している分節音や形態素などを用い

る．その意味では，ROBを「意味の対立を生む弁別的な分節音（ときにはアクセント），または何らかの意味と対応している形態素を除いて，入力形に個別言語的な制限や指定を課してはならない（出力が入力に依存することがあってはならない）」と理解するのが，わかりやすいことと思われる．もちろん，「〜を除いて」などとただし書きをつけるやり方は便宜上のものであり，本来の定義は上の2つに変わりないが．

　さて，入力に関するOTの仮説には，このほかにも，レキシコン最適化（Lexicon Optimization）というものがある．学習者は，活用などの文法パラダイムにおける交替形などを手掛かりに入力を決めることができるが，そういった手掛かりがないときには，出力に最も近いものを入力としてレキシコンに設定する，というものである．たとえば，McCarthy (2002) はレキシコン最適化の説明のため，いわゆる「入力比較評価表」（tableau des tableau）を用いて，次のように述べている．まず，英語の語頭の位置には，軟口蓋鼻音 [ŋ] が現れないことが知られているが，その事実は *[ŋ と IDENT (velar) という制約をこの順序で用いて説明することができる．その際，(35) の now [nɑw] のように，入力を /nɑw/ としても /ŋɑw/ としても，正しい出力を得ることができる．ROBのためである．

(35)　入力比較評価表

input	output	*[ŋ]	IDENT (Velar)
☞ /nɑw/	☞ nɑw		
	ŋɑw	*!	*
/ŋɑw/	☞ nɑw		*
	ŋɑw	*!	

しかし，nowは派生語ではないので，学習者は実際の入力として，いずれか一方を決定する手掛かりを持たない．それゆえ，レキシコン最適化により，出力と同一の /nɑw/ を設定するというのである．

　ここでよく起こる誤解は，ROBは入力に制限はないと言い，一方でレキシコン最適化は入力に制限を課すのだから，同じ文法理論の中で矛盾し

ているのではないか，というものである．しかし，レキシコン最適化は，ROBのような文法の原理ではなく，学習ストラテジーの1つであるから，レベルが異なるのでまったく矛盾はない．大人の共時文法の原理と学習者のストラテジーは，接点はあるが別の基軸に属するのである．わかりやすくまとめるなら，入力形をめぐる ROB とレキシコン最適化の間には，[ROBによるさまざまな入力形の可能性(普遍文法)] → [序列化された制約による最適出力の決定(個別文法)] ⇒ [レキシコン最適化による1つの入力形の決定と蓄積(レキシコン)] のような図式が成り立つと考えられる．このうち，⇒ の矢印以降が学習によるレキシコン形成を示しており，それ以前が文法モデルの話だということである．学習した後は，最適化された入力形がレキシコンから個別文法へと送られる．

3.5 アクセント・リズムに関する制約群とその相互作用

第2章の2.5節で論じたように，派生理論の問題の所在は，制約やパラメータは絶対遵守しなければならない「融通のなさ」，規則適用後に修復する「無駄な労力」，融通がきかないゆえの「相互矛盾」，その場かぎりの例外措置を講じる「条件の条件づけ」などにあった．しかし，OTには制約が違反してよいという柔軟性があり，各々が相互作用をしつつ，どれが優先されるかは言語によって決まってくるので，上のような問題は生じてこない．出力のみを制約ランキングによっていっきに評価するので，規則を一度適用したあとで修復したり例外扱いするなどの段階的措置も，いっさいない．ひとことで言えば，「融通のなさ」は違反許容性にて，「無駄な労力」は段階的派生の排除にて，「相互矛盾」はランキングにて，解決がはかられている．

たとえば，2.5節で示したホーピ語のアクセント位置も，次のような制約ランキングで単純に説明できる．フットの種類は，弱強フットを持つと仮定する．また，(36a)の語頭は重音節なので，フットはモーラ・レベルで2項的とみなされる．

(36) ホーピ語のアクセントと制約序列
　　　a. ʔácvewa

/ʔacvewa/	AllFt-L	*Final/σ′	Weight-to-Stress	FtBin	Parse-Syl
☞ (ʔác)vewa					**
(ʔacvé)wa			*!		*
(ʔác)(vewá)	*!	*!			
ʔac(vewá)	*!	*!	*		*

　　　b. qotósompi

/qotosompi/	AllFt-L	*Final/σ′	Weight-to-Stress	FtBin	Parse-Syl
☞ (qotó)sompi			*		**
(qotó)(sóm)pi	**!				*
(qotó)(sompí)	**!	*!	*		
(qó)(tosóm)pi	*!			*	*
qo(tosóm)pi	*!				**

　　　c. kóho

/koho/	AllFt-L	*Final/σ′	Weight-to-Stress	FtBin	Parse-Syl
☞ (kó)ho				*	*
(kohó)		*!			
(kó)(hó)	*!	*!		**	

*Final / σ′ は (18f) の一種であり，アクセントを持つ音節が語末にきてはならないという，韻律外性の効果を持つ ((32a) を参照のこと)．アクセントの牽引性は，Weight-to-Stress ((18g)) により捉えられる．このような制約ランキングにより，Hayes (1995) の「強勢不能語症候群」がいとも簡単に解決できることがわかる．「融通のなさ」も「無駄な労力」も，「相互矛盾」もない．

　このような制約の相互作用は，アクセントと分節音の相互関係をも説明してくれる．たとえば，1.2.3 節や 2.3.2 節で出てきたチョクトー語の弱強格長音化は，次のような制約 (37a) が，Dep ((16b)) より上にあると仮

定することで捉えられる(序列が逆になると長音化を起こさないものが最適となる)．この制約は，フットの種類に関するものであり，Hayes (1995) の提案を制約として採用したものである (⇒ 2.4.2 節 (26c))．(LĹ) や (H́) が (LH́) より悪くなるところがポイントとなるであろう．また，この言語では語の両端に長母音がくることはないので (cf. Hayes 1995, 210)，ここでは *Edge / CVV のような制約 (*Initial / CVV と *Final / CVV に分けてもよいが) を仮定しておく．FtBin も必要だが，評価表では省略する．

(37) チョクトー語の弱強格長音化
　　a. Uneven-Iamb: 不均衡な弱強格(アクセントと音節構造において，最も調和的なフットは (LH́) である．これが作れない場合は (LĹ) または (H́) となるが，調和度が落ちるので違反マークが1つつく．)
　　b. 具体例: litíiha ('dirty') / salíitiháatók ('I was dirty')

	*Edge/CVV	Parse-Syl	Uneven-Iamb	Dep	AllFt-L
/litiha/					
☞ (lití)ha		*		*	
(lití)ha		*	*!		
(lití)(háa)	*!		*	**	**
(líi)(tiháa)	*!		*	**	*
li(tiháa)	*!	*		*	*
/salitihatok/					
☞ (salíi)(tiháa)(tók)			*	**	**, ****
(salí)(tihá)(tók)			***!		**, ****
(salíi)(tiháa)tok		*!		**	**
(sáa)(litíi)(hatók)	*!		*	**	*, ***

後者の例の最終音節 CVC は重音節なので，FtBin に違反せずに2項フットが与えられ，前者の例の最終音節と違って，アクセントを持つに至る．

このように，OTは制約相互の関係から音韻現象を説明するので，アクセントと分節音現象の相互作用の説明には，もってこいの理論である．

3.5.1 過剰な力と曖昧な分析の排除

派生理論は，規則やパラメータなどの道具立てが豊かであるがゆえの過剰な力を持ち，システム自体に余剰性をはらんでいる．たとえば，ワラオ語は Halle and Vergnaud (1987), Haraguchi (1991) の枠組みでは，次のように2つの分析が可能である（データは2.4.2節を参照のこと）．

(38) ワラオ語： 分析1
  a. パラメータ値
- line 0: [＋BND, ＋HT, left-headed, right-to-left]
- line 1: [－BND, ＋HT, right-headed]
- 強勢削除（下線部に適用）

  b. 派生例

```
. . . . . . * .          . . . . . * .
(* . * . * . *).         (* . * . * . *).
(*)(* *)(* *)(* *)(* *)  (* *)(* *)(* *)(* *)
 e naho ro a haku ta i    yapu ruki tane hase
```

(39) ワラオ語： 分析2
  a. パラメータ値
- 韻律外性： [final syllable]
- line 0: [＋BND, ＋HT, right-headed, right-to-left]
- line 1: [－BND, ＋HT, right-headed]

  b. 派生例

```
. . . . . . * .          . . . . . * .
. (* . * . * . *) .      (* . * . * . *) .
(* *) (* *)(* *) (* *) .  (*)(* *)(* *)(* *) .
 e na horo a ha kuta <i>   ya puru ki ta neha<se>
```

徹底性条件により不完全フットを常に作り，また韻律外性という規則もあるので，1つのシステムの中でまったく異なる構成素構造を予測してしま

う．いずれかを決める経験的な証拠もない．

　また，3.3.3 節で扱ったガラワ語も，Halle and Vergnaud (1987), Haraguchi (1991) の枠組みでは分析が 2 通り可能である．以下は Hayes (1995) の枠組みを用いている．

(40)　ガラワ語：　分析 1
　　　a.　パラメータ値
　　　　　・フット構築：　Syllabic Trochee, right-to-left, iterative, strong local
　　　　　・不完全フット：　allowed only in strong position
　　　　　・終端規則：　left
　　　　　・構築順序：　top down
　　　　　・強勢削除（下線部に適用）
　　　b.　派生例

```
        (*       )   (*                    )
        (* .)(* .)   (*)(* .)  (* .) (* .) (* .)
        σ σ  σ σ    σ σ σ    σ σ   σ σ   σ σ
        watjim paŋu   na ri̱ŋin muku njina mira
```

(41)　ガラワ語：　分析 2
　　　a.　パラメータ値
　　　　　・フット構築 1：　Syllabic Trochee, left-to-right, non-iterative, strong local
　　　　　・フット構築 2：　Syllabic Trochee, right-to-left, iterative, strong local
　　　　　・不完全フット：　disallowed
　　　　　・終端規則：　left
　　　　　・構築順序：　bottom up
　　　b.　派生例

```
                         (*       )
        (* .)            (* .)  (* .)
        σ σ  σ σ          σ σ   σ σ
        watjim paŋu  →   watjim paŋu
```

第 3 章　最適性理論の展開　169

```
                                              (*              )
        (* .)                    (* .)   (* .) (* .)
      σ σ σ   σ σ   σ σ   σ σ     σ σ σ   σ σ   σ σ   σ σ
      nari ŋinmuku njina mira  →  nari ŋinmuku njina mira
```

Hayes (1995) の枠組みでは，主要アクセントのあるところでは不完全フットを作ってもいいので (⇒ 2.4.2 節 (25d), 2.5 節 (40e))，分析 1 も採用可能である．ただし，それには "top down" であらかじめ主要アクセントを与えておく必要がある．一方で，[± iterative] により両方向からフット構築をし，かつ不完全フットを作らないとすれば，分析 2 も可能である．ここでも，1 つのシステムの中でまったく異なる構成素構造を予測してしまう．いずれかを決める経験的な証拠もない．

　問題は，1) どちらも 2 つの分析を許す過剰な力を持つこと，2) わざわざフットを作って削除しなければならないこと ((38b) と (40b) の下線部)，3) この際，ガラワ語は完全フットを削除し，ワラオ語は不完全フットを削除するという，新たなパラメータが必要であること，4) (41) ではフット付与の両方向性を捉えるために，2 つのレベルを設定しなければならないこと，などがある．

　それに対し，OT での説明は非常に単純明快である．ワラオ語は 3.3.3 節で示したピントゥピ語と鏡像関係にあるので，ピントゥピ語の序列 (21b) の ALIGNHD-L と ALLFT-L の方向性を R に変えればよいだけである．

(42)　ワラオ語アクセントの OT 分析

/enahoroahakutai/	ALIGNHD-R	FTBIN	PARSE-SYL	ALLFT-R
(è)(nàho)(rò a)(hàku)(tá i)		*!		**, ****, ******, ********
☞ e(nàho)(rò a)(hàku)(tá i)			*	**, ****, ******
(é)(nàho)(rò a)(hàku)(tà i)	********!	*!		**, ****, ******, ********
(èna)(hòro)(àha)(kúta)i	*!		*	*, ***, *****, *******

この分析では不完全フットを許さないので，フットを作ってから壊す修復規則 (強勢削除規則) も必要ないし，韻律外性も必要ない．さらに，ガラワ

語の分析でも，3.3.3 節で示したとおり，強勢削除規則も両方向からフットを作る 2 つのレベルも，仮定する必要はない．そして，そもそも分析の曖昧性が生じることがなく，理論が厳しく制限されている点が重要である．

3.5.2　不完全フットと韻律外性をめぐる問題

3.3.3 節で見たように，マラヌンク語とピントゥピ語に見られる不完全フットの有無の違いは，派生理論に致命的な問題を提起する．問題となるのは奇数音節語だが，以下にもう一度提示する．

(43)　不完全フット許容 / 禁止
  a.　マラヌンク語
    (mére)(pèt)（'beard'）　(lángka)(ràte)(tì)（'prawn'）
  b.　ピントゥピ語
    (tjúṭa)ja（'many'）　(púḷiŋ)(kàla)tju（'we sat on the hill'）

派生理論の中でも，Kager (1989) は厳密 2 項仮説（Strict Binary Hypothesis）により，不完全フットが厳しく排除されるべきだと主張したが，それだと (43a) が説明できない．Hayes (1995) は少し制限をゆるくして，[absolutely disallowed] / [allowed only in strong position] のパラメータがあるとしたが (⇒ 2.4.2 節)，後者のパラメータ値を持つとしても説明がつかない．(43a) では，不完全フットが "strong position" ではない，つまり主要アクセントを付与されたフットではないからである（ただし，Hayes (1995, 99–101) の苦しい説明を参照のこと）．さらには，日本語アクセントの位置計算でも，主要アクセントのない不完全フットの構築が必要となる (⇒ 3.7 節)．

マラヌンク語や日本語の例は別にしても，そもそも [allowed only in strong position] というパラメータ値を持つ言語においては，不完全フットが許されるかどうかは主要アクセントを付与した後でないとわからないので，主要アクセントがない場合は，いったんは作って壊す「無駄なステップ」が常に含まれることになる点も見逃せない．もちろん，3.3.3 節

で示したように，OTでは上のようなジレンマや無駄な労力は存在しない．これらは，派生理論の原理の「融通のなさ」から生ずる問題だと言える．

一方，Halle and Vergnaud (1987) では徹底性条件があるので，(43a)は捉えられる．(43b) は，韻律外性を仮定するしかない．しかしながら，韻律外性については，2.5節で見たようなさまざまな適用条件 ((39c) や (40a–d)) が必要となり，無駄が多い．OTのような，韻律外性を使わない単純明解な説明のほうが望ましいのは，言うまでもない．

3.5.3　3項フットの解体

派生理論の時代には，3項フットを持つ言語に関して，さまざまな論争があった．その最たるものは，カユヴァヴァ語のアクセント・パターンの説明に関してである．

(44)　カユヴァヴァ語のアクセント
a. 記述的一般化: アクセントは後ろから数えて3モーラ(母音)ごとに，つまり2モーラおきにくる．$3n+1$ モーラまたは $3n+2$ モーラからなる語については，語頭にアクセントがくることはない．
b. 具体例
- $3n$:　　　rá i bi rí na pu ('dampened manioc flour')
　　　　　 cá a di ró bo Bu rú ru ce ('ninety-nine')
- $3n+1$:　ki hí Be re ('I ran')
　　　　　 ma rá ha ha é i ki ('their blankets')
- $3n+2$:　Ba ri é ki mi ('seed of squash')
　　　　　 i ki tá pa re ré pe ha ('the water is clean')

これを捉えるため，Halle and Vergnaud (1987) は以下のパラメータ値を仮定している．

(45)　Halle and Vergnaud (1987) の分析
a. 韻律外性: [final mora]
b. line 0: [+ BND, − HT, right-to-left]

c. 派生例

$3n$ $3n+1$

 * .   * .   .   . * . . * .   .
(* *)(* * *)   .   (* * *)(* * *)   .
ra i bi ri na <pu>   maraha ha e i <ki>

$3n+2$

 . . * .   .
 . (* * *)   .
Ba ri eki <mi>

ここで問題なのは (45c) の $3n+2$ の例で，徹底性条件に反して語頭のフットが作られないという，彼らの説明である．彼らは徹底性条件をも凌駕する条件として，2.4.1 節で見た復元性条件を仮定している．定義は (46) のようになされている．

(46) 復元性条件： Given the direction of government of the constituent heads in the grammar, the location of metrical constituent boundaries must be unambiguously recoverable from the location of the heads, and conversely the location of the heads must be recoverable from that of the boundaries. (個別言語の文法において，構成素主要部の支配関係に関する指定値が与えられたならば，韻律構成素の境界（　）の配置は，主要部 ∗ の位置から一義的に復元できなければならない．逆に，主要部 ∗ の配置も，境界（　）の位置から復元できなければならない．)

つまり，仮に上の $3n+2$ の例の語頭に主要部が与えられたとすると，次の (47b) のようになるが，この主要部だと構成素境界の作り方が曖昧になり，一義的に復元できない ((46) に違反する) というのである．それにより，実際には (45c) の最後の例のように構成素境界が作られないという．

(47) 構成素境界の曖昧性
  a. "direction of government of the consitituent heads"
     [+ BND, + HT]

b. "location of the heads"

　　　　　　* . * .
　　　　　　* * * *
　　　　　Ba ri eki <mi>
　　　c. "location of the constituent boundaries"

　　　　　　* . * .　　　　　　* . * .
　　　　　(*)(* * *)　　　　　(* *)(* *)
　　　　　Ba ri eki <mi>　　Ba ri eki <mi>

たしかに, (47c)の右側のような2項フットは, (45c)の $3n$ の例でも見られるので, [+ BND, − HT] が与えられても両方可能であるかのように見える. しかし, (47c)の文脈では, この構成素境界は最大性の条件に違反するので, 作られる理由がなく, 曖昧性も生じないのではないだろうか.

　これに対し Haraguchi (1991) は, [− HT] のような韻律構造はいっさいないとし, 代わりに左端主要部を持つ3項フットを仮定して, 次のような分析を試みている.

（48）　Haraguchi (1991) の分析
　　　a. line 0: [ternary, left-headed, right-to-left, +exhausitve]
　　　b. 派生例

　　　　$3n$　　　　　　　　$3n + 1$

　　　　* . . * . .　　　　* * . . * . .
　　　　(* * *)(* * *)　　(*)(* * *)(** *)
　　　　ra i bi rinapu　　ma rahaha e i ki

　　　　$3n + 2$

　　　　* . * . .
　　　　(* *)(* * *)
　　　　Bari ekimi

ここで, $3n + 1$ と $3n + 2$ の例は語頭にアクセントがないので削除しなければならないが, それを説明するために強勢衝突の「距離」をパラメータ化し, 3項フットを持つ言語は1音節あいだを置いても強勢衝突になると

して，削除されると主張している．フット・レベルでは，2項フット言語は直接衝突，3項フット言語は1音節おいた衝突（つまり直接衝突も含む）がパラメータ値になっているというのである．ただし，このパラメータ値を持つ言語は他に例が見当たらず，そもそも3項フットを持つ言語も少ないので，この分析の動機づけがさらにほしいところである．また，そもそも2項フットと3項フットがパラメータ化されており，それぞれの強勢衝突の距離はフットの種類から予測可能なはずであるので，ここには「余剰性」が含まれている．もし強勢衝突の距離もパラメータ化するなら，2項フット言語で1音節おいた衝突でも削除規則が適用される例を探さねばならないが，原理的にありえない．3項フット言語で直接衝突のみ削除される例も，見出されていない．

これに対し，OTでの説明は単純で，2項フットを用いて3項フット言語と呼ばれていたものを捉えられるところが，巧妙と言える．(49)はElenbaas and Kager (1999)の分析だが，(18)の制約だけで説明できる．

(49) OT分析

a. 3n: ráibirínapu

/raibirinapu/	*Lapse	AllFt-L	AllFt-R	Parse-Syl
☞ (rá i)bi(rína)pu		***	*,****	**
ra(í bi)ri(nápu)		*,****!	***	**
(rá i)(bíri)(nápu)		**,****!	**,****	
(rá i)(bíri)napu	*!	**	**,****	**
ra i(bíri)(nápu)		**,****!	**	**

b. 3n + 1: maráhahaéiki

/marahahaeiki/	*Lapse	AllFt-L	AllFt-R	Parse-Syl
☞ ma (ráha)ha(é i) ki		*,****	*,****	***
(mára)ha(há e)(í ki)		***,*****!	**,******	*
ma(ráha)(há e)(í ki)		*,***,*****!	**,****	*

c. $3n+2$: Bariékimi

/Bariekimi/	*LAPSE	ALLFT-L	ALLFT-R	PARSE-SYL
☞ Bari(éki)mi		**	*	***
(Bári)(éki)mi		**	*,***!	*
Ba(rí e)(kími)	*,***!		**	*

ここには，いっさいの無駄がないことがおわかりだろう．公正を期すために言っておくが，Hayes (1995) の枠組みでも，この言語が，韻律外性とフット付与の "weak local" と不完全フットの "strong prohibition" の値を持っているとすれば，簡単に捉えることができる．ただし，2.4.2 節の (25) や 2.5 節の (4e) でも見たように，そもそもフット付与の局所性に "strong local / weak local" の2通りがあり，不完全フットの禁止にも "strong prohibition / weak prohibition" があるなど，特殊なパラメータを使わなければならない．つまり，制限をゆるくしつつ道具立てを増やすことで，バリエーションを捉えられるようにしている．しかし上の分析は，一般的な制約の相互作用のみで説明している点が異なるであろう．

3.5.4 両方向システムの一元性

派生理論では，アクセントを派生する場合にレベルを2つに分けて，それぞれが別の体系を持っていると仮定しなければならない例がある．その1つが，主要アクセントのフット付与と副次アクセントのフット付与の方向性が逆で，両方向性を持つ場合である．両方向性の例としてガラワ語アクセントを (41) であげたが，他の分析も可能であった．しかし，次のピロ語 (Piro) では，Halle and Vergnaud (1987) の枠組みでは両方向性分析を余儀なくされる．この場合，規則が属する体系を循環層 (cyclic stratum) と非循環層 (non-cyclic stratum) に分けて，それぞれ別のパラメータ値と規則を持つことになる．

(50) ピロ語のアクセント
  a. 記述的一般化： 主要アクセントは後ろから2番目の音節に

くる．副次アクセントは前から数えて奇数音節ごとにくるが，主要アクセントの直前音節にくることはない．
  b. 具体例
  ru(txítxa)（'he observes taboo'）
  (sàlwa)ye(hkákna)（'they visit each other'）
  (pèci)(chìma)(tlóna)（'they say they stalk it'）
  (rùslu)(nòti)ni(tkána)（'their voices already changed'）

(51) 派生分析
  a. 循環層
    • line 0:　［+ BND, + HT, left-headed, right-to-left］
    • line 1:　［− BND, + HT, right-headed］
    • 合成規則：line 1 と line 2 を合成せよ．
  b. 非循環層
    • line 0:　［+ BND, + HT, left-headed, left-to-right］
    • 強勢削除（下線部に適用）
  c. 派生例

```
    .  .  .  .  *  .              .  .  .  .  *  .
   (*  *  .  *  .  *) .          (.  .  .  .  .  *) .
   (*)(* *)(* *)(* *)             * * * * *(* *)
   rusluno tinitkana    →        rusluno tinitkana   →

    .  .  .  .  *  .              .  .  .  .  *  .
   (*  .  *  .  *  *) .          (*  .  *  .  .  *) .
   (* *)(* *)(*)(* *)            (* *)(* *) *(* *)
   ruslu noti nitkana   →        ruslu noti nitkana
```

ここで，(51a)の合成規則は line 1 と line 2 を合成し，line 1 を line 2 と同じグリッド配列にするものであり，結果として主要アクセントを持つ韻律構造以外を壊すことになる．韻律構造を作って壊し，また作って強勢削除規則で壊すという「無駄なステップ」が，ここでも見られる．

しかし，OT 分析では，レベル分けはいっさい必要ない．このピロ語は，3.5.1 節で見たガラワ語と鏡像関係のアクセント・パターンを持ち，ALIGNHD と ALLFT の方向性が反対になるだけである．

(52) OT 分析

/ruslunotinitkana/	ALIGNHD-R	FTBIN	PARSE-SYL	ALLFT-L
ru(slùno)(tìni)(tkána)			*	*, ***, *****!
☞ (rùslu)(nòti)ni(tkána)			*	**, *****
(rùslu)(nòti)(nì)(tkána)		*!		**, ****, *****
(rùslu)no(tìni)(tkána)			*	***, *****!

このように，段階的な派生だけでなく，規則の属する体系を別個に想定するようなレベル分けも廃止できるところが，OTの利点の1つと言える．

3.5.5 非制限フット・システムの類型論

非制限フット（unbounded foot）とは，2項フットや3項フットのような鋳型としての側面を持たず，語の大きさに合わせて作られるものである．大きさに関する制限がないので，この名で呼ばれている．このフットを持つ言語のうち，音節量に左右されない場合は単純なので省略するが，音節量に左右される場合には，(53)のような興味深い類型が見られる．

(53) 非制限フット・システムの類型
 a. 重音節と終端音節にアクセント
   • すべての重音節と左端音節：コーヤ語（Koya）など
     CV́CVCV̀VCVCV̀VCVCV　　CV́CVCVCVCVCV
   • すべての重音節と右端音節：エスキモー語西グリーンランド方言（West Greenlandic Eskimo）など
     CVCVCV̀VCVCV̀VCVCV́　　CVCVCVCVCVCV́
 b. 同方向にデフォルト・アクセント
   • 最も左の重音節，それがない場合は左端音節：モンゴル語ハルハ方言（Khalka Mongolian），ムリク語（Murik），ヤナ語（Yana），アメレ語（Amele）など
     CVCVCV́VCVCVVCVCV　　CV́CVCVCVCVCV
   • 最も右の重音節，それがない場合は右端音節：アガカテック語（Aguacatec），ゴリン語（Golin）など

　　　　　　　CVCV̱CVVCV̱CV́VCV̱CV　　　CVCV̱CVCVCVCV̱CV́
　　　c. 逆方向にデフォルト・アクセント
　　　　• 最も右の重音節，それがない場合は左端音節：東チェレミ
　　　　　ス語（Eastern Cheremis），ファステコ語（Huasteco），チュ
　　　　　ヴァシュ語（Chuvash）など
　　　　　CVCV̱CVVCV̱CV́VCV̱CV　　　CV́CVCVCVCVCV̱CV
　　　　• 最も左の重音節，それがない場合は右端音節：コミ語
　　　　　（Komi），クァクァラ語（Kwak'wala）など
　　　　　CVCV̱CV́VCV̱CVVCV̱CV　　　CVCVCVCVCVCV̱CV́

　「デフォルト」とは，重音節がなく軽音節のみから成る語の場合に付与さ
れるアクセントを指し，重音節に付与されるアクセントの方向性と同じ場
合と逆の場合がある．それぞれ，同方向デフォルト体系（default-to-same
system）と逆方向デフォルト体系（default-to-opossite system）と呼ばれ
ている．
　ここで指摘したい問題は，Halle and Vergnaud（1987）の枠組みを用い
れば（53a, c）は捉えられるが，（53b）のような同方向デフォルト体系は捉
えられない点である．たとえば，（53b）のモンゴル語ハルハ方言のパター
ンを考えてよう．

　　（54）　可能な分析： ジレンマ
　　　　a. モンゴル語ハルハ方言
　　　　　　bosgúul ('fugitive')　　　garáasaa ('after holding')
　　　　　　xoyərdugáa ('second')　　xṓtəbərə ('leadership')
　　　　b. アクセントの牽引性： [heavy syllables]
　　　　　• line 0:　[− BND, + HT, right-headed]
　　　　　• line 1:　[− BND, + HT, left-headed]
　　　　　• 合成規則： line 1 と line 2 を合成せよ．

```
    .  *  .           .  .  .  *          .  .  .  *
    . (*  *)          .  .  . (*)         .  .  . (*)
   (*  *)(*)         (*  *  *  *)        (*  *  *  *)
    garaasaa          xoyərdugaa          *xötəbərə
```

c. アクセントの牽引性：［heavy syllables］
  • line 0:　［− BND, + HT, left-headed］
  • line 1:　［− BND, + HT, right-headed］
  • 合成規則：line 1 と line 2 を合成せよ．

```
    . .  *         . . .  *        *  . . .
   (* *  *)       (*  . . *)      (*)  . . .
  (*)(*)(*)      (*  *  *)(*)    (*  *  *  *)
  *garaasaa      xoyərdugaa      xötəbərə
```

　上のように，(54b) の規則とパラメータ値では，デフォルト・アクセントが説明できず，(53c) のコミ語のパターンを予測してしまう．一方，(54c) の規則とパラメータ値では，重音節のアクセントが正しく付与されず，(53c) の東チェレミス語のパターンになってしまう．つまり，ジレンマに陥ってしまうのである．Halle and Vergnaud (1987, 71) は，このような問題に対する例外処理の規約を設けているが，解決には至っていない．

　ちなみに，この分析では，(53a) のような言語は，(54b, c) の line 0 と line 1 の主要部の位置を同じにし，合成規則をなくせば簡単に捉えられる．逆方向デフォルト体系は，(54b, c) のとおりである．したがって，これらの言語類型を捉えるためには，同方向デフォルト体系との関係をうまく説明する必要がある．

　OT では，(55) のように，上のような問題は生ずることなく類型がうまく捉えられる．ここでは，前に出てきた一般的な制約しか用いていない．ただし，WEIGHT-TO-STRESS を前提に考えている．また，(55b,c) に見られる強勢衝突について，言語によっては，*CLASH により副次強勢のない候補が最適となる場合もある．

(55) OT による非制限フット体系の類型
　　a. 重音節と終端音節にアクセント

	AllFt-L	Parse-Syl	AllFt-R	AlignHd-L
/CVCVVCVV/				
☞ (CÝ) (CV̀V) (CV̀V)	*,**		*,**	
CV (CÝV) (CV̀V)	*,**	*!	*	*
CV (CV̀V) (CÝV)	*,**	*!	*	**
/CVCVCVCVV/				
☞ (CÝCV) CV (CV̀V)	***	*	**	
CVCVCV (CÝV)	***	***!		***
/CVCVCVCV/				
(CÝCV) (CV̀CV)	**!		**	
☞ (CÝCV) CVCV		**	**	
CVCV (CÝCV)	**!	**		**

　　b. 同方向にデフォルト・アクセント

	AllFt-L	AllFt-R	Parse-Syl	AlignHd-L
/CVCVVCVV/				
(CÝ) (CV̀V) (CV̀V)	*,**	*,**!		
☞ CV (CÝV) (CV̀V)	*,**	*	*	*
CV (CV̀V) (CÝV)	*,**	*	*	**!
/CVCVCVCVV/				
(CÝCV) CV (CV̀V)	***	**!	*	
☞ CVCVCV (CÝV)	***		***	***
/CVCVCVCV/				
(CÝCV) (CV̀CV)	**!	**		
☞ (CÝCV) CVCV		**	**	
CVCV (CÝCV)	**!	**	**	**

c. 逆方向にデフォルト・アクセント

	AllFt-L	AllFt-R	Parse-Syl	AlignHd-R
/CVCVVCVV/				
(CV́)(CV̀V)(CV̀V)	*,**	*,**!		**
CV(CV́V)(CV̀V)	*,**	*	*	*!
☞ CV(CV̀V)(CV́V)	*,**	*	*	
/CVCVCVCVV/				
(CV́CV)CV(CV̀V)	***	**!	*	**
☞ CVCVCV(CV́V)	***		***	
/CVCVCVCV/				
(CV́CV)(CV̀CV)	**!	**		**
☞ (CV́CV)CVCV		**	**	**
CVCV(CV́CV)	**!		**	

d. 3者の制約ランキングの類型

　　AllFt-L >> ⟦Parse-Syl >> AllFt-R⟧, AlignHd-L >> AlignHd-R

　　AllFt-L >> ⟦AllFt-R >> Parse-Syl⟧, ⟦AlignHd-L >> AlignHd-R⟧

　　AllFt-L >> AllFt-R >> Parse-Syl, ⟦AlignHd-R >> AlignHd-L⟧

(55d) により，3者の関係は同方向デフォルト体系を中心に，AllFt-R と Parse-Syl の位置関係および AlignHd-L / R の位置関係により，明解に類型づけられることがわかる．すなわち，同方向デフォルト体系は特異なものではなく，むしろ非制限フット・システムの基点となるものであり，これを捉えられない派生理論は決定的な問題を残すことになる．また，OT では，非制限フットのシステムをも2項フットで捉えられることがわかるであろう．2項フット・3項フットを含む制限フットと非制限フットの3種類を，幾種ものパラメータで構築していた派生理論と比べて，Hayes

(1995) の業績を経て，2項フットでのみ導き出せる OT の理論の豊かさと厳しさを，ここでもうかがい知ることができる（⇒ 3.5.3 節）．

3.6　英語のアクセントとリズム

　英語の主要アクセントとしてのラテン語系強勢規則の体系は，2.4.1 節で紹介したとおりだが，実は，そこで紹介した体系 (2.4.1 節 (21)) だけでは説明できない語がある．それは，語末に長い母音を含んでいる場合である．

(56)　語末に長い母音を含む場合
　　　políce　　　baróque　　　bazáar
　　　regíme　　　kàngaróo　　　Tènnessée

通常は韻律外性が適用されるが，これらには適用されず，語末に主要アクセントがくる．そこで，Halle and Vergnaud (1987) は韻律外性の例外規定として，次のようなただし書きをつけて定義している．

(57)　韻律外性規則(改訂版)：　Mark the final syllable extrametrical, provided * dominates a rime with a short vowel.（英語の語末音節を韻律外に標示せよ．ただし，語末音節のグリッド * が短母音を持つライムを支配する場合に限られる．）

これによりアクセント位置を説明できるのは確かだが，このような例外規定はもちろん，なくてすむならないほうがよい．また，2.4.1 節 (21) で紹介した派生例では，*unánimous* の語頭音節など，いったん韻律構造を作ってから壊したり修復したりする「無駄なステップ」を含んでいた．しかし，強勢衝突回避の原理の違反が生じてから修復措置を講じるよりは，初めからその違反が起こらない構造を作るほうが効率的である．それがかなわなかったのは，別の徹底性の条件が存在したためである．この背後には，原理の「相互矛盾」がひそんでいる．つまり，徹底性の条件は強勢衝突を許容するが，強勢衝突回避の原理はこれを排除する，という矛盾である．結果として修復措置が講じられなければならないので，削除規則適用

後に，徹底性の条件の違反が新たに生じている点が象徴的である．つまり，強勢衝突回避の原理が優先されるということにほかならない．

一方，OT では次のように分析されるであろう．

(58)　ラテン語系強勢規則の分析

	Weight-to-Stress	*Final/Ft	AlignHd-R	FtBin	Parse-Syl
/amerika/					
(àme)(ríka)		*!			
(à)(méri)(kà)		*!	*		**
☞ a(méri)ka			*		**
(áme)rika			**!		**
/aidentiti/					
(ài)(dén)(tìti)		*!	**		
ai(dén)(tì)ti	*!		**	*	**
☞ (ài)(dén)titi			**		**
/agenda/					
(à)(gén)(dà)		*!	*		**
☞ a(gén)da			*		**
(à)(gén)da			*	*!	*
/tenesii/					
☞ (tène)(síi)		*			
(téne)(sìi)		*	*!		
(téne)sii	*!		*		*
tene(síi)		*			**!

ここには記していないが，FtType としてモーラ強弱格を持つものとする．また，*Final / Ft は (18f) の一種で，主要部フットのあるフットだけでなく，どのフットであれ末尾にきてはならないという一般的な制約である．韻律外性の効果を持つ *Final / Ft が Weight-to-Stress ((18g)) の下位にあることで，上の例外規定が例外規定としてでなく，文法の仕組みとして説明されている点が重要なポイントである．

なお，この Weight-to-Stress は，(18g) の定義に含まれているように，

すべての重音節ではなく，長母音・二重母音のみに関するものである点に注意されたい．語末がCVCの重音節であっても，*mínimum, relúctant* などのように語末フットは形成されず，形成しても *Final / Ft により排除される．ただし，*Japán, Berlín* のように，一部の語はCVCでもWeight-to-Stress が働くことがある．これらは一種の外来語であり，別の語種体系を形成しているがゆえに，異なる Weight-to-Stress が顔を出すとも考えられる．

ここでは，ラテン語系強勢規則の基本分析を示したが，副次アクセントに関してはさらに複雑な要因がからんでおり，その諸相についてはHammond (1999a), Pater (2000) を参照されたい．主要アクセントについても，ここのものと異なる分析を展開している．

さて一方，英語のリズム規則については，1.6.4節で「アクセントが遠すぎず（間隙回避），近すぎず（衝突回避）」という原理が拮抗していることを見て，説明の大枠を示した．ここでもう一度，事実を整理しておく．

(59) リズム規則
  a. 適用する例
   thirtèen rívers / thìrteen rívers
   Tennessèe Ríver / Tènnessee Ríver
   Kalamazòo Míchigan / Kàlamazoo Míchigan
   Salvàtion Ármy / Sàlvation Ármy
   Mississìppi Ríver / Mìssissippi Ríver
  b. 適用しない例
   Winnipesàukee Ríver / *Wìnnipesaukee Ríver
   Apalachicòla Ríver / *Àpalachicola Ríver
   sensàtional cláim / *sènsational cláim
   transformàtional grámmar / *trànsformational grámmar
   stratificàtional grámmar / *stràtificational grámmar

強勢同士が直接衝突している (59a) の前の3例では，すべて移動が許されている．また，後の2例のように1音節おいて衝突する場合も回避され，移動が生じている．しかし，(59b) の前の2例では，同じ1音声おいただ

けの衝突であるにもかかわらず移動が許されず，強勢衝突回避の原理の違反を看過することになる．その意味では，*thìrteen rívers* は移動後も強勢衝突が起きたままになっている点も見逃せない．それに対し，間隙回避の原理は常に成り立ち，(59b)はアクセントとアクセントの間が3音節を超える(4音節以上になる)場合は，すべて移動が認められないことを示している．

Hayes (1984) は，リズム規則を説明するために次のような条件を提案している．

(60) 4音節規則 (Quadrisyllabic Rule)：　グリッド形状が心地よい周期リズムを作る (eurhythmic) のは，その横列に4音節に限りなく近い間隔で，グリッド標示が配置された場合である．

この規則(むしろ，強勢移動の条件)の言うところの「4音節」は，前方の強勢も含んでの意味なので，実際に主要強勢間にあるのは3音節である．*Mìssissippi Ríver* のような間隔がリズムとしては最も理想的で，これに近づけろと言うのである．しかしながら，上の**sènsational cláim* や，*àbdominal páin などのように，後ろから3番目の音節にもともと強勢のある4音節語では，移動すると理想的であると予測されるはずなのに，実際には移動しないという経験的な問題が残る．強勢衝突をしていないのに，過剰適用 (overapplication) してしまう問題である．

一方，OTでは，「アクセントが遠すぎず(間隙回避)，近すぎず(衝突回避)」という力の拮抗を，制約の相互関係とみなす．その関係では，間隙回避の原理が強勢衝突回避の原理より上位にあることは明らかである．間隙回避を満たしているかぎりにおいて，衝突回避の原理に違反してよいからである．ここで，一般的な間隙回避と衝突回避の制約を定義しておく．

(61) 間隙回避と衝突回避に関する制約
 a. *L<small>APSE</small>-P<small>R</small>W<small>D</small>：　韻律語レベルの間隙回避(韻律語 (PrWd) の主要部同士の間には，それより弱い音節が多くとも3つまで含まれてよい．
 b. *C<small>LASH</small>-P<small>R</small>W<small>D</small>：　韻律語レベルの衝突回避(韻律語 (PrWd) の

主要部同士の間には，それより弱い音節が<u>少なくとも２つは</u>含まれなければならない．
c. *LAPSE-FT: フット・レベルの間隙回避（フット（Ft）の主要部同士の間には，それより弱い音節が<u>多くとも２つまで</u>含まれてよい．
d. *CLASH-FT: フット・レベルの衝突回避（フット（Ft）の主要部同士の間には，それより弱い音節が<u>少なくとも１つは</u>含まれなければならない．

(61a, b) は，1.6.4 節で論じた (53b, a) と同じものである．これらは語レベルで働くのに対し，(61c, d) はフット・レベルでの制約であり，(18i, h) に相等するものと考えてさしつかえない．ただ，アクセントとアクセントの間にある音節の数に注目すれば，４つの制約と２つのレベルがどのような関係にあるかが明確になる．そして，これらの制約は，違反している音節の数だけ違反マークをつけるものである．

さて，実際の適用例を見てみよう．リズム規則に関わるのは (61a, b) だけである．忠実性制約 MAX (accent) も必要だが，これはもとの２つの語と句との関係，つまり出力と出力の対応に関わるものである．これらにより，(62a–d) のリズム規則適用と (62e–g) の不適用がうまく捉えられることがわかる．

(62) リズム規則の OT 分析

	*Lapse	*Clash	Max (accent)
a. /thirtèen mén/			
thirtèen mén		**!	
☞ thìrteen mén		*	*
b. /Tennessèe Ríver/			
Tennessèe Ríver		**!	
☞ Tènnessee Ríver			*
c. /Kalamazòo Míchigan/			
Kalamazòo Míchigan		**!	
☞ Kàlamazoo Míchigan			*
d. /Salvàtion Ármy/			
Salvàtion Ármy		*!	
☞ Sàlvation Ármy			*
e. /Winnipesàukee Ríver/			
☞ Winnipesàukee Ríver		*	
Wìnnipesaukee Ríver	*!		*
f. /sensàtional cláim/			
☞ sensàtional cláim			
sènsational cláim			*!
g. /transformàtional grámmar/			
☞ transformàtional grámmar			
trànsformational grámmar	*!		*

一見すると非常に複雑なリズム規則の振る舞いが，実に明解な制約ランキングで説明できることがわかるであろう．ところで，リズム規則は随意的な後語彙規則 (postlexical rule) であり，発話スピードや用いる頻度によって左右されることがある（特に頻度と強勢移動の関係については，Hammond (1999b) が詳しい）．その点は *Clash と Max (accent) の最小序

列替えで，(62a–d) は移動しないものが最適になる．ここで最も重要なことは，(62e–g) では序列替えが起こっても，移動しないものが最適になっている点である．

　もう1つ指摘したい点は，*LAPSE や *CLASH が上のような左移動のリズム規則だけでなく，右移動のリズム規則にも働いている事実である．たとえば，形容詞から副詞を派生させる接尾辞 -ly が長い形容詞に付加されたときに，*oblígatory / obligatórily, nécessary / necessárily, ábsolute / absolútely* のように主要アクセントが右移動することがある．これらの副詞は単独で使われることもあるが，本来は副詞として形容詞や動詞を修飾するものである．この場合，*This rúle *oblìgatorily applíes / obligàtorily applíes.* や *Lèarned mén are nòt *nècessarily wíse / necessàrily wíse.* のように強勢間隙が4音節以上になる場合は右移動し，*You're *ríght àbsolutely / ríght absolùtely.* のように強勢衝突する場合も右移動する．このような右移動のリズム規則はもともとは随意的な過程ではあるが，現在ではそうした過程を経てこれらの副詞アクセントが共時変異（ゆれ）として定着し，むしろ右移動の変異形のほうが優勢になりつつあるという通時変化の様相を呈している．単独で副詞が用いられる場合でも，*Absolútely!*（もちろん！）などと右移動のものが好まれるのは，このためであろう．

　なお，*LAPSE も *CLASH も，機能的に見れば義務的異化の原理（Obligatory Contour Principle: OCP）の一種であると言える．この原理は，ある領域内で同じ要素の存在を禁止し，必ず異なるものでなければならないとするもので，リズムでは弱弱も強強も，強弱か弱強にできるだけ近づけるような配列となる．分節音に関しては，たとえば，英語の wh- 語で，*what, why, where, which* などは頭子音に [hw] を持つのに，*who, how* は [h] しかないという事実がある．それは，$C_1C_2VC_3$ 音節において，C_2 と C_3 に同じものがきてはならないという制約が英語にあり（Baertsch and Davis 2003），*[hwuw], *[hwaw] は禁止されるからである（*clock, blob, twit* など C_1 では働かないし，*pop, Bob, tut, dad, kick, gag* など頭子音が1つの場合も C_1 である）．また，語の領域では，*optimal, minimal* などについている -al というラテン語起源の接尾辞が，*solar, planar, famil-*

iar, muscular などでは *-ar* に変化する現象がある．これも，語幹にすでに [l] がある場合には，接尾辞の [l] が [r] に変わるというものである．このように，OCP の違反の解消には，移動，削除，変質などがあるが，これらはパラメータ化されているのではなく，その個別言語で序列化されている制約の兼ね合いによって決まってくるものと考えられる．

3.7 日本語のアクセント体系

3.7.1 日本語アクセントから見た派生理論の限界

このセクションでは，日本語のアクセントを扱う．アクセントといっても，単語アクセントではなく，複合語アクセントである．単語アクセントと複合語アクセントは，出力と出力との対応関係にあり，後者は前者との関連で導き出されるので，適宜単語アクセントの話も出てくる．ただ，複合語アクセントを特に扱う理由は，単語と比べて規則性が明確だからである．一般に，語は長くなればなるほど，または形態付加が多ければ多いほど，規則性が浮き彫りになるケースが多く，たとえば短い語彙の多い和語よりも，長い語彙の多い外来語や形態付加の多い漢語のほうが，単語アクセントを捉えやすい．それと同様に，複合語は単語がくっつくぶんだけ長くなるので，アクセントを捉えやすいのである．たとえば，短い和語の2つの単語，*hási*（箸），*hasí*（橋）はアクセントの弁別性が高く，その情報が入力に含まれており，忠実性制約 M<small>AX</small>（accent）によって出力にそのままの形で現れる（つまり，語彙的アクセントがそのまま現れる）．しかし，それが複合語化されると，*nigiríbasi*（にぎり箸），*kazurábasi*（かずら橋）のように主要部直前にアクセントがきたり，4モーラ語になると *nuribasi*（塗り箸），*turibasi*（吊り橋）のように平板化するが，いずれにしろアクセントが中和（neutralization）される．つまり，入力の情報は抑圧され，規則性が現れて興味深い振る舞いをするのである．

しかし，それでも複合語アクセントは難しい．先行研究でもさまざまに取りざたされたが，経験的にも理論的にも問題を残したままであった．たとえば，複合語アクセントに関する一般化について，次のようなものがある．

(63) 複合語アクセントの記述的一般化： 複合語 N1 + N2 のうち，N2 が短い場合（2 モーラ以下）は N1 の最後の音節，N2 が長い場合（3 モーラ以上）は N2 の最初の音節にアクセントがくる．

この一般化により，たしかに *nigiríbasi*（にぎり箸）や *satogókoro*（里心）など一般的な傾向は捉えられるが，*perusyanéko*（ペルシャ猫）や *kamiomútu*（紙おむつ）など例外も散見される．さらには，もっと難しい問題が山積している．その難しさの大きな原因は，「平板アクセント（無アクセント）」と「ゆれ（共時変異）」の存在に集約されるだろう．派生理論でも乗り越えられなかったこれらに関する問題を，以下で見てゆく．

まずは，何といっても予測不能な難解なものとして，平板化に関する問題があげられる．たとえば，*tóu* → *efferutou*（エッフェル塔），*kyóu* → *kirisutokyou*（キリスト教）のように，平板化はアクセントを失う，つまり構造を失うという意味で希有な音韻過程であり，派生理論でも説明の場所が与えられていなかった．Halle and Vergnaud (1987) の枠組みでは徹底性条件があるので，義務的に韻律構造を与えてしまう．その構造を削除しようにも，強勢衝突回避のような引き金になる原理が見当たらない．唯一，Haraguchi (1991) はこの問題に正面から取り組み，語彙の種類を [± accented] に分け，構造が与えられない平板アクセントの語彙は基底で [− accented] と指定される，という扱いを提案した．つまり，どういった語彙が平板化するかを文法で予測するのではなく，レキシコンに帰着させるということである．しかし，*tén* → *kissáten* / *kissaten*（喫茶店），*zái* → *bouhúzai* / *bouhuzai*（防腐剤）のように，1つの語彙がアクセントと無アクセントの両方を許しうる場合は，両方の値を持つことになり，矛盾することになる．このように，そもそもの平板化に至らしめる原理と予測の問題は，残されたままになっていた．それは，Kubozono (1995; 1997) などの OT 分析でも同様である．後に見るように，平板化にも予測できる側面はいくつもあるので，語彙的な指定とするよりは，文法の問題としたいところである．

さらに難解で複雑な問題は，共時変異に関するものであり，平板化も無関係ではない．そもそも，日本語アクセントの研究において，可能なゆれ

と不可能なゆれに関する体系的な記述も理論的な説明も，これまであまり進んでいなかった．たとえば，同じ語頭アクセントを持つ2モーラの主要部でも，2音節か1音節かで次のようなゆれの違いがある．

(64) 可能なゆれと不可能なゆれ
  a. 2モーラ2音節語
    hámu → tezukurihámu / *tezukuríhamu（手作りハム）［外来語］
    áme → niwakaáme / niwakáame（にわか雨）［和語］
    éki → *syuutyakuéki / syuutyakúeki（終着駅）［漢語］
  b. 2モーラ1音節語
    syóu → waidosyóu / waidósyou（ワイドショー）［外来語］
    kái → *sinzyugái / sinzyúgai（真珠貝）［和語］
    tén → *kissatén / kissáten / kissaten（喫茶店）［漢語］

このようなゆれの違いは語種に基づくものであり，2音節語では和語のみゆれるのに，1音節語では外来語と漢語がゆれる不思議がある．平板アクセントでゆれることが許されるのは，漢語のみである．ただし，*namahamu*（生ハム）［外来語］，*nagaame*（長雨）［和語］のような平板化は，上の話とは無関係である．これらは，*waapuro*（ワープロ），*pasokon*（パソコン）など省略複合語と同様に，複合語が4モーラになったときに特別に平板化するプロセスであり，まったく別のアクセント規則によるものだからである．以下ではそのようなプロセスは取り扱わないが，だとすると，漢語の複合語のみ平板化する点が見逃せない．ただし，外来語に関しては，単純語と複合語で，平板化に関する興味深いゆれの違いが観察される．

(65) 外来語のゆれの違い
  a. 単純語（=(6a)）
    báiku / baiku（バイク）
    dórama / dorama（ドラマ）
    méekaa / meekaa（メーカー）

b. 複合語
minibáiku / *minibaiku（ミニバイク）
renaidórama / *renaidorama（恋愛ドラマ）
zidousyaméekaa / *zidousyameekaa（自動車メーカー）

つまり，平板化へのゆれは単純語のみに許される不思議である．ここまで述べた問題を整理すると，1）1音節語と2音節語により，なぜ語種によるゆれの違いが出てくるのか，2）なぜ漢語と単純外来語のみ平板化へのゆれが許されるのか，ということになる．このような問題に解答を与えた派生理論は，皆無である．

そして，最後の問題はやや理論的なものであり，弱強/強弱のジレンマ（iambic-trochaic dilemma）と呼ばれるものである．派生理論では，フットの種類はパラメータ化され，1つの言語内では弱強か強弱かのいずれか一方しか許されなかった（⇒ 3.4.3節）．しかし，日本語アクセントには，弱強と強弱のいずれもが現れうる．フットの作り方について，2モーラ・フットが右から左に形態素内部で（形態素境界をまたぐことのないように）作られるという前提は，どの理論も変わらないので，その前提に従うと，次の2音節主要部や4音節主要部を持つ語は，以下のようなフットを持つことになる．

(66) 弱強/強弱のジレンマ
    a. 2音節語
       （pe）(rusya) + (néko)（ペルシャ猫）
       （wa）(kame) + (zíru)（ワカメ汁）
            vs.
       （mono）(noké) + (hime)（もののけ姫）
       （ara）(hitó) + (gami)（現人神）
    b. 4音節語
       （den）(ki) + (kámi)(sori)（電気剃刀）
       （den）(ki) + (nóko)(giri)（電気のこぎり）
            vs.
       （aka）+ (murá)(saki)（赤紫）

(yu)(nyuu) + (kudá)(mono)（輸入果物）

これらはすべて和語の体系内にありながら，構成素の主要部位置が一様ではないので，パラメータ値を2つ持つことのできない派生理論に対して深刻な問題を突きつける．

次のセクションでは，上で見たゆれや平板化を含めた複合語アクセントのモデルを，OT の枠組みに基づいて提示し，これらを統一的に説明する分析を試みる．

3.7.2 日本語の下位文法とゆれ

まず前提として，前に述べたように，日本語の複合語体系では，2モーラ・フットが右から左に，形態素内部で（形態素境界をまたぐことのないように）作られるような制約があるとする．ただし，FtType も FtBin も下位にあって違反可能で，強弱か弱強かは問題とならず，不完全フットも作ってよいものとする．むしろ，Parse-Syl は上位にあり，必ずフットは作らなければならない．

それよりも，ここで示したい最も重要な制約は，(18f) で定義し (32a) に不変的ランキングを示した *Final と，単語アクセントの位置を尊重する Max（accent）との相互関係である．日本語は，次のような語種に基づく制約体系を持っており，Max（accent）の最小序列替えによって特徴づけられる下位文法を形成している．

(67) 複合語アクセントに関する制約体系の下位文法
    a. 外来語
        *Final / μ' >> $\boxed{\text{Max（accent）}}$ >> *Final / σ' >> *Final / Ft′ >> *Final / PrWd′
    b. 和語
        *Final / μ' >> *Final / σ' >> $\boxed{\text{Max（accent）}}$ >> *Final / Ft′ >> *Final / PrWd′
    c. 漢語
        *Final / μ' >> *Final / σ' >> *Final / Ft′ >> $\boxed{\text{Max（accent）}}$ >> *Final / PrWd′

これら3つのランキングは，各下位文法の基本的なパターンを捉えるものであるが，さらに注目すべきは，それぞれにおいて，共時変異を説明するための最小序列替えが許されている点である．それにより，次のように，語種ごとの基本アクセントと変異を説明することができる．まず，外来語の複合語は，語末モーラを回避するかぎりにおいて，もとの単語アクセントが尊重される．(kafe)+(báa)（カフェバー），(roo)(su)+(hámu)（ロースハム）が許されるのも，この理由による．ただし，(sa)(ín)+(pen)のように語末音節を回避するものも共存しており，それゆえに，その間でゆれるものも存在してよいことになる（Kubozono 1997）．

(68) 外来語の複合語アクセント

基本となる序列	*Final/μ'	Max (accent)	*Final/σ'	*Final/Ft'	*Final/PrWd'
/báa/					
☞ (kafe)+(báa)			*	*	*
(kafé)+(baa)		*!			*
(kafe)+(baa)		**!			
最小下降	*Final/μ'	*Final/σ'	Max (accent)	*Final/Ft'	*Final/PrWd'
/pén/					
(sa)(in)+(pén)		*!		*	*
☞ (sa)(ín)+(pen)			*		*
(sa)(in)+(pen)			**!		
自由な序列替え	*Final/μ'	Max (accent)	*Final/σ'	*Final/Ft'	*Final/PrWd'
/syóu/					
☞ (wai)(do)+(syóu)			*	*	*
(☞) (wai)(dó)+(syou)		*			*
(wai)(do)+(syou)		**!			

第3章 最適性理論の展開　195

（69）　和語の複合語アクセント

基本となる序列	*Final/μ′	*Final/σ′	Max (accent)	*Final/Ft′	*Final/PrWd′
/néko/					
☞　(pe)(rusya)+(néko)				*	*
(pe)(rusyá)+(neko)			*!		*
(pe)(rusya)+(neko)			**!		
最小下降	*Final/μ′	*Final/σ′	*Final/Ft′	Max (accent)	*Final/PrWd′
/híme/					
(mono)(noke)+(híme)			*!		*
☞　(mono)(noké)+(hime)				*	*
(mono)(noke)+(hime)			**!		
自由な序列替え	*Final/μ′	*Final/σ′	Max (accent)	*Final/Ft′	*Final/PrWd′
/áme/					
☞　(ni)(waka)+(áme)				*	*
(☞)　(ni)(waká)+(ame)			*		*
(ni)(waka)+(ame)			**!		

　外来語の場合，語末モーラ回避と語末音節回避のゆれであるので，ゆれが認められるのは語末重音節にアクセントがある場合にかぎられる点に留意されたい．一方，和語複合語は，語末音節を回避するかぎりにおいて単語アクセントが尊重される場合と，語末フットにアクセントがくるのを回避する場合とが共存している（Kubozono 1997）．ゆれも，その２つのパターンで存在している．しかし，(sin)(zyú)+(gai)（真珠貝）では語末重音節が避けられるので，「貝」のアクセントが尊重されることもゆれることもありえないことが，わかるだろう．次に，漢語の場合は以下のとおりである．

（70） 漢語の複合語アクセント

基本となる序列	*Final/μ′	*Final/σ′	*Final/Ft′	Max (accent)	*Final/PrWd′
/kái/					
(ni)(hon)+(kái)		*!	*		*
☞ (ni)(hón)+(kai)				*	*
(ni)(hon)+(kai)				**!	
最小下降	*Final/μ′	*Final/σ′	*Final/Ft′	*Final/PrWd′	Max (accent)
/tóu/					
(ef)(feru)+(tóu)		*!	*	*	
(ef)(ferú)+(tou)				*!	*
☞ (ef)(feru)+(tou)					**
自由な序列替え	*Final/μ′	*Final/σ′	*Final/Ft′	Max (accent)	*Final/PrWd′
/tén/					
(kis)(sa)+(tén)		*!	*		*
☞ (kis)(sá)+(ten)				*	*
(☞) (kis)(sa)+(ten)				**!	

ここでは，アクセントが語末フットを回避するパターンと，語そのものを回避するパターンとが共存しており，ゆれもその範囲で見られる．注意したいのは，日本語はどの語種でも，複合語全体で PrWd を形成するので，複合語にアクセントがあると，それがすなわち *Final / PrWd′ の違反になることである（Tanaka 2001）．全体が PrWd だから，アクセントの与えられた PrWd が "final" なのである．したがって，この制約は日本語において，いわば *Accent のような機能を持っていると考えられる．これが Max (accent) の上にくると，アクセントを削除しなければならなくなるので，平板アクセントが許容されるのである．モーラ・音節・フットを通り越して，語そのものがアクセントを回避すれば，無アクセントになるのは当然である．これが，これまでずっと謎であった平板アクセントの正体である．

なお，Max (accent) が *Final / PrWd′ より上にある場合には，前者の制約に関して，単語アクセントと複合語アクセントとで位置がずれると違反マークが1つ，完全に削除するのは深刻なので違反マークが2つ，それ

ぞれ与えられる点がこの分析では決定的となる．また，上には示さなかったが，複合語アクセントは語末のモーラ・音節・フットなどを避けるかぎりにおいて（*Final を満たすかぎりにおいて），できるだけ右側に位置する指向性がある．これは後に見る Align-R (PrWd, σ′) により捉えられ，*(mono)(nóke)＋(hime) より (mono)(noké)＋(hime)，*(ní)(hon)＋(kai) より (ni)(hón)＋(kai) が最適となるのは，これによる．この制約は，Max (accent) の下位に位置するものである．

ここで1つ特筆すべきことは，外来語の単純語は (bái)(ku)（バイク），(dó)(rama)（ドラマ），(mée)(kaa)（メーカー）のように，アクセントが後ろから2番目のフットにくる（語末フットが避けられる）ので，漢語とまったく同じ体系を持っている点である．だからこそ，外来語複合語と違って，漢語のように平板アクセントとの間でゆれることができるのである．これにより，3.2.1節の (6) で見た，変異，共存，変化を説明することができる．

さらに，外来語・和語・漢語のゆれに共通している点は，前2者では主要部アクセントを避けるもの（*waidósyou, niwakáame*），後者では平板アクセントのもの（*kissaten*）のほうが，若い世代を中心に好まれるという事実である．*waidosyóu, niwakaáme, kissáten* は，年輩の世代に見られる古い言い方である．つまり，通時変化（進行中の変化）としては，Max (accent) が1段階下降している点にある．これは，3.2.2節で論じた忠実性制約の最小下降の仮説と，みごとに一致する．

そして最後に，(66a) で見たような弱強/強弱のジレンマは，(69) ですでに捉えられている．FtType が下位にあり違反されてよいので，弱強/強弱のいずれが出てきてもよい．どちらになるかは，今まで見てきた制約の相互作用によって決まる．ただし，上の制約体系では示さなかったが，複合語アクセントには，音韻的な主要部（アクセント）を形態素の主要部（N2）の左端にそろえようとする指向性がある（cf. Kubozono 1995）．この指向性は，Align-L (σ′, root) によって (71) のように捉えることができ，上で出てきた Align-R (PrWd, σ′) の上位に位置する．

(71) 主要部初頭と語末への指向性

	*Final / Ft′	Max (accent)	Align-L (σ′, root)	Align-R (PrWd, σ′)
/kamisóri/				
(den)(ki)+(kami)(sóri)	*!		**	*
(den)(ki)+(kamí)(sori)		*	*!	**
☞ (den)(ki)+(kámi)(sori)		*		***
/murásaki/				
(aka)+(mura)(sáki)	*!	*	**	*
☞ (aka)+(murá)(saki)			*	**
(aka)+(múra)(saki)		*!		***

　これらの語は和語であり，(69)の「もののけ姫」と同じ体系を持つものである．このようにして，(66b)のような長い主要部の複合語に観察される，弱強／強弱のジレンマが説明されることがわかるだろう．

　以上から，日本語の複合語アクセント体系において，その語種に基づく下位文法とゆれの諸相は，3.4.6節で論じた調和的制約配列の帰結として不変的に序列化された有標性制約 *Final と，忠実性制約 Max (accent) との兼ね合いにより，説明されることが明らかとなった．下位文法が形成される仕組みについては，3.2.2節で詳しく論じたが，(8)で示された制約 C はまさに忠実性制約 Max (accent) に当たり，下位文法3 {ABC} と下位文法4 {ACB} と下位文法5 {CAB} は，それぞれ漢語・和語・外来語に相当するものであることがわかる．もちろん，これらの下位文法内における進行中の変化についても，通時変化に関する忠実性制約の下降の仮説が，日本語アクセントの事実により正しく検証されたことであろう．

3.8　最適性理論の課題と論争

　本章を結ぶにあたって，派生理論が残したさまざまな問題を解決してきた OT の今後の道筋を，アクセント・リズムの問題とからめて占ってみよう．今まで，OT の視点から派生理論を振り返って見ることが多かったが，今度は OT それ自体の行く末を客観的に見てみようというのである．

　1990年代の OT での議論の活発さはすさまじく，その勢いの背景には，

大胆さと精緻さを兼ね備えた理論の魅力からくるものと，派生理論で発掘された現象の再分析の余地からくるものがあった．枠組みの修正も，理論の創始者である Alan S. Prince, Paul Smolensky, John J. McCarthy を中心に，さまざまな支持者を巻き込んで行なわれてきたが，10 年たった現在では，実を言うと，再分析も理論の修正も出尽くした感があり，一応の落ち着きを見せている．これが行き詰まりでないことは，理論の優秀さから明らかであり，解決のできない問題が前に立ちはだかっているわけでもない．ただ，道具立てが多くていじるべきところの多かった（つまり，表示論争が巻き起こっていた）80 年代の韻律強勢理論などから見れば，制約や音韻表示のあり方が問われる余地がないことが，議論の沈滞化を生んでいるのだと思えなくもない．

　もちろん，論争はある．たとえば，下位文法を規定するのにふさわしいのは忠実性制約の序列替えか指標づけ（indexing）か，不透明性（opacity）の問題をうまく解決してくれるのは共感理論（Sympathy Theory）か局所的制約結合（local conjunction）か，音韻・形態構造の非対称性を捉えるべきは位置別の忠実性（positional faithfulness）か位置別の有標性（positional markedness）か，音韻の文法モデルとしてふさわしいのは形式主義か機能主義かなど，OT の中にも対立するアプローチが含まれており，現在も論争中である．いずれも，古くて新しい問題を理論内部のどこで扱うかという論点をめぐる高度に専門的な問題であり，ここですべてを論ずる余裕はないが，その中でも特に本章の内容に関連の深い「序列替えか指標づけか」の論争に，最後にふれておくことにしよう．

　下位文法を捉えるための忠実性制約の序列替えという操作は，実は，忠実性制約に下位文法ごとの指標をつけることによって，ほぼ同じ効果を得ることができる．たとえば，(72)を見られたい．

(72)　序列替えか指標づけか
　　　a.　序列替え
　　　　　下位文法 1:　F >> M >> M
　　　　　下位文法 2:　M >> F >> M
　　　　　下位文法 3:　M >> M >> F

b. 指標づけ
　　　　下位文法 1:　 $\boxed{\text{F1}}$ >> M >> F2 >> M >> F3
　　　　下位文法 2:　 F1 >> M >> $\boxed{\text{F2}}$ >> M >> F3
　　　　下位文法 3:　 F1 >> M >> F2 >> M >> $\boxed{\text{F3}}$

序列替えでは，下位文法ごとに同一の忠実性制約の位置が最小に異なるランキングを持つわけだが，指標づけでは，異なる忠実性制約が同一のランキングの中に位置しており，下位文法ごとにどの忠実性制約が発動するかが決まってくる．制約が1つでランキングが異なるのか，ランキングが1つで制約が異なるのかの違いであり，後者のアプローチは，分離忠実性（split faithfulness）または多重忠実性（multiple faithfulness）を持つと言える．ただし，前者のアプローチでは，下位文法の間で序列替えの最小性が働いているが，後者のアプローチの指標づけには制限がないので，次のような経験的な違いがある．

（73）　ある仮想言語の下位文法
　　　a. 序列替え
　　　　下位文法 1:　 F >> M >> M
　　　　下位文法 2:　 M >> M >> F
　　　b. 指標づけ
　　　　下位文法 1:　 $\boxed{\text{F1}}$ >> M >> F >> M >> F2
　　　　下位文法 2:　 F1 >> M >> F >> M >> $\boxed{\text{F2}}$

つまり，ある言語に2つの下位文法があったとしても，序列替えでは(73a)のような文法はありえないと予測する．最小性が成り立っていないからである．それに対し，指標づけでは忠実性の分離の仕方に制限がないので，(73b)のような文法を排除する理由はなく，存在してよいと予測される．

　指標づけはレキシコンの問題であり，そこには原理も制限もない．もしあるとすれば，それは基底の豊穣性（⇒ 3.4.7節）の仮説に反することになる．なぜなら，原理や制限に関するものは文法（制約の相互作用）から導き出すべきであり，レキシコンの機能は最小化すべきだからである．結

局，下位文法のあり方に原理があるのかないのか，つまり，どちらのアプローチが妥当なのかは，たとえば(73)のような文法の存在をめぐって，または他の根拠に基づいて，経験的に検証されることになるであろう．

このように，OT の中でも論争は今も絶えることなく続いている．すなわち，理論が着実に進化しているのは確かである．今見たような下位文法に関する問題とともに，不透明性や非対称性の問題は，究極的には(有標性制約との関わりにおける)忠実性制約の役割に還元すべきもので，いわば形式理論の中での話だが，さらには形式理論の枠を超えて，そもそも形式主義か機能主義かを問い直すような根源的な問題提起もなされている．機能主義の枠組みでは忠実性制約すら存在せず，知覚上の弁別の最大化と調音上の労力の最小化の機能を，制約に直接反映させた文法構成となっている．つまり，OT にも，知覚や調音などの音声事実を重視したアプローチも可能だということである．

いずれにせよ，生成音韻論の流れを振り返ってみると，各時代のランドマークとなるような新しい理論は，アクセント論を中心に展開されてきたと言っても過言ではない．70 年代後半から 80 年代にかけて，原理・パラメータのアプローチを先導したのは韻律強勢理論や自律分節理論であるし，90 年代に生まれた OT も，音節やアクセントを含む韻律範疇に関わる現象を中心に開発されたものである．そもそも，OT を創始した(発展させた)人物の中でも，Paul Smolensky は計算機科学出身だが，言語学畑の Alan S. Prince や John J. McCarthy は，80 年代の韻律強勢理論や韻律形態論を発展させた人物である．こうして見ると，生成音韻論の歴史は，分節音韻論を開拓した SPE の反動の歴史であり，特にアクセント論はそのアンチテーゼとして発展してきたものだということがわかる．もちろん，素性・分節音・音節なども同じく重要な追究テーマであることは確かだが，本書のテーマであるアクセント・リズムの理論的な重要性は，時代を通して，また枠組みを超えて，変わることはないであろう．音韻理論が今後もさらなる飛躍へと展開してゆくためにも，この分野において新たな知の開発と，さらに活発な議論が待たれるところである．

お わ り に

　「言語の研究者は料理人みたいなものだ」と常々感じていた．その理由を探るために，言語学者の仕事の一端をのぞいてみよう．
　まずは，素材としてデータを集めなければならない．有機農園や漁港から直接仕入れるか，八百屋や魚屋で買うか，コンビニで買うか，人によってさまざまである．ただ，野菜や魚介を育てるのは料理人の仕事ではないので，ここでは置いておこう．
　次に，その素材をどのように扱うかで，料理の種類が決まってくる．つまり，ヒラメの刺身とムニエルの違いのように，生の素材を生かすか調理法にこだわるかどうかで，料理のタイプが異なったものになるのである．その場合の調理法は，言語理論に相当するだろう．素材がよければあまり調理法にこだわる必要はないが，素材のよさを引き出す調理法こそ，料理人の腕の見せどころとも言える．調理した素材をどのように客に出すか（盛りつけ）も問題になるが，これは議論の展開の仕方ということになる．色合いやお皿にこだわるなど，視覚に訴える場合も最近では増えてきている．
　さて，どの調理法を用いるかは，自分がどのような環境や立場で仕事をしているのかに左右される．ホテルの料理部のように多勢が協力するところか，中規模のレストランか，個人経営の店かなど，いろいろある．ただ，規模とおいしさは比例せず，大ホテルのまずい料理もあれば，個人経営でも超一流の腕で話題になる店もある．しかし，規模が大きいほど，より大きな仕事ができるのは確かである．お互いの議論や批判を通してそれぞれが成長し，調理法そのものが洗練されるからである．個人経営の鬼才も，かつてはそういうところで仕事をした後に独立するのが常である．つまり，「鶏口となるも牛後となるなかれ」という訓戒は真実だが，「牛後」ど

ころか「鶏後」にもならない場合もあり，「井の中の蛙大海を知らず」の事態に陥りやすい．個人経営の特権は，素材のよさと調理の才覚に恵まれつつ，これらのバランス感覚に優れた人のみに許されるが，いったんは大きなところで調理法の洗礼を受けてもまれる必要がある．

　本書では英語や日本語を含めて，なるべく身近な素材を使ったが，あまり身近ではないが理論的に大きな意味のある言語の素材も，大いに使った．アクセントを調理する場合には避けて通れないような，エスニックな素材である．そして，議論の流れとしては，前半に「さまざまな事実を理論でどのように説明するか(素材をどう調理するか)」に焦点を当て，後半は「理論をどのように組み立てれば事実を導き出せるのか(特定の調理法をどう工夫すれば素材のよさを引き出せるか)」にポイントを移した．全体としては，"instructive" かつ "informative" でありつつも，"insightful" であるよう努め，理論の意味を考えたり解きほぐすことに力を入れたので，やや専門的な概念も紹介せざるをえなかったが，入門者にも通の人にも，噛みしめるほどに味わいが出てまた食べたくなるような調理法を心がけて作ってみた．「アクセント・リズム」という限られた分野(メニュー)を扱っているので，客の注文どおりとはいかないが，まあシェフの「スペシャリテ」といったところである．リピーターが多勢立ち並ぶような大ヒットメニューとなるのは期待していないが，はじめての人にもアクセシブルで，通好みにも楽しめる仕上がりになっていれば幸いである．万が一消化不良を起こしたときには，少し時間をおいていただいて，次に読むときには十分に咀嚼して召し上がることをお薦めする．

参　考　文　献

秋永一枝（編）（2001）『新明解日本語アクセント辞典』［改訂新版］三省堂, 東京.

Allen, George D. (1975) "Speech Rhythm: Its Relation to Performance Universals and Auditory Timing," *Journal of Phonetics* 3, 75–86.

Al-Mozainy, Hamza, Robert Bley-Vroman and John J. McCarthy (1985) "Stress Shift and Metrical Structure," *Linguistic Inquiry* 16, 135–144.

Anttila, Arto (2002) "Morphologically Conditioned Phonological Alternations," *Natural Language and Linguistic Theory* 20, 1–42.

Archangeli, Diana (1984) *Underspecification in Yawelmani Phonology and Morphology*, Ph.D. dissertation, MIT. [Published by Garland, New York, 1988]

Archangeli, Diana (1988) "Aspects of Underspecification Theory," *Phonology* 5: 2, 183–207.

Baertsch, Karen and Stuart Davis (2003) "The Split Margin Approach to Syllable Structure," *ZAS Papers in Linguistics* 23, ed. by T. Alan Hall and Silke Hamann, 1–14, Zentrum für Allgemeine Sprachwissenschaft (ZAS), Berlin.

Beckman, Mary E. (1986) *Stress and Non-Stress Accent*, Foris, Dordrecht.

Beckman, Mary E. and Janet B. Pierrehumbert (1986) "Intonational Structure in Japanese and English," *Phonology Yearbook* 3, 255–310.

Benua, Laura (1997) *Transderivational Identity: Phonological Relations between Words*, Ph.D. dissertation, University of Massachusetts, Amherst. [Published by Garland, New York as *Phonological Relations between Words*, 2000]

Blevins, Juliette (1992) "Review of Halle & Vergnaud (1987) *An Essay on Stress*," *Language* 68, 159–165.

Blevins, Juliette (1995) "The Syllable in Phonological Theory," *The Handbook of Phonological Theory*, ed. by John A. Goldsmith, 206–244,

Blackwell, Cambridge, MA.

Bolton, Thaddeus L. (1894) "Rhythm," *American Journal of Psychology* 6, 145–238.

Brockett, Chris (1996) "Review of Haraguchi (1991) *A Theory of Stress and Accent*," *Phonology* 13: 1, 132–136.

Broselow, Ellen (1995) "Skeletal Positions and Moras," *The Handbook of Phonological Theory*, ed. by John A. Goldsmith, 175–205, Blackwell, Cambridge, MA.

Chomsky, Noam and Morris Halle (1968) *The Sound Pattern of English*, Harper and Row, New York. [Reprinted in Paperback by MIT Press, Cambridge, MA, 1993]

Clements, George N. (1985) "The Geometry of Phonological Features," *Phonology Yearbook* 2, 225–252.

Clements, George N. (1990) "The Role of the Sonority Cycle in Core Syllabification," *Papers in Laboratory Phonology* I: *Between the Grammar and the Physics of Speech*, ed. by John Kingston and Mary E. Beckman, 283–333, Cambridge University Press, Cambridge.

Clements, George N. (1992) "The Sonority Cycle and Syllable Organization," *Phonologica 1988*, ed. by Wolfgang U. Dressler, Hans C. Luschützky, Oscar E. Pfeiffer and John R. Rennison, 63–76, Cambridge University Press, Cambridge.

Clements, George N. and Samuel J. Keyser (1981) *A Three-Tiered Theory of the Syllable*, Occasional Paper, No. 19, Center for Cognitive Science, MIT.

Clements, George N. and Samuel J. Keyser (1983) *CV Phonology: A Generative Theory of the Syllable*, MIT Press, Cambridge, MA.

Demuth, Katherine (1995) "Markedness and the Development of Prosodic Structure," *Proceedings of the Annual Meeting of the North Eastern Linguistic Society* 25, 13–25.

Dresher, Bezalel Elan (1990) "Review Article of Halle & Vergnaud (1987) *An Essay on Stress*," *Phonology* 7: 1, 171–188.

Elenbaas, Nine and René Kager (1999) "Ternary Rhythm and the Lapse Constraint," *Phonology* 16: 3, 273–329.

Fry, Dennis B. (1955) "Duration and Intensity as Physical Correlates of

Linguistic Stress," *Journal of the Acoustical Society of America* 35, 765–769.
Fry, Dennis B. (1958) "Experiments in the Perception of Stress," *Language and Speech* 1, 120–152.
Fudge, Erik (1987) "Branching Structure within the Syllable," *Journal of Linguistics* 23, 359–377.
Giegerich, Heinz J. (1983) "On English Sentence Stress and the Nature of Metrical Structure," *Journal of Linguistics* 19, 1–28.
Giegerich, Heinz J. (1985) *Metrical Phonology and Phonological Theory*, Cambridge University Press, Cambridge.
Gnanadesikan, Amalia (1995) "Markedness and Faithfulness Constraints in Child Phonology," ms., University of Massachusetts, Amherst. [ROA-67 and published in *Constraints in Phonological Acquisition*, ed. by René Kager, Joe Pater and Wim Zonneveld, 73–108, Cambridge University Press, Cambridge, 2004]
Goldsmith, John A. (1976) *Autosegmental Phonology*, Ph.D. dissertation, MIT. [Published by Garland, New York, 1979]
Halle, Morris and William Idsardi (1995) "General Properties of Stress and Metrical Structure," *The Handbook of Phonological Theory*, ed. by John A. Goldsmith, 403–443, Blackwell, Cambridge, MA.
Halle, Morris and Michael Kenstowicz (1991) "The Free Element Condition and Cyclic versus Noncyclic Stress," *Linguistic Inquiry* 22, 457–501.
Halle, Morris and Karuvannur Puthanveettil Mohanan (1985) "Segmental Phonology of Modern English," *Linguistic Inquiry* 16, 57–116.
Halle, Morris and Jean-Roger Vergnaud (1978) "Metrical Structure in Phonology," ms., MIT.
Halle, Morris and Jean-Roger Vergnaud (1987) *An Essay on Stress*, MIT Press, Cambridge, MA.
Hammond, Michael (1984) *Constraining Metrical Theory: A Modular Theory of Rhythm and Destressing*, Ph.D. dissertation, UCLA, Los Angeles. [Published by Garland, New York, 1988]
Hammond, Michael (1996) "Review of Hayes (1995) *Metrical Stress Theory: Principles and Case Studies*", *Glot International* 1, 17–18.

Hammond, Michael (1999a) *The Phonology of English: A Prosodic Optimality-Theoretic Approach*, Oxford University Press, Oxford.

Hammond, Michael (1999b) "Lexical Frequency and Rhythm," *Functionalism and Formalism in Linguistics*, ed. by Michael Darnell, Edith Moravcsik, Frederick Newmeyer, Michael Noonan and Kathleen Wheatley, 329–258, John Benjamins, Amsterdam.

Haraguchi, Shosuke (1977) *The Tone Pattern of Japanese: An Autosegmental Theory of Tonology*, Kaitakusha, Tokyo.

Haraguchi, Shosuke (1991) *A Theory of Stress and Accent*, Foris, Dordrecht.

原口庄輔 (1994)『音韻論』開拓社, 東京.

林　大(監修) (1982)『図説日本語』角川書店, 東京.

Hayes, P. Bruce (1981) *A Metrical Theory of Stress Rules*, Ph.D. dissertation, MIT. [Published by Garland, New York, 1985]

Hayes, P. Bruce (1982a) "Extrametricality and English Stress," *Linguistic Inquiry* 13, 227–276.

Hayes, P. Bruce (1982b) "Metrical Structure as the Organizing Principle of Yidin^y Phonology," *The Structure of Phonological Representations* Part I, ed. by Harry van der Hulst and Norval Smith, 97–110, Foris, Dordrecht.

Hayes, P. Bruce (1984) "The Phonology of Rhythm in English," *Linguistic Inquiry* 15, 33–74.

Hayes, P. Bruce (1985) "Iambic and Trochaic Rhythm in Stress Rules," *Proceedings of the Berkeley Linguistics Society* 11, 429–446.

Hayes, P. Bruce (1987) "A Revised Parametric Metrical Theory," *Proceedings of the Annual Meeting of the North Eastern Linguistic Society* 17, 274–289.

Hayes, P. Bruce (1989) "Compensatory Lengthening in Moraic Phonology," *Linguistic Inquiry* 20, 253–306.

Hayes, P. Bruce (1995) *Metrical Stress Theory: Principles and Case Studies*, The University of Chicago Press, Chicago.

Hayes, P. Bruce (1999) "Phonetically-Driven Phonology: The Role of Optimality Theory and Inductive Grounding," *Functionalism and Formalism in Linguistics*, ed. by Michael Darnell, Edith Moravcsik,

Frederick Newmeyer, Michael Noonan and Kathleen Wheatley, 243–285, John Benjamins, Amsterdam.

Hayes, P. Bruce and Stanislaw Puppel (1985) "On the Rhythm Rule in Polish," *Advances in Nonlinear Phonology*, ed. by Harry van der Hulst and Norval Smith, 59–81, Foris, Dordrecht.

Hayes, P. Bruce and Donca Steriade (2004) "Introduction: The Phonetic Basis of Phonological Markedness," *Phonetically-Based Phonology*, ed. by Bruce P. Hayes, Robert Kirchner and Donca Steriade, 1–33, Cambridge University Press, Cambridge.

平山輝男(編)(1960)『全国アクセント辞典』東京堂出版, 東京.

Hyman, Larry M. (1985) *A Theory of Phonological Weight*, Foris, Dordrecht. [Reprinted by CSLI, Stanford, 2003]

Idsardi, William (1992) *The Computation of Prosody*, Ph.D. dissertation, MIT.

Itô, Junko (1986) *Syllable Theory in Prosodic Phonology*, Ph.D. dissertation, University of Massachusetts, Amherst. [Published by Garland, New York, 1988]

Kager, René (1989) *A Metrical Theory of Stress and Destressing in English and Dutch*, Foris, Dordrecht.

Kager, René (1995a) "Review Article of Hayes (1995) *Metrical Stress Theory: Principles and Case Studies*," *Phonology* 12: 3, 437–464.

Kager, René (1995b) "The Metrical Theory of Word Stress," *The Handbook of Phonological Theory*, ed. by John A. Goldsmith, 367–402, Blackwell, Cambridge, MA.

Kager, René (1999) *Optimality Theory*, Cambridge University Press, Cambridge.

Kahn, Daniel (1976) *Syllable-Based Generalizations in English Phonology*, Ph.D. dissertation, MIT.

Kenstowicz, Michael (1991) "On Metrical Constituents: Unbalanced Trochees and Degenerate Feet," ms., MIT. [Published in *Perspectives in Phonology*, ed. by Jennifer Cole and Charles W. Kisseberth, 113–131, CSLI, Stanford, 1997]

Kiparsky, Paul (1979) "Metrical Structure Assignment is Cyclic," *Linguistic Inquiry* 10, 421–441.

Kubozono, Haruo (1989) "The Mora and Syllable Structure in Japanese: Evidence from Speech Errors," *Language and Speech* 32, 249–278.

Kubozono, Haruo (1995) "Constraint Interaction in Japanese Phonology: Evidence from Compound Accent," *Phonology at Santa Cruz* 4, 21–38.

Kubozono, Haruo (1997) "Lexical Markedness and Variation: A Nonderivational Account of Japanese Compound Accent," *The Proceedings of the West Coast Conference on Formal Linguistics* 15, 273–287.

窪薗晴夫 (1995)『語形成と音韻構造』くろしお出版, 東京.

窪薗晴夫 (1996)「派生か制約か――最適性理論入門[上]: 制約理論の台頭」『言語』4月号, 84–91.

窪薗晴夫・太田聡 (1998)『音韻構造とアクセント』研究社, 東京.

Liberman, Mark (1975) *The Intonation System of English*, Ph.D. dissertation, MIT. [Published by Garland, New York, 1979]

Liberman, Mark and Alan S. Prince (1977) "On Stress and Linguistic Rhythm," *Linguistic Inquiry* 8, 249–336.

McCarthy, John J. (1979) "On Stress and Syllabification," *Linguistic Inquiry* 10, 443–465.

McCarthy, John J. (1982) "Prosodic Structure and Expletive Infixation," *Language* 58, 574–590.

McCarthy, John J. (1988) "Feature Geometry and Dependency: A Review," *Phonetica* 45, 84–108.

McCarthy, John J. (1999) "Sympathy and Phonological Opacity," *Phonology* 16: 3, 331–399.

McCarthy, John J. (2002) *A Thematic Guide to Optimality Theory*, Cambridge University Press, Cambridge.

McCarthy, John J. and Alan S. Prince (1986) "Prosodic Morphology," ms., University of Massachusetts and Brandeis University. [Published in *Phonological Theory: The Essential Readings*, ed. by John A. Goldsmith, 238–288, Blackwell, Malden, 1999]

McCarthy, John J. and Alan S. Prince (1993) *Prosodic Morphology* I: *Constraint Interaction and Satisfaction*, Technical Report, No. 3, Rutgers Center for Cognitive Science, Rutgers University.

McCarthy, John J. and Alan S. Prince (1995) "Faithfulness and Reduplicative Identity," *University of Massachusetts Occasional Papers in*

Linguistics 18 (*Papers in Optimality Theory*), 249–384.
Mester, R. Armin (1994) "The Quantitative Trochee in Latin," *Natural Language and Linguistic Theory* 12, 1–62.
宮腰幸一 (1995)「音韻論: 最適性理論」『海外言語学情報』第 8 号, 3–21.
Myers, Scott (1987) "Vowel Shortening in English," *Natural Language and Linguistic Theory* 5, 485–518.
NHK 放送文化研究所(編) (1998)『日本語発音アクセント辞典』[新版(第 4 版)] NHK 出版, 東京.
Okazaki, Masao (1989) "Review Article of Halle & Vergnaud (1987) *An Essay on Stress*," *English Linguistics* 6, 232–253.
Pater, Joe (2000) "Non-Uniformity in English Secondary Stress: The Role of Ranked and Lexically Specific Constraints," *Phonology* 17: 2, 237–274.
Pater, Joe and Johanne Paradis (1996) "Truncation without Templates in Child Phonology," *Proceedings from the 20th Boston University Conference on Child Language Development*, ed. by Andy Stringfellow, Dalia Cahana-Amitay, Elizabeth Hughes and Andrea Zukowski, 540–552, Cascadilla Press, Somerville, MA.
Pierrehumbert, Janet B. (1980) *The Phonology and Phonetics of English Intonation*, Ph.D. dissertation, MIT.
Pierrehumbert, Janet B. and Mary E. Beckman (1988) *Japanese Tone Structure*, MIT Press, Cambridge, MA.
Pierrehumbert, Janet B. and Rami Nair (1995) "Word Games and Syllable Structure," *Language and Speech* 38, 78–116.
Poser, William (1990) "Evidence for Foot Structure in Japanese," *Language* 66, 78–105.
Prince, Alan S. (1983) "Relating to the Grid," *Linguistic Inquiry* 14, 19–100.
Prince, Alan S. (1985) "Improving Tree Theory," *Proceedings of the Annual Meeting of the Berkeley Linguistics Society* 11, 471–490.
Prince, Alan S. (1990) "Quantitative Consequences of Rhythmic Organization," *Papers from the Regional Meeting of the Chicago Linguistic Society* 26: 2 (*The Parasession on the Syllable in Phonetics and Phonology*), 355–398.

Prince, Alan S. and Paul Smolensky (1993) *Optimality Theory: Constraint Interaction in Generative Grammar*, Technical Report, No. 2, Rutgers Center for Cognitive Science, Rutgers University, New Jersey. [Published by Blackwell, Malden, 2004]

Rubach, Jerzy (1984) "Segmental Rules of English and Cyclic Phonology," *Language* 60, 21–54.

Sagey, Elizabeth (1986) *The Representation of Features and Relations in Nonlinear Phonology*, Ph.D. dissertation, MIT.

Selkirk, Elisabeth O. (1980) "The Role of Prosodic Categories in English Word Stress," *Linguistic Inquiry* 11, 563–605.

Selkirk, Elisabeth O. (1982) "The Syllable," *The Structure of Phonological Representations*, ed. by Harry van der Hulst and Norval Smith, 328–350, Foris, Dordrecht. [Reprinted in *Phonological Theory: The Essential Readings*, ed. by John A. Goldsmith, 238–288, Blackwell, Malden, 1999]

Selkirk, Elisabeth O. (1984a) *Phonology and Syntax: The Relation between Sound and Structure*, MIT Press, Cambridge, MA.

Selkirk, Elisabeth O. (1984b) "On the Major Class Features and Syllable Theory," *Language Sound Structure*, ed. by Mark Aronoff and Richard T. Oehrle, 107–136, MIT Press, Cambridge, MA.

Steriade, Donca (1987) "Redundant Values," *Papers from the Regional Meeting of the Chicago Linguistic Society* 23: 2 (*The Parasession on Autosegmental and Metrical Phonology*), 339–362.

Tanaka, Shin-ichi (1997) "Metrical Structure as an Organizing Principle of Phonological Systems," *English Linguistics* 14, 393–427.

Tanaka, Shin-ichi (1999) *Theoretical Issues of the Lexicon and Phonological Structure: The Case Study of Winnebago*, Ph.D. dissertation, University of Tsukuba.

Tanaka, Shin-ichi (2000) "The Avoidance of Rising Pitch within a Syllable: Evidence for the Superheavy Syllable and the Independence Hierarchy in Japanese," *Linguistics and Philology* 19 (*Synchronic and Diachronic Studies on Language: A Festschrift for Dr. Hirozo Nakano*), 521–531.

Tanaka, Shin-ichi (2001) "The Emergence of the 'Unaccented': Possible

Patterns and Variations in Japanese Compound Accentuation," *Issues in Japanese Phonology and Morphology*, ed. by Jeroen van de Weijer and Tetsuo Nishihara, 159–192, Mouton de Gruyter, Berlin.

Tanaka, Shin-ichi (to appear) "Where Voicing and Accent Meet: Their Function, Interaction, and Opacity Problems in Phonological Prominence," *Voicing in Japanese*, ed. by Jeroen van de Weijer, Kensuke Nanjo and Tetsuo Nishihara, Mouton de Gruyter, Berlin.

田中伸一 (1997)「日本語とウィネバゴ語のアクセント対照研究：普遍文法から見たその類似性と鏡像関係」『音声研究』第 1 巻第 3 号, 29–40.

田中伸一 (2005)「韻律音韻論」西原哲雄・那須川訓也 (編)『音韻理論ハンドブック』, 81–102, 英宝社, 東京.

Tateishi, Koichi (1993) "Review Article of Haraguchi (1991) *A Theory of Stress and Accent*," *English Linguistics*, 219–243.

Tesar, Bruce (1995) *Computational Optimality Theory*, Ph.D. dissertation, University of Colorado.

Tesar, Bruce (1999) "Robust Interpretive Parsing in Metrical Stress Theory," *The Proceedings of the West Coast Conference on Formal Linguistics* 17, 625–639.

Tesar, Bruce and Paul Smolensky (2000) *Learnability in Optimality Theory*, MIT Press, Cambridge, MA.

Treiman, Rebecca and Brett Louis Kessler (1995) "In Defense of an Onset-Rhyme Syllable Structure for English," *Language and Speech* 38, 127–142.

Weitzman, Raymond (1969) *Word Accent in Japanese: An Acoustic Phonetic Study*, Ph.D. dissertation, University of Southern California. [Published in *Studies in the Phonology of Asian Languages*, Vol. IX, Acoustic Phonetics Research Laboratory, University of Southern California, 1969]

Wetzels, Leo and Engin Sezer eds. (1986) *Studies in Compensatory Lengthening*, Foris, Dordrecht.

Woodrow, Herbert (1909) "A Quantitative Study of Rhythm," *Archives of Psychology* 14, 1–66.

Woodrow, Herbert (1951) "Time Perception," *Handbook of Experimental*

Psychology, ed. by Stanley S. Stevens, 1234–1236, Wiley, New York.
養老孟司・茂木健一郎（2003）『スルメを見てイカがわかるか！』角川書店，東京．

索　引

あ　行
曖昧母音　55
アクセント
　——移動　14, 17, 56
　——から音調型への写像過程　37, 38
　——規則　84, 144
　——牽引性に関わるパラメータ　95
　——牽引性の指定　83
　——牽引力　56, 97
　——とイントネーションの連動性　48
　——と音調の定義　25
　——と分節音現象の相互作用　114
　——と分節音の相互関係　165
　——とリズムの関係　57
　——の依存性　47, 48, 52, 54, 56
　——の位置計算　114
　——の獲得　114
　——の記号性　22
　——の機能　26
　——の共時変異　121
　——の共存　121
　——の心理　16–21
　——の生成　45
　——の生理的・物理的制約　12
　——の知覚　5
　——の抽象性　22
　——の中和　189
　——の通時（歴史）変化　121
　——の定義　2, 44
　——の変化　114
　——の弁別の最大化　140
　——の優位性　47, 48, 54

　——のゆれ　121
　——の類型　114
　——の労力の最小化　140
　——・リズムに関わる効果のランキング・スキーマ　144
　——・リズムに関する有標性制約　143
　——を担う要素　37
　——を担う要素に関わるパラメータ　95
　——を担う要素の指定　83
「ある」ことの証明　134
鋳型としてのフット　102
位置の非対称性　199, 201
位置別の忠実性　137, 199
位置別の有標性　199
1項フット　97
違反許容性　129, 164
イントネーション　44
イントネーションの生理的・物理的制約　14
韻律外　52, 84
韻律外性　84, 91, 107, 144, 165, 167, 171, 183
韻律外性条件　108
韻律外性に関わるパラメータ　95, 96
韻律外性の指定　83
韻律外性の例外規定　182
韻律階層　22
韻律強勢理論　68, 112
韻律強勢理論の目標　110
韻律構造　22
韻律構造構築に関わるパラメータ　95, 96
韻律構造と音調メロディの二重表示の

意味　36
韻律構造の大きさ　85
韻律構造の基本的性質　87
韻律構造の主要部位置　86
韻律構造の主要部終端性　86
韻律構造の存在根拠　63
韻律構造のパラメータ　85
韻律構造の方向性　86
韻律素性　11, 70
韻律特性に関する用語　44
韻律特徴の自律性　71, 72
韻律認可条件　107
韻律の定義　23
韻律範疇　22, 70
韻律範疇の主要部　22
韻律範疇のリズム　30
韻律範疇の領域　22
韻律理論　68
ウィネバゴ語のアクセント　53, 56
ウェリ語のアクセント　90, 95, 103
英語の強弱基準リズム　34
英語の複合語アクセント　159
英語の副次アクセント　93
英語の名詞・接尾辞つき形容詞のアクセント　52, 91
英語の名詞・派生形容詞のアクセント　95
英語の名詞・派生語のアクセント　101
英語のリズム　19
「同じである」ことの証明　134
音韻過程の随意性　122
音韻表示　22, 68
音声諸要素の対応・相関関係　45
音声的根拠づけ　151, 152
音声の内部構造や変化　66
音声波　10
音節基準リズム　32
音節構造の表示論争　74
音節内部におけるピッチの上昇　40
音節の卓立の制約階層　159

音節の卓立の調和スケール　159
音節量に左右される言語　52, 84, 94, 144, 177
音節量に左右される性質　91
音節レベルの韻律外性
音調型　2, 23
音調型の心理　17
音調型の弁別機能　27
音調言語　25, 27
音調構造の表示　74
音調の不完全指定　39
音調メロディ　12, 23, 24, 47
音調メロディの弁別機能　36
音調を担う要素　37
音波　7

か　行
下位文法　123, 151, 193, 199
外来語のアクセント　121
外来語の単純語アクセント　197
外来語の複合語アクセント　194
外来語のゆれの違い　191
獲得過程と通時変化の関係　126
獲得と学習/習得の違い　127
下降二重母音　56
過剰生成　77, 78
過剰適用　185
可能な変異や変化　123
可能なゆれと不可能なゆれ　191
かぶせ音素　11
カユヴァヴァ語のアクセント　171
ガラワ語のアクセント　100, 146–49, 168
含意的有標性　52, 151, 158, 160, 161
含意的有標性と不変的制約ランキング　160
間隙回避　57, 144, 184, 185
関係論としての OT　117, 138
関係を見る制約　139
漢語の複合語アクセント　196
完全序列　124–25, 157

完全母音　55
完全母音と弱化母音の対立　85
貫入閉鎖音　56
記号と表示　67
聞こえ度　12, 29
聞こえ度とアクセントの関係　29
聞こえ度のスケール　29, 56
基準違反　119
規則と制約の違い　152
規則の外在的順序づけ　152
基体と反復体との対応関係　137–38
基底で語彙的・形態的に標示される卓立位置　44, 85
基底の豊穣性　162, 200
機能主義　199, 201
起伏式アクセント　36, 37
基本音調メロディ　38
基本周波数　3, 10–12
義務的異化原理　188
脚韻　35
逆方向デフォルト体系　178
逆方向にデフォルト・アクセント　178, 181
境界表示機能　27
共感理論　199
共時変異　151, 188, 190, 194
共時変異と通時変化の関係　122
共時変異における可能なゆれ　125
強弱格短音化　20, 48, 52, 79, 102
強弱のグルーピング　18, 20
強弱フット　145
強勢　2
強勢アクセント　2
強勢アクセント言語　2, 23, 26
強勢アクセントの定義　25
強勢間隙　20, 77, 188
強勢基準リズム　33
強勢削除　93, 105, 168
強勢衝突　20, 77, 93, 188
強勢衝突回避　104, 105
強勢衝突回避の原理　182

強勢衝突禁止　145
強勢衝突のパラメータ　173
強勢の谷　93
強勢不能語症候群　107, 165
強勢付与の窓口　52
鏡像関係　53, 169, 176
局所性に関わるパラメータ　96, 99
局所的制約結合　199
虚辞挿入　34, 61
虚辞の挿入可能性　62
組み合わせ類型　142, 150, 152
繰り返し性に関わるパラメータ　95, 96
繰り返し適用　144
グリッド　23, 57, 77
グリッドのみによるアプローチ　78
軽音節と重音節の対立　84
形式主義　199, 201
形式的普遍性　141, 142, 151, 158
言語運用　21, 155
言語間類型　151, 152
言語内的な類型　128
言語内類型　151, 152
言語によって成り立たない普遍性　141, 142
言語能力　21, 155
言語の多様性　141
言語の普遍性　141
厳密な局所性　99
厳密2項仮説　170
原理とパラメータに基づくアプローチ　81, 82
語彙音韻論　48, 110
語彙層　123, 125
語彙対立　135, 136
語彙的アクセント　189
語彙的な指定　190
語彙の多様性　136, 141
語彙の普遍性　136, 141
合成規則　176, 179
構成素境界　23, 57, 59

構成素境界の構築　83
構成素グリッド　81
構成素の種類に関わるパラメータ
　　95
構造論としての派生理論　117, 139
構造を見る制約　139
交替リズム　33
構築順序に関わるパラメータ　96
高母音無声化　13, 54, 60
効率的計算　155
声の大きさ　3–5
声の大きさの生理的優位性　46
声の大きさの物理的依存性　46
声の高さ　3–5
声の高さの生理　6–7
声の高さの物理　7–11
声の強さ　3–4
声の長さ　3–5
後語彙規則　187
後語彙的　122
語中帯気音化　55
固定アクセント言語　26
古典的 OT　137
語頭重音節の音調　40
語頭超重音節の音調　40
語頭低音化の随意的適用　40
語頭二重母音の音調　41
コネクショニスト・モデル　156
語の卓立性　3
語の卓立の制約階層　159
語の卓立の調和スケール　159
個別規則や修復措置と Gen の違い
　　133
個別言語内の類型　123
個別言語の文法の定義　120
語末音節のアクセント喪失　42
語末の指向性　197, 198
語レベルの音調　47

さ　行
再音節化　51

サイクル（周波）　8
最小序列替え　187
再序列化　123
最大性　87
最大性条件　88, 108, 143, 173
最適性理論　68
最適な出力候補　119
ささやき声　16
3 音節短音化　51
3 項フット　63, 94, 99, 171
3 項フットの種類　87
サンスクリット語のわたり音化　79
自然韻律論　110
自然下降　14, 15, 17, 48
持続時間　3
実質的普遍性　141, 142, 158
支配関係　138
支配関係の局所性　87
指標つき忠実性　137
弱強格長音化　20, 48, 79, 102, 165
弱強/強弱のジレンマ　192, 197
弱強/強弱の法則　18, 102
弱強のグルーピング　18, 20
自由アクセント言語　26
重音節の牽引力　53
終端規則　97, 143
終端規則に関わるパラメータ　96
周波数　7–10
周波数成分　10
修復措置　132, 133
樹形　75
樹形グリッド　75
樹形とグリッドの同時表示　80
樹形のみによるアプローチ　76
出力候補の無限性　131
出力と出力との対応関係　137–38,
　　139, 186, 189
出力評価表　119
主要アクセント　20
主要部位置に関わるパラメータ　95
主要部終端性条件　94

主要部初頭の指向性　198
主要部の構築　84
主要部フット　144, 146
循環層　175
条件と制約の違い　83, 117
条件に対する条件づけ　104, 107
条件の条件づけ　108, 164
上昇二重母音　56
衝突回避　57, 144, 184, 185
衝突回避にともなうアクセント移動　60
省略複合語　191
初期韻律強勢理論　81
初期状態の文法　126, 127
序列替えか指標づけか　199
序列替えの最小性　122, 123, 125, 151, 161, 200
自律分節理論　94, 112
進行中の変化　197
心的表示　22
心内表象　22
振幅　4
心理的実体としてのアクセント　16
心理的なリズムの鋳型　20, 21
随意的　187
ストレスの寄生性　46
スペクトル　10
スペクトログラフ　11
スペクトログラム　11
声帯　6
声帯振動　6, 9, 13
声帯の動き　6
声帯波　8
声調（型）　43
声調の文法的意味　43
制約　120
制約違反の最小性　130
制約に対する評価基準　150
制約のオン／オフの効果　154
制約の関係的検証　151
制約の許容違反性　150

制約の序列　120
制約の相互関係　185
制約の相互作用　165
制約のつじつま合わせ　150
制約の内容的検証　151
整列の序列替え　122
接辞グループ　34
接中辞　61
せめぎ合い　136
線状音韻論　70
相互矛盾　104, 106, 107, 130, 136, 164, 182
素性階層理論　68, 74, 113

た　行
対応関係　138
対応理論　137
体系的空白　89, 135, 151
代償長音化　73
タイミング・スロット　70
高さアクセント　2
高さアクセント言語　2, 23, 27, 36
高さアクセントの定義　25
卓立の音声的要因　4
多重忠実性　200
タブロー　119
タブロー遊び　150
弾音化　55
段階下降　14, 15, 48
段階的派生　116, 131, 152
段階的派生の排除　164
短母音と長母音の対立　85
「違う」ことの証明　134
知覚上の弁別　144
知覚上の弁別の最大化　137, 139, 201
致命的な基準違反　119
中核強勢規則　159
忠実性　88
忠実性条件　88
忠実性制約　126, 135–39, 201

忠実性制約の下降　125, 126
忠実性制約の機能拡充　137
忠実性制約の最小下降の仮説　197
忠実性制約の指標づけ　199
忠実性制約の序列替え　199
「忠実性制約のみ」という原則　128
「抽象的な」位置表示　3
調音上の労力の最小化　139, 201
頂点表示　107
頂点表示記号　26
頂点表示機能　2
重複問題　162
超分節素　11
調和的完全性　158, 161
調和的制約配列　158, 159, 161
調和理論　156
チョクトー語のアクセント　79, 165
チョクトー語のリズム　20
直列性と並列性の違い　130
通言語的類型　142, 151, 152, 158, 160
通時変化の可逆性　125
通時変化の無標性　126
徹底性　87
徹底性条件　88, 104, 105, 108, 143, 167, 171, 172, 182
電磁波（電波）　7
頭韻　35
統合原理としての韻律構造　46
等時性　31
同方向デフォルト体系　178, 181
同方向にデフォルト・アクセント　177, 180
特殊音調メロディ　43
特殊なパラメータ　175
トップダウン類型　150, 152

な 行
「ない」ことの証明　134
内在的なリズム性　28
内部構造や変化　67

長さを測る単位　32, 33
訛り　2
2項リズムの制約序列の関係　147
2項リズムの類型　145
日本語の外来語・漢語のアクセント　52
日本語の短縮語形成　102
日本語の複合語アクセント　189
入力と出力との対応関係　137–38
入力比較評価表　163
のど笛　7

は 行
派生関係に推移する同一性　137
派生の定義　152
派生理論から OT までの系譜　113
派生理論と OT との違い　153
派生理論の構造的な問題　104
波長　9
波長成分　10
パラダイムの統一性　137
パラメータ値とランキングの違い　153
尾高型のアクセント喪失　42
非循環省　175
非制限フット　177
非線状音韻論　74, 112
ピッチ曲線　10
表示の余剰性　149, 167
表示論争　68, 74, 112, 113
表示論争の解決　132, 140
ピロ語のアクセント　175
ピントゥピ語のアクセント　146–48, 170
頻度と強制移動の関係　187
フィジー語のアクセント　52, 79
フィジー語のリズム　20
フォルマント周波数　10–12
不完全指定理論　68, 113
不完全序列　124–25, 157
不完全序列を含む文法構成　124

索　引　221

不完全フット　97, 99, 144, 146, 147
不完全フット禁止条件　104, 105, 143
不完全フットに関わるパラメータ　96, 98
不完全フットの有無　170
不完全フットの禁止　175
不均衡な弱強格　166
復元性条件　88, 172
複合語アクセントの記述的一般化　190
副次アクセント　20
フットの強化　102
フットの種類　97
フットの種類に関わるパラメータ　96
フットの心理的実在性　19
フットの存在根拠　63
フットの非対称性　97, 101
フットの分解不可能性　97, 102
フットの目録　97
フット付与の一方向性　146
フット付与の局所性　175
フット付与の方向性　143
フット付与の両方向性　146, 169, 175
フット・レベルの韻律外性　145
物理(生理)と文法の対応　12
不透明性　199, 201
普遍性と多様性の説明　82, 140, 141
普遍性の検証　142, 151
不変的ランキング　193
普遍文法の定義　120, 128
分極の原理　32
分析の曖昧性　149, 170
分析の自由　131, 134, 153
分節音韻論　112
分節音の弁別の最大化　140
分節音の労力の最小化　140
文・発話レベルの声調　47
文法機能の最大化　162

文法に対する評価基準　150
文法モデルの変貌　116
分離忠実性　200
文レベルの高低パターン　42
閉音節短音化　50
平板アクセント　190
平板アクセントの正体　196
平板化へのゆれ　192
平板式アクセント　36, 41
並列性　129-31
弁別機能　1, 26
弁別素性　12
母音削除にともなうアクセント移動　73, 79
母音削除にともなう残留効果　71
母音弱化　55
母音調和　49
包括性　129, 131-34
包含理論　137
方言　123, 125
方向性に関わるパラメータ　95, 96
ボトムアップ類型　151, 152
ホピ語のアクセント　104, 164
補部　23
本当の普遍性　141, 142

ま　行

マラヌンク語のアクセント　89, 95, 103, 146-48, 170
右移動のリズム規則　188
無アクセント　14, 27, 36, 190
無アクセント母音短音化　50, 51
無声化にともなうアクセント移動　60
無声化によるアクセント移動　14
無駄なステップ　170, 176, 182
無駄な労力　104, 105, 164
無標性の表出　154
無標な言語形式　136
もし忠実性制約がなければ　135
もし有標性制約がなければ　135

モーラ基準リズム　32
モーラの働き　32
モーラ・レベルの韻律外性　145
モンゴル語ハルハ方言のアクセント　178

や　行
融合音調　73
有声性とアクセントの関係　13
融通のなさ　104, 105, 130, 164, 171
有標性　68, 140
有標性制約　126, 135
有標性と普遍性との関係　140
緩い局所性　99
ゆれ　188, 190
抑揚　44
4音節規則　185

ら・わ　行
ラテン語系強勢規則　92, 101, 182, 184
ランキング　120
ランキングの絶対支配の原則　155
ランキングの不変性　151, 158, 161
リズム規則　20, 56, 57, 184, 187
リズム交替の原理　58
リズム調整　33, 34
リズムとモーラや音節構造の関係　35
リズムの記号性　22
リズムの心理　18–21
リズムの抽象性　22
リズムの定義　31
リズムの等時性　31
理想的なリズムの鋳型　19
理想的な話者・聴者　21
例外規定　130
レキシコン　120, 190, 200
レキシコン機能の最小化　162, 200
レキシコン最適化　163
連続リズム　32

連濁　27, 54
連濁とアクセントとの関係　27
ロシア語の母音削除　79
和語の複合語アクセント　195
ワラオ語のアクセント　99, 167

A〜Z
±accented　42, 190
CiV 短音化　49
CiV 長音化　48
CON　120, 128, 129, 141
CV スロット　70
DEP　138
EVAL　120, 128, 129, 141
F の最小下降　128
F の最小序列替え　128
F のみ移動の原理　161
GEN　120, 128, 129, 131, 141, 153
iC 短音化　51
IDENT　138
/ks/ の有声化　54
/l/ の無声化　54
M の最小下降　128
MAX　138
MAX (accent)　139, 186, 189
MAX (accent) が 1 段階下降　197
MAX (accent) の最小序列替え　193
OT に対する誤解　149
OT の演繹的方法論　150
OT の科学的方法論　150, 152
OT の仮説検証　150
OT の帰納的方法論　151
OT の骨格　149
OT の特徴　129
OT の肉付け　149
OT の文法観　117, 128
PARSE-SYL の役割　144
/s/ の有声化　54
SPE　69, 112
X スロット　70

〈著者紹介〉

原口庄輔（はらぐち　しょうすけ）　1943 年生まれ．明海大学外国語学部教授．
中島平三（なかじま　へいぞう）　1946 年生まれ．学習院大学文学部教授．
中村　捷（なかむら　まさる）　1945 年生まれ．東洋英和女学院大学教授．
河上誓作（かわかみ　せいさく）　1940 年生まれ．神戸女子大学教授．
田中伸一（たなか　しんいち）　1964 年大阪生まれ．筑波大学大学院博士課程満了（文芸・言語研究科言語学専攻）．博士（言語学）．現在，東京大学大学院准教授（総合文化研究科言語情報科学専攻）．著書・論文: "The Emergence of the 'Unaccented'" (*Issues in Japanese Phonology and Morphology*, Mouton de Gruyter, 2001), *A New Century of Phonology and Phonological Theory*（開拓社，共編著，2003），"Where Voicing and Accent Meet" (*Voicing in Japanese*, Mouton de Gruyter, 2005) など．

英語学モノグラフシリーズ 14
アクセントとリズム

2005 年 5 月 30 日　初版発行	2011 年 9 月 16 日　2 刷発行

編　者　原口庄輔・中島平三
　　　　中村　捷・河上誓作
著　者　田　中　伸　一
発行者　関　戸　雅　男
印刷所　研究社印刷株式会社

KENKYUSHA
〈検印省略〉

発行所　株式会社　研究社
http://www.kenkyusha.co.jp

〒102-8152
東京都千代田区富士見 2-11-3
電話　（編集）03(3288)7711(代)
　　　（営業）03(3288)7777(代)
振替　00150-9-26710

ISBN 978-4-327-25714-9　C3380　　Printed in Japan